2025年度版

三重県の 論作文・面接

過 去 問

協同教育研究会 編

協同出版

はじめに〜「過去問」シリーズ利用に際して〜

　教育を取り巻く環境は変化しつつあり，日本の公教育そのものも，教員免許更新制の廃止やGIGAスクール構想の実現などの改革が進められています。また，現行の学習指導要領では「主体的・対話的で深い学び」を実現するため，指導方法や指導体制の工夫改善により，「個に応じた指導」の充実を図るとともに，コンピュータや情報通信ネットワーク等の情報手段を活用するために必要な環境を整えることが示されています。

　一方で，いじめや体罰，不登校，暴力行為など，教育現場の問題もあいかわらず取り沙汰されており，教員に求められるスキルは，今後さらに高いものになっていくことが予想されます。

　本書の基本構成としては，論作文・面接試験の概要，過去数年間の論作文の過去問題及びテーマと分析と論点，面接試験の内容を掲載しています。各自治体や教科によって掲載年数をはじめ，論作文の書き方や面接試験対策を掲載するなど，内容が異なります。

　また原則的には一般受験を対象としております。特別選考等については対応していない場合があります。なお，実際に出題された順番や構成を，編集の都合上，変更している場合があります。あらかじめご了承ください。

　みなさまが，この書籍を徹底的に活用し，教員採用試験の合格を勝ち取って，教壇に立っていただければ，それはわたくしたちにとって最上の喜びです。

協同教育研究会

C O N T E N T S

第1部 論作文・面接試験の概要 ……………… **3**

第2部 三重県の
　　　　論作文・面接実施問題 …………… **9**

第1部

論作文・面接試験
の概要

論作文試験の概要

■ 論作文試験の意義

　近年の論作文では，受験者の知識や技術はもちろんのこと，より人物重視の傾向が強くなってきている。それを見る上で，各教育委員会で論作文と面接型の試験を重視しているのである。論作文では，受験者の教職への熱意や教育問題に対する理解や思考力，そして教育実践力や国語力など，教員として必要な様々な資質を見ることができる。あなたの書いた論作文には，あなたという人物が反映されるのである。その意味で論作文は，記述式の面接試験とは言え，合否を左右する重みを持つことが理解できるだろう。

　論作文には，教職教養や専門教養の試験と違い，完全な正答というものは存在しない。読み手は，表現された内容を通して，受験者の教職の知識・指導力・適性などを判定すると同時に，人間性や人柄を推しはかる。論作文の文章表現から，教師という専門職にふさわしい熱意と資質を有しているかを判断しているのである。

　論作文を書き手，つまり受験者の側から見れば，論作文は自己アピールの場となる。そのように位置付ければ，書くべき方向が見えてくるはずである。自己アピール文に，教育評論や批判，ましてやエッセイを書かないであろう。論作文は，読み手に自分の教育観や教育への熱意を伝え，自分を知ってもらうチャンスに他ならないのである

　以上のように論作文試験は，読み手(採用側)と書き手(受験者)の双方を直接的につなぐ役割を持っているのである。まずはこのことを肝に銘じておこう。

■ 論作文試験とは

　文章を書くということが少なくなった現在でも，小中学校では作文，

大学では論文が活用されている。また社会人になっても，企業では企画書が業務の基礎になっている。では，論作文の論作文とは具体的にはどのようなものなのだろうか。簡単に表現してしまえば，作文と論文と企画書の要素を足したものと言える。

　小学校時代から慣れ親しんだ作文は，自分の経験や思い出などを，自由な表現で綴ったものである。例としては，遠足の作文や読書感想文などがあげられる。遠足はクラス全員が同じ行動をするが，作文となると同じではない。異なる視点から題材を構成し，各々が自分らしさを表現したいはずである。作文には，自分が感じたことや体験したことを自由に率直に表現でき，書き手の人柄や個性がにじみ出るという特質がある。

　一方，作文に対して論文は，与えられた条件や現状を把握し，論理的な思考や実証的なデータなどを駆使して結論を導くものである。この際に求められるのは，正確な知識と分析力，そして総合的な判断力と言える。そのため，教育に関する論文を書くには，現在の教育課題や教育動向を注視し，絶えず教育関連の流れを意識しておくことが条件になる。勉強不足の領域での論文は，十分な根拠を示すことができずに，説得力を持たないものになってしまうからである。

　企画書は，現状の分析や把握を踏まえ，実現可能な分野での実務や計画を提案する文書である。新しい物事を提案し認めてもらうには，他人を納得させるだけの裏付けや意義を説明し，企画に対する段取りや影響も予測する必要がある。何事においても，当事者の熱意や積極性が欠けていては，構想すら不可能である。このように企画書からは，書き手の物事への取り組む姿勢や，将来性が見えてくると言える。

　論作文には，作文の経験を加味した独自の部分と，論文の知識と思考による説得力を持つ部分と，企画書の将来性と熱意を表現する部分を加味させる。実際の論作文試験では，自分が過去にどのような経験をしたのか，現在の教育課題をどのように把握しているのか，どんな理念を持ち実践を試みようと思っているのか，などが問われる。このことを念頭に置いた上で，論作文対策に取り組みたい。

面接試験の概要

■ 面接試験の意義

　論作文における筆記試験では，教員として必要とされる一般教養，教職教養，専門教養などの知識やその理解の程度を評価している。また，論作文では，教師としての資質や表現力，実践力，意欲や教育観などをその内容から判断し評価している。それに対し，面接試験は，教師としての適性や使命感，実践的指導能力や職務遂行能力などを総合し，個人の人格とともに人物評価を行おうとするものである。

　教員という職業は，児童・生徒の前に立ち，模範となったり，指導したりする立場にある。そのため，教師自身の人間性は，児童・生徒の人間形成に大きな影響を与えるものである。そのため，特に教員採用においては，面接における人物評価は重視されるべき内容であり，最近ではより面接が重視されるようになってきている。

■ 面接試験とは

　面接試験は，すべての自治体の教員採用選考試験において実施されている。最近では，教育の在り方や教師の役割が厳しく見直され，教員採用の選考においても教育者としての資質や人柄，実践的指導力や社会的能力などを見るため，面接を重視するようになってきている。特に近年では，1次選考で面接試験を実施したり，1次，2次選考の両方で実施するところも多くなっている。

　面接の内容も，個人面接，集団面接，集団討議(グループ・ディスカッション)，模擬授業，場面指導といったように多様な方法で複数の面接試験を行い，受験者の能力，適性，人柄などを多面的に判断するようになってきている。

　最近では，全国的に集団討議(グループ・ディスカッション)や模擬授

業を実施するところが多くなり，人柄や態度だけでなく，教員としての社会的な能力の側面や実践的な指導能力についての評価を選考基準として重視するようになっている。内容も各自治体でそれぞれに工夫されていて，板書をさせたり，号令をかけさせたりと様々である。

このように面接が重視されてきているにもかかわらず，筆記試験への対策には，十分な時間をかけていても，面接試験の準備となると数回の模擬面接を受ける程度の場合がまだ多いようである。

面接で必要とされる知識は，十分な理解とともに，あらゆる現実場面において，その知識を活用できるようになっていることが要求される。知っているだけでなく，その知っていることを学校教育の現実場面において，どのようにして実践していけるのか，また，実際に言葉や行動で表現することができるのか，といったことが問われている。つまり，知識だけではなく，智恵と実践力が求められていると言える。

なぜそのような傾向へと移ってきているのだろうか。それは，いまだ改善されない知識偏重の受験競争をはじめとして，不登校，校内暴力だけでなく，大麻，MDMA，覚醒剤等のドラッグや援助交際などの青少年非行の増加・悪質化に伴って，教育の重要性，教員の指導力・資質の向上が重大な関心となっているからである。

今，教育現場には，頭でっかちのひ弱な教員は必要ない。このような複雑・多様化した困難な教育状況の中でも，情熱と信念を持ち，人間的な触れ合いと実践的な指導力によって，改善へと積極的に努力する教員が特に必要とされているのである。

■ 面接試験のねらい

面接試験のねらいは，筆記試験ではわかりにくい人格的な側面を評価することにある。面接試験を実施する上で，特に重視される視点としては次のような項目が挙げられる。

① 人物の総合的評価　面接官が実際に受験者と対面することで，容姿，態度，言葉遣いなどをまとめて観察し，人物を総合的に評価することができる。これは面接官の直感や印象によるところが大きい

が，教師は児童・生徒や保護者と全人的に接することから，相手に好印象を与えることは好ましい人間関係を築くために必要な能力と言える。

② 性格・適性の判断　面接官は，受験者の表情や応答態度などの観察から性格や教師としての適性を判断しようとする。実際には，短時間での面接のため，社会的に，また，人生の上でも豊かな経験を持った学校長や教育委員会の担当者などが面接官となっている。

③ 志望動機・教職への意欲などの確認　志望動機や教職への意欲などについては，論作文でも判断することもできるが，面接では質問による応答経過の観察によって，より明確に動機や熱意を知ろうとしている。

④ コミュニケーション能力の観察　応答の中で，相手の意思の理解と自分の意思の伝達といったコミュニケーション能力の程度を観察する。中でも，質問への理解力，判断力，言語表現能力などは，教師として教育活動に不可欠な特性と言える。

⑤ 協調性・指導性などの社会的能力(ソーシャル・スキル)の観察　ソーシャル・スキルは，教師集団や地域社会との関わりや個別・集団の生徒指導において，教員として必要とされる特性の一つである。これらは，面接試験の中でも特に集団討議(グループ・ディスカッション)などによって観察・評価されている。

⑥ 知識・教養の程度や教職レディネスを知る　筆記試験において基本的な知識・教養については評価されているが，面接試験においては，さらに質問を加えることによって受験者の知識・教養の程度を正確に知ろうとしている。また，具体的な教育課題への対策などから，教職への準備の程度としての教職レディネス(準備性)を知る。

第 2 部

三重県の
論作文・面接
実施問題

2024年度　論作文実施問題

【全校種・2次選考試験(午前)】60分

●テーマ　第1問

> 　三重県教育委員会では，「公立の小学校等の校長及び教員としての
> 資質の向上に関する指標の策定に関する指針」の改正(令和4年8月 文
> 部科学省告示)に伴い，「校長及び教員としての資質の向上に関する指
> 標」(以下，「指標」)を令和5年3月に改定しました。これは，養成・
> 採用・研修を通した一体的な教員育成を推進するため，教員等が経
> 験や職種に応じて身につけるべき資質・能力を各ライフステージで
> 求められる指標として示したものです。
> 　「指標」に掲載されている「教育課題への対応力」における以下の
> 4つの「資質・能力にかかる項目」について，あなたが特に大切だと
> 考える項目を1つ選び，選んだ理由とその項目の教育活動について具
> 体的に述べ，あわせて300字以内でまとめなさい。
> ＜資質・能力にかかる項目＞
> ①　ICTや情報・教育データの利活用
> ②　グローカル教育
> ③　人権教育
> ④　防災教育

●方針と分析

(方針)

　教育課題が山積する学校の教員として「教育課題への対応力」を身
に付けることの重要性を指摘し，示された4つの資質・能力の中から
特に大切だと考える項目を1つ選択してその理由を述べる。そのうえ

で，その項目に関わる教育活動について具体的に述べる。
(分析)
　三重県教育委員会の校長及び教員としての資質の向上に関する指標では，社会変化や近年の学校を取り巻く状況の変化の視点を重視し，教員が対応すべき多様な課題とその対応力の目標を「教育課題への対応力」として4項目を設定している。
　その第1は「ICTや情報・教育データの利活用」であり，「児童生徒にどのような力をつけるのかを考え，主体的・対話的で深い学びの実現に向けて重要なツールの一つとしてICTを利活用することができる」ことが示されている。第2は「グローバル教育」であり，「豊かな国際感覚と郷土を愛する心を身につける学習を展開することができる」「多文化共生への理解を深める教育活動を実践することができる」などが掲げられている。3番目が「人権教育」であり，「三重県人権教育基本方針に基づき，人権教育カリキュラムに沿って人権尊重の意識と実践力を育む教育を児童生徒や地域の実態に応じて展開することができる」ことが示されている。最後は「防災教育」で，「三重県の地理的特性をふまえた防災・減災に関する理解を深め，児童生徒が自らの命を守るために必要な知識・技能を身につけさせる指導を行うことができる」と示されている。
　これらは全て「教育課題への対応力」として教員が身に付けなければならない重要な資質・能力である。したがって，どれを選択しても誤りではない。あなたが，最も具体的な取組を論述しやすい項目を選択するとよいだろう。

●作成のポイント

　300字以内という少ない文字数の指定なので，取り上げた項目が重要だと考えた理由と具体的な取組に分けて簡潔に述べるようにする。その前提として，教育課題が山積する学校の教員として「教育課題への対応力」を身に付けることの重要性を簡潔に指摘する。
　そのうえで，示された4つの項目の中から最も重要だと考える一つ

を示し，それを取り上げた理由を簡潔に述べる。理由が複数ある場合は，「第1に…，第2に…」というようにナンバリングして述べると分かりやすい論述となるだろう。次に，その項目に関わる教育活動を具体的に述べる。そして最終的には，「教育課題への対応力」を身に付けて，三重県の教育の充実に取り組んでいく決意を述べて，論述をまとめる。

●公開解答例

　　私が特に大切だと考える項目は，ICTや情報・教育データの利活用です。理由は，これからの学校教育を支える基盤的なツールとして，ICTは必要不可欠なものであると考えるからです。具体的には，児童生徒の情報端末を積極的に活用します。例えば，探究の過程において，生徒一人一人が自分でデータを取得し，考察・推論を主体的に行ったり，個人の観察記録をクラス全体で共有し，考察を深めることができるなど，児童生徒の学習の場を広げ，学習の質を高めることが期待できます。また，児童生徒の学習に関するデータや生活に関するデータを把握・分析し，抱える問題を早期発見することで，個に応じた指導・支援を行うことができると考えます。(299字)

●テーマ　第2問

　　みえ元気プラン(令和4年10月　三重県)では，「第3章政策・施策」「第3節施策の概要」の1つとして「14-2　未来を創造し社会の担い手となる力の育成」を掲げ，そのめざす姿を以下のように示しています。
　　このことをふまえたうえで，あなたが児童生徒に身につけさせたいと考える「未来を創造し社会の担い手となる力」を1つ挙げるとともに，その力を身につけさせるために取り組む学校の教育活動について具体的に述べ，250字以内でまとめなさい。

> 「めざす姿」
>
> 　子どもたちが，変化が激しく予測困難なこれからの社会において，変化をしなやかに前向きに受け止めて，失敗をおそれず挑戦する心や生涯をとおして学びに向かう姿勢，社会の一員としての自覚と責任を持ち，他者との協働を大切にしながら，豊かな未来を創っていく力を身につけています。

●方針と分析

(方針)

　変化が激しいこれからの社会において，豊かな未来を創っていく力を身につけさせることの重要性を指摘し，具体的な未来を創っていく力を挙げてその理由を述べる。そのうえで，そうした力を身に付けさせていく教育活動について具体的に述べる。

(分析)

　学習指導要領の改訂に向けた中央教育審議会の答申では，「学ぶことと自分の人生や社会とのつながりを実感しながら，自らの能力を引き出し，学習したことを活用して，生活や社会の中で出会う課題の解決に向けて主体的に生かしていくという面での学力には，課題がある」と述べている。そのうえで，「様々な情報や出来事を受け止め，主体的に判断しながら，自分を社会の中でどのように位置付け，社会をどう描くかを考え，他者と一緒に生き，課題を解決していくための力の育成が社会的な要請となっている」という考えを示している。こうした問題意識を受け，新学習指導要領で新たに設けられた前文の中で，「これからの学校には，一人一人の児童が，自分のよさや可能性を認識するとともに，あらゆる他者を価値のある存在として尊重し，多様な人々と協働しながら様々な社会的変化を乗り越え，豊かな人生を切り拓き，持続可能な社会の創り手となることができるようにすること

が求められる。そのために，それぞれの学校において，必要な学習内容をどのように学び，どのような資質・能力を身に付けられるようにするのかを教育課程において明確にする」ことの重要性を強調している。それが，設問の「未来の創り手となるために必要な力の育成」という言葉の基本となっている。

　学習指導要領では，育成すべき具体的な資質・能力を次の三つの柱で整理している。

① 　何を理解しているか，何ができるか(生きて働く「知識・技能」の習得)

② 　理解していること，できることをどう使うか(未知の状況にも対応できる「思考力・判断力・表現力等」の育成)

③ 　どのように社会・世界と関わり，よりよい人生を送るか(学びを人生や社会に生かそうとする「学びに向かう力・人間性等」の涵養)

　問題に示された「未来の創り手となるために必要な力」は，この三つをバランスよく育むことであるが，解答に当たっては特に重要だと考える力を選択するとよい。

●作成のポイント

　250字以内という少ない文字数の指定なので，簡潔に述べるようにする。

　まず，変化が激しいこれからの社会において，豊かな未来を創っていく力を身につけさせることの重要性を指摘する。変化が激しい社会だからこそ，自らの未来を自分で切り開いていくことの重要性を強調したい。

　そのうえで，子供たちに身に付けさせたい未来を創っていく具体的な力を挙げて，その理由を述べる。生きて働く「知識・技能」，未知の状況にも対応できる「思考力・判断力・表現力」，「学びに向かう力・人間性等」の涵養といった，学習指導要領の育成を目指す資質・能力に着目する必要がある。

　次に，その「未来を創っていく力」を育成するための具体的な方策

について，あなたの受験する校種や教科に即して整理して簡潔に論述する。そのポイントは，学校での学びと自分の生活や社会とどう結びつけるかに着目したい。

●公開解答例

　私は，「未来を創造し社会の担い手となる力」として，他者と協働して課題解決に取り組む力を身につけさせたいと考えます。その力を身につけさせるために，私は，身近な地域や地球規模の課題をテーマとした課題解決型の学習において，地域の住民や企業，大学，関係機関などのさまざまな主体と連携しながら，多様な考え方を持つ仲間との学びや教科横断的な学びを行います。また，データサイエンスやプレゼンテーションにかかる知識・技能を高めるとともに，国際的な視野に立って行動できるよう，海外の生徒との交流も積極的に行います。
(248字)

●テーマ　第3問

　「生徒指導提要」(令和4年12月改訂　文部科学省)では，生徒指導の目的として，「生徒指導は，児童生徒一人一人の個性の発見とよさや可能性の伸長と社会的資質・能力の発達を支えると同時に，自己の幸福追求と社会に受け入れられる自己実現を支えることを目的とする。」こととされています。

　また，生徒指導の目的を達成するためには，児童生徒一人一人が自己指導能力を身に付けることが重要で生徒指導の実践上の視点として，以下の4つが示されています。

　このことをふまえたうえで，あなたが生徒指導の目的を達成するために，大切にしたい生徒指導の実践上の視点を1つ選び，選んだ理由について述べるとともに，その視点を生かした生徒指導の目的を達成するための取組を具体的に述べ，250字以内でまとめなさい。

```
┌─────────────────────────────────────────────┐
│  ┌ ─ ─ ─ ─ ─ ─ ─ ─ ─ ─ ─ ─ ─ ─ ─ ─ ─ ─ ─ ┐  │
│  │「生徒指導の実践上の視点」                │  │
│  │ (1)　自己存在感の感受                    │  │
│  │ (2)　共感的な人間関係の育成              │  │
│  │ (3)　自己決定の場の提供                  │  │
│  │ (4)　安全・安心な風土の醸成              │  │
│  └ ─ ─ ─ ─ ─ ─ ─ ─ ─ ─ ─ ─ ─ ─ ─ ─ ─ ─ ─ ┘  │
└─────────────────────────────────────────────┘
```

●方針と分析

(方針)

　　生徒指導の目的を達成するために自己指導能力を身に付けさせることの重要性を論じ，示された4つの実践上の視点から大切にしたい視点を1つ選択して，その理由を述べる。そのうえで，その視点に関わる教育活動について具体的に述べる。

(分析)

　　改訂された生徒指導提要では，生徒指導の意義について「一人一人の児童生徒の健全な成長を促し，児童生徒自ら現在及び将来における自己実現を図っていくための自己指導能力の育成を目指す」という積極的な側面を強調している。また，学習指導要領においても，生徒指導の目的として「現在及び将来における自己実現を図っていくことができる」ことを掲げている。これらは，生徒指導が「一人一人の児童生徒の人格を尊重し，個性の伸長を図りながら，社会的資質や行動力を高めるように指導，援助するもの」であり，単に「児童生徒の問題行動への対応という消極的な面だけにとどまるものではない」ことを示している。したがって，学校の教育活動全体を通して，一人一人の児童生徒の健全な成長を促し，児童生徒が自ら現在及び将来における自己実現を図っていくための「自己指導能力」の育成を目指す生徒指導にしていかなければならないのである。

　　そのための「生徒指導の実践上の視点」が，問題文にも示されてい

る4つの視点である。「自己存在感の感受」は「一人の人間として大切にされている」という自己存在感を実感し，認められたという自己有用感を育む工夫であり，「共感的な人間関係の育成」は支持的で創造的な学級づくりである。「自己決定の場の提供」とは，「主体的・対話的で深い学び」の実現に向けた授業改善であり，「安全・安心な風土の醸成」は児童生徒による安心して学校生活が送れるような風土づくりの支援になるだろう。

　これらは，全てこれからの生徒指導を推進するための重要な視点である。したがって，どれを選択しても誤りではない。あなたが最も具体的な取組を論述しやすい視点を選択するとよいだろう。

●作成のポイント

　250字以内という少ない文字数の指定なので，取り上げた視点が重要だと考えた理由と具体的な取組に分けて簡潔に述べるようにする。その前提として，まず生徒指導の目的を達成するために自己指導能力を身に付けさせることの重要性を簡潔に指摘する。

　そのうえで，示された4つの視点の中から最も大切にしたい視点を一つ示し，それを取り上げた理由を簡潔に述べる。理由が複数ある場合は，「第1に…，第2に…」というようにナンバリングして述べると分かりやすい論述となる。次に，その視点に関わる教育活動を具体的に述べる。最終的には，生徒指導の力を身に付けて，三重県の教育の充実に取り組んでいく決意を述べて，論述をまとめる。

●公開解答例

　私は，共感的な人間関係の育成を大切にしたいと考えます。なぜなら，児童生徒が安心して学校生活が送れ，互いを認め合い，励まし合い，支え合える共感的な人間関係のある学習集団が生徒指導の土台となると考えるからです。具体的な取組としては，学習活動にペアワークやグループ活動を取り入れ，他者との関わりや協力して問題解決を行う機会を多く設けます。また，活動の振り返りを行い，友人のよさ

を認め，自分の思ったことを伝え合えるようにし，自他の個性を尊重し，相手の立場に立って考え，行動できる共感的な人間関係を育成します。(250字)

【全校種・2次選考試験(午後)】60分

●テーマ　第1問

> 「教育の情報化に関する手引(追補版)」(令和2年6月　文部科学省)において，「教育の情報化」とは，情報通信技術の，時間的・空間的制約を超える，双方向性を有する，カスタマイズを容易にするといった特長を生かして，教育の質の向上を目指すものであり，具体的には以下の3つの側面から構成され，これらを通して教育の質の向上を図るものとされています。
>
> 　これらのことをふまえて，あなたが教育の情報化として取り組みたいものを①〜③から1つ選び，選んだ理由を述べるとともに，教育の情報化に向けた取組とその効果について具体的に述べ，300字以内でまとめなさい。
>
> ①　情報教育：子供たちの情報活用能力の育成
> ②　教科指導におけるICT活用：ICTを効果的に活用した分かりやすく深まる授業の実現等
> ③　校務の情報化：教職員がICTを活用した情報共有によりきめ細やかな指導を行うことや，公務の負担軽減等

●方針と分析

(方針)

　教育の質の向上を図るために教育の情報化に適切に対応していくことの重要性を指摘し，示された教育の情報化の3つの側面から特に取り組みたいものを1つ選択してその理由を述べる。そのうえで，その

側面に関わる教育活動について具体的に述べる。

(分析)

　設問の基となっている「教育の情報化に関する手引(追補版)」では,「先端技術が高度化してあらゆる産業や社会生活に取り入れられ,社会の在り方そのものが現在とは「非連続的」と言えるほど劇的に変わる「Society5.0」時代の到来が予測されている。このように急激に変化し,将来の予測が難しい社会においては,情報や情報技術を受け身で捉えるのではなく,主体的に選択し活用していく力が求められる」という認識を示したうえで,子供たちの情報活用能力の育成を図る「情報教育」,ICTを効果的に活用した分かりやすく深まる授業を実現する「教科指導におけるICT活用」,教職員がICTを活用した情報共有によりきめ細やかな指導を行うことや,校務の負担軽減等を実現する「校務の情報化」の,教育の情報化の三つの側面が示されている。また,これらの教育の情報化の実現を支える基盤として,「教師のICT活用指導力等の向上」「学校のICT環境の整備」「教育情報セキュリティの確保」の3点を実現することを求めている。

　三重県教育委員会においても,先の三つの視点を具体化するための次のような目標を示している。①児童生徒が,1人1台端末を活用した分かりやすい授業をとおして,意欲的・主体的に学習に取り組む態度や,自分なりの学び方を工夫できる力を身につけさせること,②児童生徒がこれからの超スマート社会を生きるため,必要な情報モラル,情報リテラシーや積極的にデジタル技術を活用して社会で活躍する力を身につけること,③IC機器等を活用し,業務の利便性を高めたり,校務の課題解決のために効果的に活用したりするなど,校務の情報化を促進することで,教員が児童生徒一人ひとりに向き合う時間を確保すること。

　これらは,全て教育の情報化への対応として教員が目指さなければならない重要な側面である。したがって,どれを選択しても誤りではない。あなたが,最も具体的な取組を論述しやすい側面を選択するとよいだろう。

●作成のポイント

　300字以内という少ない文字数の指定なので，取り上げた項目が重要だと考えた理由と具体的な取組に分けて簡潔に述べるようにする。まずその前提として，これからの情報化社会に対応する教育を進めていくことの重要性を簡潔に指摘する。

　そのうえで，示された3つの側面の中から最も重要だと考える一つを示し，それを取り上げた理由を簡潔に述べる。その際，理由が複数ある場合は，「第1に…，第2に…」というようにナンバリングして述べると分かりやすい論述となるだろう。次に，その側面に関わる教育活動を具体的に述べる。最終的には，情報化の進展に適切に対応し，三重県の教育の充実に取り組んでいく決意を述べて，論述をまとめる。

●公開解答例

　私が取り組みたい内容は，教科指導におけるICT活用です。理由は，ICT機器を活用することにより，子どもたちの興味・関心を喚起することができるからです。具体的には，小学校の国語の授業で，児童の実態に応じてコンピュータや大型提示装置，情報通信ネットワーク等を活用し，スピーチの授業で，スピーチのモデルを共有するための動画を提示することや，作文の授業で，モデルとなる文章や図，写真などの複数の資料を大型提示装置に提示します。このように，ICTを活用した取組により，学習課題を効果的に提示・説明できることから，学習の導入段階で児童に学習の見通しを適切にもたせ，学習への興味・関心を高める効果があると考えます。(300字)

●テーマ　第2問

「誰一人取り残されない学びの保障に向けた不登校対策」
(COCOLOプラン)(令和5年3月文部科学省)において，不登校により学
びにアクセスできない子どもたちをゼロにすることを目指し，具体
的な取組として以下の3つが挙げられています。
　これらの取組のうち，あなたが特に取り組みたいものを①〜③か
ら1つ選び，選んだ理由と取組について具体的に述べ，250以内でま
とめなさい。
① 　不登校の児童生徒全ての学びの場を確保し，学びたいと思った
　時に学べる環境を整える
② 　心の小さなSOSを見逃さず，「チーム学校」で支援する
③ 　学校の風土の「見える化」を通して，学校を「みんなが安心し
　て学べる」場所にする

●方針と分析

(方針)

　「誰一人取り残されない学びの保障に向けた不登校対策に取り組む
ことの重要性を指摘し，示された具体的な3つの取組から特に取り組
みたいものを1つ選択して，その理由を述べる。そのうえで，そのた
めの教育活動について具体的に述べる。

(分析)

　文部科学省の調査によると，令和4年度の国立，公立，私立の小・
中学校の不登校児童生徒数が約29万9千件(過去最多)，うち学校内外で
相談を受けていない児童生徒数が約11万4千人(過去最多)，うち90日以
上欠席している児童生徒数が約5万9千人(過去最多)，となっており，
大きな問題となっている。特に，中学校では19万人を超え，極めて深
刻な状況である。

　不登校の原因はそれぞれのケースによって異なるが，「学校での友
人関係がうまく築けないこと」「学習内容が理解できないこと」「基本

的生活習慣が確立できていないこと」などが考えられる。また，子供の性格や家庭の在り方にその原因を求めることのできるケースもあるだろう。一般的には，それらが複合して不登校の原因となっていることが考えられる。そうした原因を踏まえて，教師として，学校としてどのように不登校の問題に対応していくかという具体的な方策が求められている。

　こうした状況の中で，平成28年12月に「教育機会確保法」が成立した。この法律は，不登校はどの児童生徒にも起こり得るものであるとの視点に立ち，全ての児童生徒に教育を受ける権利を保障することを意図している。そのために，いわゆるフリースクール等の学校以外の場の重要性を認めたことに大きな意義がある。不登校問題の対策を考えるにあたっては，この法の趣旨を十分踏まえることが必要である。そうした考え方を具体化しようとするものが，設問の不登校対策「COCOLOプラン」である。設問で示された三つの取組みの具体化としては，①では「学校に来られなくてもオンライン等で授業や支援につながることができる」，②では「教育と福祉等が連携し，子供や保護者が必要な時に支援が行われる」，③では「障害や国籍言語等の違いに関わらず，色々な個性や意見を認め合う雰囲気がある」などが掲げられている。具体的な教育活動を考える際の参考にしたい。

●作成のポイント

　250字以内という少ない文字数の指定なので，簡潔に述べるようにする。

　まず，不登校は子供の教育を受ける権利が奪われた状態であるという人権問題の一つとして捉えるとともに，誰にも起こり得る問題であることを指摘し，不登校対策に取り組むことの重要性を強調したい。そのうえで，示された不登校への取組のうち，あなたが特に取り組みたいものを1つ選び，選択した理由を述べる。

　次に，選択した不登校への取組みについて，あなたの受験する校種や教科に即して具体的に論述する。そのポイントは，誰一人取り残さ

ず，子供の学びを保障するということである。

●公開解答例

　私が取り組みたい内容は，心の小さなSOSを見逃さず，「チーム学校」で支援する取組です。理由は，小さなSOSに早期に気づき，「チーム学校」による最適な支援をすることで不登校を未然に防ぐことができるからです。具体的には，1人1台端末を活用し，心や体調の変化を早期に発見し，スクールカウンセラーやスクールソーシャルワーカーなどの専門家と連携して最適な支援につなげることに取り組みます。その結果，自分のクラスに入りづらい児童生徒が，落ち着いた環境の中で自分に合ったペースで学習・生活できるようにしたいです。(249字)

●テーマ　第3問

> 　「人権教育ガイドライン」(2018(平成30)年3月　三重県教育委員会)では，一人ひとりが，人権問題の解決を自分の課題としてとらえ，状況を変えようとする具体的な行動に結びつく教育・学習の充実を図るため，以下の個別的な人権問題を解決するための教育を積極的に推進することとしています。
>
> 　このことをふまえたうえで，あなたが取り組みたい内容を1つ選び，選んだ理由と取り組みたい内容を推進するための教育活動について具体的に述べ，250字以内でまとめなさい。
>
> 個別的な人権問題に対する取組
> ・部落問題を解決するための教育
> ・障がい者の人権に係わる問題を解決するための教育
> ・外国人の人権に係わる問題を解決するための教育
> ・子どもの人権に係わる問題を解決するための教育
> ・女性の人権に係わる問題を解決するための教育
> ・様々な人権に係わる問題を解決するための教育

> ※様々な人権に係わる問題とは，高齢者，患者，犯罪被害者，ア
> イヌ民族，刑を終えた人・保護観察中の人，性的マイノリティ，
> ホームレス等の人権に係わる問題，インターネットによる人権
> 侵害，災害と人権，貧困等に係る人権課題や北朝鮮当局による
> 拉致問題等などです。

●方針と分析

(方針)

　学校教育を進めるに当たって，様々な人権問題を解決するための教育を積極的に推進することの重要性を論じ，示された6つの個別的な人権問題の中から取り組みたい内容を1つ選びその理由を述べる。そのうえで，その内容に関わる教育活動について具体的に述べる。

(分析)

　三重県の「人権教育ガイドライン」では，人権教育は総合的な教育であり，すべての教育の中で行われるものであるとの基本的認識のもと，「自分の人権を守り，他者の人権を守るための実践行動ができる力」を育み，人権文化を構築する主体者づくりをめざします。という基本的な考えを述べたうえで，「人権についての理解と認識を深める…一人ひとりが，人権の意義とその重要性についての正しい知識を十分に身に付ける」「人権尊重の行動につながる意欲・態度や技能を育てる…一人ひとりが，日常生活の中で人権尊重の考え方に反するような出来事をおかしいと思う感性や人権を尊重する姿勢を養い，行動に現れるよう人権感覚を十分に身に付ける」「一人ひとりの自己実現を可能にする…一人ひとりが，自尊感情を高め，自他の価値を認め，尊重しながら，進路を主体的に切り拓くことができる力を身に付ける」という三つの目標を掲げている。

　そのうえで，「一人ひとりが，人権問題の解決を自分の課題としてとらえ，状況を変えようとする具体的な行動に結びつく教育・学習の充実を図るため，以下の個別的な人権問題を解決するための教育を積

極的に推進します」とし，設問文に示された6つの個別的な人権問題を挙げている。これらの個別の人権問題は，歴史的経緯や社会的背景の下で長い間解決できていない問題である。それぞれが異なる状況をもち，個々の課題に応じて法的な整備も進んできているところである。しかし，解決の道筋も一様ではなく，容易には解決できない難しい問題もはらんでいる。具体的な教育活動を考える際は，そうした歴史的経緯や社会的背景を踏まえることが重要である。

●作成のポイント

250字以内という少ない文字数の指定なので，取り上げた内容が重要だと考えた理由と具体的な取組に分けて簡潔に述べるようにする。まずその前提として，様々な人権問題を解決するための教育を積極的に推進することの重要性を簡潔に論じる。

そのうえで，示された6つの内容の中から特に取り組みたい内容を一つ示し，それを取り上げた理由を簡潔に述べる。理由が複数ある場合は，「第1に…，第2に…」というようにナンバリングして述べると分かりやすい論述となる。次に，その内容に関わる教育活動を具体的に述べる。最終的には，人権文化を構築する主体者づくりをめざし，三重県の教育の充実に取り組んでいく決意を述べて，論述をまとめる。

●公開解答例

私は，様々な人権に係わる問題を解決するための教育の中のインターネットによる人権侵害について取り組みたいです。理由は，インターネットを介したいじめや差別，誹謗中傷などが多く発生しており，インターネットの特性を理解し，安全に活用することができる子どもを育むことが求められているからです。具体的な教育活動として，人権学習指導資料等を活用し，様々な情報を読み解く力や発信する情報に対する責任感，情報を受け取る他者への想像力，自分に関する情報を自らが管理しコントロールできる力を養う学習に取り組みたいです。(248字)

【全校種・2次選考試験(再試験)】60分

●テーマ　第1問

　「『令和の日本型学校教育』を担う教師の養成・採用・研修等の在り方について〜『新たな教師の学びの姿』の実現と，多様な専門性を有する質の高い教職員集団の形成〜(答申)」(令和4年12月　中央教育審議会)では，令和3年答申で示された，「令和の日本型学校教育」を担う教師及び教職員集団の姿として，以下のように示されています。

　あなたが特に大切だと考える姿をⅠ①〜③，Ⅱ，Ⅲの5つから1つ選び，選んだ理由とその姿の実現のための取組について具体的に述べ，300字以内でまとめなさい。

> Ⅰ「令和の日本型学校教育」を担う教師の姿は，①環境の変化を前向きに受け止め，教職生涯を通じて学び続けている，②子供一人一人の学びを最大限に引き出す教師としての役割を果たしている，③子供の主体的な学びを支援する伴走者としての能力も備えている。
> Ⅱ　教職員集団の姿は，多様な人材の確保や教師の資質・能力の向上により質の高い教職員集団が実現し，多様なスタッフ等とチームとなり，校長のリーダーシップの下，家庭や地域と連携しつつ学校が運営されている。
> Ⅲ　教師が創造的で魅力ある仕事であることが再認識され，志望者が増加し，教師自身も志気を高め，誇りを持って働くことができている。

●方針と分析

　(方針)

これからの学校教育を担う教師としての資質・能力を身に付けることの重要性を指摘し，示されたⅠ①～③，Ⅱ，Ⅲの5つから1つを選択して，その理由を述べる。そのうえで，その姿の実現のための取組について具体的に述べる。

(分析)

　令和3年の中央教育審議会の答申では，2020年代を通じて実現を目指す学校教育を「令和の日本型学校教育」とし，その姿を「全ての子供たちの可能性を引き出す，個別最適な学びと，協働的な学び」と定義している。そのための教師の姿として示されているのが，設問文のⅠ「令和の日本型学校教育」を担う教師の姿は，①環境の変化を前向きに受け止め，教職生涯を通じて学び続けている，②子供一人一人の学びを最大限に引き出す教師としての役割を果たしている，③子供の主体的な学びを支援する伴走者としての能力も備えている，である。このことに関して答申では「教師が技術の発達や新たなニーズなど学校教育を取り巻く環境の変化を前向きに受け止め，教職生涯を通じて探究心を持ちつつ自律的かつ継続的に新しい知識・技能を学び続け，子供一人一人の学びを最大限に引き出す教師としての役割を果たしている。その際，子供の主体的な学びを支援する伴走者としての能力も備えている」という姿を示している。

　Ⅱは教師集団の姿であり，答申では「教員養成，採用，免許制度も含めた方策を通じ，多様な人材の教育界内外からの確保や教師の資質能力の向上により，質の高い教職員集団が実現されるとともに，教師と，総務・財務等に通じる専門職である事務職員，それぞれの分野や組織運営等に専門性を有する多様な外部人材や専門スタッフ等とがチームとなり，個々の教職員がチームの一員として組織的・協働的に取り組む力を発揮しつつ，校長のリーダーシップの下，家庭や地域社会と連携しながら，共通の学校教育目標に向かって学校が運営されている」という姿が示されている。

　Ⅲは教員志望者に関わる提言であり，答申では「学校における働き方改革の実現や教職の魅力発信，新時代の学びを支える環境整備によ

り，教師が創造的で魅力ある仕事であることが再認識され，教師を目指そうとする者が増加し，教師自身も志気を高め，誇りを持って働くことができている」ことを述べている。

　これらは全て「令和の日本型学校教育」を担う教員の具体的な姿につながる記述である。したがって，どれを選択しても誤りではない。あなたが，最も具体的な取組を論述しやすい項目を選択するとよいだろう。

●作成のポイント

　300字以内という少ない文字数の指定なので，取り上げた項目が重要だと考えた理由と具体的な取組に分けて簡潔に述べるようにする。その前提として，これからの学校教育を担う教師としての資質・能力を身に付けることの重要性を簡潔に指摘する。

　そのうえで，示された5つの姿の中から最も重要だと考える一つを示し，それを取り上げた理由を簡潔に述べる。理由が複数ある場合は，「第1に…，第2に…」というようにナンバリングして述べると分かりやすい論述となる。次に，その項目に関わる教育活動を具体的に述べる。最終的には，教師としての資質・能力を身に付けて，三重県の教育の充実に取り組んでいく決意を述べて論述をまとめる。

●公開解答例

　「令和の日本型学校教育」を担う教師及び教職員集団の姿として，私が大切だと考える姿は，Ⅰの中の①環境の変化を前向きに受け止め，教職生涯を通じて学び続けている教師です。理由は，時代の変化が大きくなる中で常に学び続けていくことが必要であり，自分自身が主体的に学び続ける姿は，児童生徒にとっても重要なロールモデルになると考えるからです。私は，その実現のために，基本的な知識・技能だけでなく，新たな領域の専門性を身につけたいと思います。そのため，学校で行われる校内研修や研究授業に積極的に取り組み，学校現場の同僚と学び合うことに加え，学校外の研修にもインターネット等を活用して取り組んでいきたいと考えます。(298字)

●テーマ　第2問

　みえ元気プラン(令和4年10月　三重県)では,「第3章　政策・施策」「第3節　施策の概要」の1つとして「施策14-3　特別支援教育の推進」を掲げ,そのめざす姿を以下のように示しています。

　めざす姿の実現に向け,あなたが特別な支援を必要とする子どもたちに対する教育を実施するうえで大切にしたいことを1つ挙げるとともに,あなたが取り組みたい教育活動について具体的に述べ,250字以内でまとめなさい。

> 「めざす姿」
> 　インクルーシブ教育システムの理念をふまえ,特別な支援を必要とする子どもたちが,それぞれの教育的ニーズに応じた学びの場において,安全に安心して早期からの一貫した指導・支援を受けることで,持てる力や可能性を伸ばし,将来の自立と社会参画のために必要な力を身につけています。また,障がいの有無に関わらず,子どもたちが互いに交流することで,理解し,尊重し合いながら生きていく態度を身につけています。

●方針と分析

(方針)

　特別な支援を必要とする子どもたちの教育的ニーズに応じて特別支援教育を進めることの重要性を論じたうえで大切にしたいことを1つ挙げて,取り組みたい教育活動を具体的に述べる。

(分析)

　令和4年3月,特別支援教育を担う教師の養成の在り方等に関する検討会議は報告書をまとめた。報告書では,まず特別支援教育の「個別最適な学び」と「協働的な学び」に関する知見や経験は,障害の有無

にかかわらず，教育全体の質の向上に寄与することになるという認識
を示している。また，特別支援教育を必要とする児童生徒数が増えて
いる一方で，小学校で70.6％，中学校で75.4％の校長が特別支援教育
に携わる経験が無いという現状があることを指摘している。こうした
状況を踏まえ，同報告ではインクルーシブ教育の考え方を踏まえて
「『障害』は個人の心身機能の障害と社会的障壁の相互作用によって創
り出されているものであり，社会的障壁を取り除くのは社会の責務で
ある，という『社会モデル』の考え方の下，全ての教師が，環境整備
の重要性を認識し，特別支援教育に関する理解を深め，専門性を持つ
ことが不可欠な状況となっている」と述べている。そのうえで，具体
的な取り組みの方向性として「校内の通常の学級と，特別支援学級，
通級指導教室，特別支援学校との間で，交換授業や授業研究をするな
どして，特別支援教育経験者を計画的に増やす体制の構築に努めるこ
と」「全ての新規採用教員がおおむね10年目までの期間内において，
特別支援学級の教師や，特別支援学校の教師を複数年経験することと
なる状態を目指し，人事上の措置を講ずるよう努めること。合わせて，
採用から10年以上経過した教師についても，特別支援教育に関する経
験を組み込むよう努めること」といったことを提言している。

　みえ元気プランが掲げる「施策14-3　特別支援教育の推進」が示し
ている「めざす姿」を実現するためのポイントは「インクルーシブ教
育システムの理念」「それぞれの教育的ニーズに応じた学び」「早期か
らの一貫した指導・支援」「将来の自立と社会参画のために必要な力」
「理解し，尊重し合いながら生きていく態度」などである。具体的な
教育活動を述べる際の参考にしたい。

●作成のポイント

　250字以内という少ない文字数の指定なので，簡潔に述べるように
する。

　まず，インクルーシブ教育システムの考え方に基づいて，特別な支
援を必要とする子どもたちの教育的ニーズに応じて，特別支援教育を

進めることの重要性を指摘する。その際，多様な子どもたちの実態に
柔軟に対応していくことの重要性に触れるとよい。

　そのうえで，あなたが特別支援教育を進めるに当たって大切にした
いことを1つ挙げて，その理由を述べる。先に述べた「それぞれの教
育的ニーズに応じた学び」「早期からの一貫した指導・支援」「将来の
自立と社会参画のために必要な力」などを参考に選択するとよいだろ
う。

　次に，その大切にしたいことを実現するための具体的な方策につい
て，あなたの受験する校種や教科に即して整理して簡潔に論述する。
そのポイントは，「インクルーシブ教育システムの理念」の具現化で
ある。

●公開解答例

　私が特別な支援を必要とする子どもたちに対する教育を実施するう
えで大切にしたいことは，特別な支援を必要とする子どもたちの支援
情報の確実な引き継ぎです。そのために私は「パーソナルファイル」
を活用します。「個別の教育支援計画」や「個別の指導計画」などの
必要な支援情報を円滑かつ確実に引き継ぐことで，それぞれの教育的
ニーズに応じた学びの場において，安全安心に一貫した指導・支援を
受けることができるようになり，その子どもの持てる力や可能性を伸
ばし，将来の自立と社会参画のために必要な力を育みたいと考えます。
(248字)

●テーマ　第3問

　「第3次学校安全の推進に関する計画」(令和4年3月　文部科学省)
では，学校安全を推進するための方策を以下のように示しています。
学校安全を推進するための方策の中であなたが特に大切にしたいも
のを1〜4，5①〜⑤の9つから1つ選び，選んだ理由と学校安全を推

進するための取組について具体的に述べ，250字以内でまとめなさい。

> (学校安全を推進するための方策)
> 1　学校安全に関する組織的取組の推進
> 2　家庭，地域，関係機関等との連携・協働による学校安全の推進
> 3　学校における安全に関する教育の充実
> 4　学校における安全管理の取組の充実
> 5　学校安全の推進方策に関する横断的な事項等
> ①　学校安全に係る情報の見える化，共有，活用の推進
> ②　科学的なアプローチによる事故予防に関する取組の推進
> ③　学校安全を意識化する機会の設定の推進
> ④　学校におけるデジタル化の進展とサイバーセキュリティの確保
> ⑤　学校安全に関する施策のフォローアップ

●方針と分析

(方針)

　子供たちにとって，学校は安全で安心が保障された場所であることの重要性を論じ，示された9つから学校安全を推進するために大切にしたいものを1つ選択してその理由を述べる。そのうえで，学校安全を推進するための取組を具体的に述べる。

(分析)

　学校は，児童生徒が安心して生活し，学ぶことのできる安全な場所であると信じられてきた。しかし，平成23年3月の東日本大震災は，このことに関して様々な問題を露呈させた。津波によって多くの児童生徒の尊い命が奪われた学校はもとより，震源地から遠く離れた学校

においても，大地震の際の児童生徒の安全確保の在り方などについての課題が明らかとなった。また，近年大きな課題となった新型コロナウイルスの流行により，学校教育そのものの継続的な実施が困難な状況を生みだした。

　文部科学省の「学校安全の推進に関する計画」では，学校安全を「安全教育」と「安全管理」の二つの視点からとらえ，「総合的かつ効果的な学校安全に関わる取り組みを推進すること」の重要性を指摘している。そのために，学校保健安全法では「学校安全計画」の策定と実施を求め，いわゆる危機管理マニュアルとしての「危険等発生時対処要項」の作成と職員への周知，訓練の実施を義務付けている。

　学校が児童生徒の安全・安心を考えなければならないと想定される場面は，地震や台風といった自然災害だけではなく，不審者の侵入，火災，交通事故など広範囲に及ぶ。また，今回の新型コロナウイルスの流行は，これまでの考え方では学校教育を継続し得ない危機的な状況を生み出した。児童生徒の安全・安心を脅かす事態は，いつ，どこで起こるか分かない。したがって，個々の児童生徒に「自分の命は自分で守る」という資質や能力を身に付けさせていくことは，学校教育の重要な役割である。

　そのための「学校安全を推進の視点」が，問題文にも示されている9つである。これらは全てこれからの学校安全を推進するための重要な視点である。したがって，どれを選択しても誤りではない。あなたが，最も具体的な取組を論述しやすい視点を選択するとよいだろう。

●作成のポイント

　250字以内という少ない文字数の指定なので，取り上げた視点が重要だと考えた理由と具体的な取組に分けて簡潔に述べるようにする。その前提として，学校の安心・安全を保障することの重要性を簡潔に指摘する。

　そのうえで，示された9つの方策の中から最も大切にしたものを一つ示し，それを取り上げた理由を簡潔に述べる。その際，理由が複数

ある場合は，「第1に…，第2に…」というようにナンバリングして述べると分かりやすい論述となるだろう。次に，その方策に関わる具体的な教育活動を述べる。最終的には，学校の安心・安全を確保し，三重県の教育の充実に取り組んでいく決意を述べて論述をまとめる。

●公開解答例

　　私が大切にしたいことは，「家庭，地域，関係機関等との連携・協働による学校安全の推進」です。理由は，児童生徒等の通学時に発生する事件や事故などについては，学校外の専門的な知見や地域からの協力を得て，学校安全に関わる取組を進める必要があるからです。具体的には，地域の学校安全委員会や警察連絡協議会等を活用し，地域の関係者との情報共有や意見交換を日常的に行い，警察や消防等の関係機関や地域住民，保護者とともに安全マップの作成や避難訓練，交通安全教室の開催等地域ぐるみで防犯・交通安全・防災の取組を行います。(250字)

【社会人特別選考・1次選考試験(午前)】60分

●テーマ

> 　三重県教育委員会が令和5年3月に改定した「校長及び教員としての資質の向上に関する指標」では，「学び続ける意欲 探究心」について，教職着任時には「自らの強み・弱みを理解しようとするとともに，自己研鑽に励んでいる。」ことを求めています。
> 　あなたはこれまでに「自らの強み・弱みを理解しようとするとともに，自己研鑽に励む」ことについて，どのように取り組んできたか，また，今後その取組を学校教育でどのように生かしていきたいか，社会人としての経験をふまえて具体的に述べ，全体を600字以上800字以内にまとめなさい。

●方針と分析

(方針)

　教師としての役割を果たすために「自らの強み・弱みを理解しよう
とするとともに，自己研鑽に励む」ことの重要性について論じる。そ
のうえで，そのことにどのように取り組んできたか，また，今後その
取組を学校教育でどのように生かしていくか述べる。

(分析)

　令和2年5月，教育公務員特例法が改正され「新たな教師の学びの姿」
が制度化されることとなった。その審議の過程で「教師は高度な専門
職であり，学びは自主的・自律的に行われるべきこと」「社会の変化
を前向きに受け止めて学び続けることが必須となっていること」など
が確認された。こうした考えに立脚して構想されたのが，新たな教師
の学びの姿である。また，教育基本法第9条で「学校の教員は，自己
の崇高な使命を深く自覚し，絶えず研究と修養に励み，その職責の遂
行に努めなければならない」と規定されている。教育公務員特例法の
21条でも「教育公務員は，その職責を遂行するために，絶えず研究と
修養に努めなければならない」とされている。

　また，平成27年12月「これからの学校教育を担う教員の資質能力の
向上について」という中央教育審議会の答申でも「学び続ける教員」
という項目を設けて「学ぶ意欲の高さなど，我が国の教員としての強
みを生かしつつ，子供に慕われ，保護者に敬われ，地域に信頼される
存在として更なる飛躍が図られる仕組みの構築が必要である」として，
「学び続ける教員」を支援することの重要性を指摘している。つまり，
教員が教員であるためには，常に学び続けなければならないのである。
こうした答申等が，各教育委員会の教員育成に関わる資質に関する指
標等に反映されている。

　三重県の教員としての資質の向上に関する指標でも「学び続ける意
欲探究心」が重視され，第1・2ステージにおいては「自らの強み・弱
みをふまえ，今後伸ばすべき能力，学校で果たすべき役割などを理解
し，自己の資質・能力の向上に向けて主体的な学びをマネジメントす

ることができる」ことが示されている。そこで思い出されるのが2006年に経済産業省が提言した「社会人基礎力」という言葉である。「社会人基礎力」は，今の自分にとって何が必要なのかを，外的な環境要因を踏まえながら常に意識し続ける，という考え方である。このことをあなたがどう考えてきたのか，論文の内容に反映させたい。

●作成のポイント

　600字以上800字以内という文字数が示されているので，序論・本論・結論という一般的な三部構成でよいだろう。

　序論では，教師として「学び続ける」ことの意味や意義，特に「自らの強み・弱みを理解しようとするとともに，自己研鑽に励む」ことの重要性について論じる。社会的な背景や学校教育の現状などとともに，期待される教師の役割などを踏まえるとよい。

　本論では，まず「自らの強み・弱みを理解しようとするとともに，自己研鑽に励む」ことにどのように取り組んできたかを述べる。その際，自らの強みは何か，弱みは何かを明らかにして論じるようにする。次に，今後その取組を学校教育でどのように生かしていくか述べる。具体的な教育活動の場面を想定し，自らの強み・弱みをどのように生かしていくか，具体的に論じるようにする。

　結論では，三重県の教師として児童生徒のために自己研鑽を続け，自らの強みを生かして弱みを克服していく決意を述べて，論作文をまとめる。

【社会人特別選考・1次選考試験(午後)】60分

●テーマ

　学校の教育活動において，あなたが保護者からの信頼を得る上で重要と考えることを具体的に述べなさい。さらに，保護者からの信頼を得るためにどのような取組を進めるのか，社会人としての経験をふまえて具体的に述べ，全体を600字以上800字以内にまとめなさい。

●方針と分析

(方針)

　学校の教育活動を進めるに当たって，保護者からの信頼を得ることの重要性とともに，そのために何が重要か具体的に述べる。そのうえで，保護者からの信頼を得るためにどのような取組を進めるか，社会人としての経験をふまえて具体的に述べる。

(分析)

日本には「子供は，大人の後ろ姿を見て学ぶ」という言葉がある。また，「見えないカリキュラム」という言葉も存在する。教師の姿勢が，保護者の姿勢や子供の育ちに大きな影響を与えるのである。すなわち，保護者や児童生徒が教師を信頼するところに教育は成立するということができる。言い換えると，教育とは，教師との信頼関係を基盤とした共同作業なのである。そうした信頼関係を構築することが，教師の重要な役割の一つである。

教師と保護者の信頼関係を構築することは，まず教師が全ての児童生徒を信じることが出発点となる。教師が児童生徒を信じることがなければ，保護者や児童生徒は教師を信じることはない。信頼とは「私を信頼しなさい」と求めるものではない。信頼するかしないかは，相手が決めることであり，教師には信頼される態度や行動をとることが求められるのである。

　では，保護者や児童生徒はどのような教師に信頼感をもつのであろ

うか。公平な態度で児童生徒たちに接すること，誤りは誤りとして認めてごまかさないこと，教え方が上手なこと等，様々な要素が考えられるだろう。しかし，その根底には，自分たちを愛してくれていること，信じていることがなければならない。すなわち，教師が児童生徒を信頼しなければ，信頼関係を築くことは不可能なのである。

　具体的にどうしていくかは，自分が児童生徒の時に信頼していた教師像を思い浮かべ，それを整理して論述するのがよいだろう。

●作成のポイント

　600字以上800字以内という文字数が示されているので，序論・本論・結論という一般的な三部構成でよいだろう。

序論では，設問にこたえて，教師と保護者や児童生徒との間に信頼関係が必要な理由を論述する。その際，保護者や児童生徒が教師を信頼するところに教育は成立することを強調する。そこには，自ずと自分の教育観がにじみ出るはずである。さらに，信頼される教師になるためにどうするか，「教師への信頼は児童生徒の達成感，成就感から生じる」といった，そのための基本的な考え方を示して本論に結びつける。

　本論では，保護者との信頼関係を構築するための具体的な方策について，受験する校種に即して二つ程度に整理して論述する。その基盤は，児童生徒の信頼を得ることであり，子供と直接関わる学習指導，学級経営，特別活動といった視点からの方策を用意しておくことが必要である。

　結論では，本論で述べた方策を貫く基本的な考え方，本論で取り上げられなかった方策，自分自身の研修課題などを含めて，保護者や児童生徒の信頼を得るために不断の努力を続けていくという決意を述べて，論文をまとめる。

2023年度 　論作文実施問題

【全校種・2次選考試験(午前)】60分

●テーマ　第1問

　「新しい時代の教育に向けた持続可能な学校指導・運営体制の構築のための学校における働き方改革に関する総合的な方策について(答申)」(平成31年1月 中央教育審議会)において，これまで学校・教師が担ってきた代表的な業務の在り方に関する考え方について，以下のとおりに整理されました。

　これらのことを踏まえて，あなたが学校における働き方改革として取り組みたい業務を①〜⑭から2つ選び，選んだ理由についてそれぞれ述べるとともに，そのうち1つの業務についての改善に向けた取組を具体的に述べ，300字以内でまとめなさい。

【基本的には学校以外が担うべき業務】

① 　登下校に関する対応

② 　放課後から夜間などにおける見回り，児童生徒が補導された時の対応

③ 　学校徴収金の徴収・管理

④ 　地域ボランティアとの連絡調整

【学校の業務だが，必ずしも教師が担う必要のない業務】

⑤ 　調査・統計等への回答等

⑥ 　児童生徒の休み時間における対応

⑦ 　校内清掃

⑧ 　部活動

【教師の業務だが，負担軽減が可能な業務】

⑨ 　給食時の対応

⑩　授業準備
⑪　学習評価や成績処理
⑫　学校行事の準備・運営
⑬　進路指導
⑭　支援が必要な児童生徒・家庭への対応

●方針と分析

(方針)

　学校において働き方改革を進めることの重要性を指摘したうえで，改善に取り組みたい業務を2つ選択し，それぞれ選んだ理由を述べる。そのうえで，そのうちの1つの業務について改善に向けた取組を具体的に述べる。

(分析)

　学校が直面する課題が増加するとともに複雑化・多様化し，その課題への対応は容易ではない。その結果，どうしても教員に過重労働を強いる結果となってしまっているのが現状である。今回の新型コロナウイルス感染症の流行が，教員の労働時間の延長につながったという指摘もある。

　学校教育は，教員と児童生徒との人格的な触れ合いを通して行われるものである。教員の心身が疲弊した状態では，質の高い教育を維持することは困難である。平成31年1月，文部科学省は「学校の働き方改革に関する取組の徹底について」を通知した。そこでは，学校の働き方改革を「勤務時間・健康管理を意識した働き方の推進」「業務の明確化・適正化」「組織・運営体制の改善」の三つの視点から進めることが示されている。このように，文部科学省や教育委員会でも働き方改革を進めてはいるが，学校自体が働き方の見直しを進めていくことが重要である。働き方改革を進めることによって，教師が余裕をもって児童生徒と向き合う時間を確保し，確かな学力の育成，豊かな心の涵養といった学校教育本来の目的を達成するための教育活動の充実

を図っていかなければならない。

　しかし，学校では時間をかけて業務をすることに価値を置く考え方が根強く残っており，遅くまで残って仕事することに意義を感じる教員も少なくないのが実態である。時間をかけることを重視していては，いつまでたっても「働き方改革」は進んでいかない。そうした意識を変え，時間をかけずに能率的・効率的に進めることへ価値基準を変換していくことが必要であり，そのために働き方の改善を進めていくことが必要である。

●作成のポイント

　300字以内という短い文字数の指定なので，設問の求めに応じて2つの働き方の改善を選択し，その改善策に向けた取り組みを簡潔に答えるようにしたい。

　働き方改革を進める選択肢として示された①～⑫の項目は，すべて中央教育審議会の答申に示されているものであり，どれを選択しても誤りということはない。したがって，具体的な改善策がイメージできる項目を選択するようにしたい。

　教師の働き方を改善するために選択した業務を担う人材としては，保護者や地域が考えられる。そう考えると，それが比較的容易であろう「基本的には学校以外が担うべき業務」「学校の業務だが，必ずしも教師が担う必要のない業務」の①～⑧から選択するのがよいと考えられる。具体的な取り組みは，その業務のすべてを保護者や地域に任せてしまうのではなく，保護者や地域に任せる部分と学校が直接担う部分を明確にして論じることが大切である。

●公開解答例

　私が取り組みたい業務は，部活動と授業準備です。その理由は，部活動ガイドラインの策定により教員の部活動への取組に対する意識が変化してきていることから，さらに業務改善を進めることができると考えたからです。授業準備については，私が学校の教育活動で大切に

していることが授業であり，授業準備に多くの時間をかけているからです。その中で私は，授業の準備におけるスクール・サポート・スタッフの効率的な活用について取り組みたいと考えます。具体的には，作業依頼用紙やスクール・サポート・スタッフの作業場所を示した表を活用することで教員からの依頼がスムーズに進み，計画的・効率的な業務遂行を図ることができると考えます。(298字)

●テーマ　第2問

三重県教育ビジョン(令和2年3月 三重県・三重県教育委員会)では，基本施策2「個性を生かし他者と協働して未来を創造する力の育成」の施策の1つとして「キャリア教育の充実」を掲げ，そのめざす姿を以下のように示しています。

このことを踏まえたうえで，あなたが児童生徒に身につけさせたいと考える「将来の社会的・職業的自立に必要な資質・能力」を具体的に1つ挙げるとともに，その資質・能力を身につけさせるために取り組む学校の教育活動について具体的に述べ，250字以内でまとめなさい。

「めざす姿」
　子どもたちが，学ぶことと自己の将来とのつながりを見通しながら学び，進路を決定する能力や態度，人間関係を築く力等，将来の社会的・職業的自立に必要な資質・能力を身につけています。

●方針と分析

(方針)

　将来の社会的・職業的な自立の必要性を指摘し，そのために必要となると考える資質・能力を具体的に1つ挙げ，その理由を述べる。そのうえで，その資質・能力を身につけさせるために取り組むべき学校

の教育活動について具体的に述べる。

(分析)

　今回の学習指導要領の改訂にあたっては，学校で学ぶことと社会での生活との間に乖離があるという基本認識が存在している。そのために，「子供たちに将来，社会や職業で必要となる資質・能力を育むためには学校で学ぶことと社会との接続を意識し，一人一人の社会的・職業的自立に向けて必要な基盤となる資質・能力を育み，キャリア発達を促すキャリア教育の視点も重要である」としている。キャリア教育とは，学ぶこと，働くこと，生きることの尊さを実感させ，望ましい勤労観，職業観を育むことである。このキャリア教育を通して，将来の良き社会人，職業人を育てることが期待されているのである。

　キャリア発達について，小学校段階は「進路の探索・選択に関わる基盤形成の時期」，中学校段階は「現実的探索と暫定的選択の時期」，高等学校段階は「現実的探索・試行と社会的以降準備の時期」と位置づけられている。また，キャリア教育の推進にあたって，文部科学省は『基礎的・汎用的能力』を育成することの重要性を指摘している。『基礎的・汎用的能力』の具体的な内容としては，「人間関係形成・社会形成能力」「自己理解・自己管理能力」「課題対応力」「キャリアプランニング能力」の4つを挙げている。具体的な方策を考えるとき，この4つの視点を念頭に置いて育成すべき資質・能力を設置することが必要である。これらのことを踏まえて論述をするようにしたい。

●作成のポイント

　250字以内という短い文字数の指定なので，端的に社会的・職業的な自立に必要となると考える資質・能力を挙げ，その必要性を簡潔に述べる。そのうえで，その資質・能力を身に付けさせるための取組を具体的に述べる。

　キャリア教育は，単に一つの教科で育成できるものではない。道徳科や総合的な学習の時間などを含めて，学校における全ての教育活動を視野に入れることが大切である。特別活動の学級活動を要としなが

ら，総合的な探究の時間や学校行事，各教科における学習，個別相談等の全ての教育活動を通じて必要な資質・能力の育成を図っていく必要がある。いずれにしても，単なる進学指導，就職指導としての進路指導ではなく，人間形成を図るためのキャリア教育について論じることが大切である。また，学習指導要領では，「キャリアパスポート(仮称)」の活用が提案されている。そのことについて触れるのも有効であると考えられる。

●公開解答例

　私は，「将来の社会的・職業的自立に必要な資質・能力」として，子どもたちが，将来の社会生活や職業生活の中で他者と協力・協働して問題解決に取り組む意欲やコミュニケーション能力などの人間関係を築く力を身につけさせたいと考えます。そうした資質・能力を身につけさせるために，私は，地域の住民や企業，大学，関係機関などのさまざまな主体と連携しながら，地域の課題を題材とした探究活動や課題解決型のインターンシップを積極的に行い，多様な主体とかかわりをもって協働的に学ぶ教育活動に取り組んでいきたいと考えます。
(247字)

●テーマ　第3問

　「学校における防災の手引」(令和4年3月 三重県教育委員会)には，学校における防災教育のねらいとして，以下の3点が示されています。
　以下の3点のうち，あなたが特に取り組みたいと考えるねらいを1つ挙げ，そのねらいを選んだ理由とねらいを実現するためにあなたが取り組む学校の防災教育について具体的に述べ，250字以内でまとめなさい。
【学校における防災教育のねらい】
ア　自然災害等の現状，原因及び減災等について理解を深め，現在及び将来に直面する災害に対して，的確な思考・判断に基づく適

切な意志決定や行動選択ができるようにする。(知識，思考・判断)
イ　地震，台風の発生等に伴う危険を理解・予測し，自らの安全を確保するための行動ができるようにするとともに，日常的な備えができるようにする。(危険予測，主体的な行動)
ウ　自他の生命を尊重し，安全で安心な社会づくりの重要性を認識して，学校，家庭及び地域社会の安全活動に進んで参加・協力し，貢献できるようにする。(社会貢献，支援者の基盤)
※文部科学省「『生きる力』を育む防災教育の展開」(平成25年3月)より

●方針と分析

(方針)

　防災教育の重要性を端的に指摘し，そのために重視すべきねらいを1つ選択してその理由を述べる。そのうえで，その狙いを達成するために取り組む教育活動について具体的に述べる。

(分析)

　学校は，児童生徒が安心して生活し，学ぶことのできる安全な場所であると信じられてきた。しかし，平成23年3月の東日本大震災は，このことに関して様々な問題を露呈させた。津波によって多くの児童生徒の尊い命が奪われた学校はもとより，震源地から遠く離れた学校においても，大地震の際の児童生徒の安全確保の在り方などについての課題が明らかとなった。また，新型コロナウイルス感染症の流行により，学校教育そのものの継続的な実施が困難な状況を生みだした。

　文部科学省の「学校安全の推進に関する計画」では，学校安全を「安全教育」と「安全管理」の二つの視点から捉え，「総合的かつ効果的な学校安全に関わる取り組みを推進すること」の重要性を指摘している。そのために，学校保健安全法では「学校安全計画」の策定と実施を求め，いわゆる危機管理マニュアルとしての「危険等発生時対処要項」の作成と職員への周知，訓練の実施を義務付けている。

　学校が児童生徒の安全・安心を考えなければならないと想定される場面は，地震や台風といった自然災害だけではなく，不審者の侵入，火災，交通事故など広範囲に及ぶ。また，今回の新型コロナウイルス感染症の流行は，これまでの考え方では学校教育を継続し得ない危機的な状況を生み出した。児童生徒の安全・安心を脅かす事態は，いつ，どこで起こるか分かない。したがって，個々の児童生徒に「自分の命は自分で守る」という資質や能力を身に付けさせていくことが，学校教育の重要な役割なのである。

●作成のポイント

　250字以内という短い文字数の指定なので，取り上げたねらいが重要だと考えた理由と具体的な取組に分けて簡潔に述べるようにしたい。

　まず，示された三つのねらいの中から最も重要だと考える一つを示し，それを取り上げた理由を簡潔に述べる。理由が複数ある場合は，「第1に・・・，第2に・・・」というようにナンバリングして述べると分かりやすい論述となる。

　次に，その目標を実現するための取組を具体的に述べる。最終的には，個々の児童生徒に「自分の命は自分で守る」という資質や能力を身に付けさせていくことの必要性を強調して述べるようにしたい。

●公開解答例

　私が取り組みたいことは，自他の生命を尊重し，安全で安心な社会づくりの重要性を認識して，学校，家庭及び地域社会の安全活動に進んで参加・協力し，貢献できるようにすることです。理由は，災害発生時に自分たちの生命及び生活を他者と協力しながら守るための適切な行動をとれるようにすることが必要だからです。そのために私は，地域や関係機関と連携して防災講話や避難訓練，登下校時の防災マップの作成に取り組み，その成果を児童生徒が地域に発表することで，地域社会の安全活動に進んで参加できる児童生徒を育成したいと考え

ます。(250字)

【全校種・2次選考試験(午後)】　60分

●テーマ　第1問

> 　「「令和の日本型学校教育」の構築を目指して～全ての子供たちの可能性を引き出す，個別最適な学びと，協働的な学びの実現～(答申)」(令和3年1月　中央教育審議会)では，新型コロナウイルス感染症の感染拡大防止のため，全国的に学校の臨時休業措置が取られたことにより，再認識された学校の役割として以下の3つを示しています。
>
> 　あなたが特に重要であると考える学校の役割を以下の3つから1つ選び，選んだ理由とその実現に向けた学校における取組について具体的に述べ，300字以内でまとめなさい。
>
> 【新型コロナウイルス感染症の感染拡大を通じて再認識された学校の役割】
>
> 1．学習機会と学力の保障
>
> 2．全人的な発達・成長の保障
>
> 3．身体的，精神的な健康の保障
>
> (安全・安心につながることができる居場所・セーフティネット)

●方針と分析

(方針)

　まず，学校教育の重要性について端的に述べる。そのうえで，重要と考える学校の役割を一つ選択し，理由とその実現に向けた取組を具体的に述べる。

(分析)

　設問で示された答申では，新型コロナウイルス感染症の感染拡大を通じて学校の役割が再認識されたことを強調し，学校の役割を次の三

つに整理している。

　1の「学習機会と学力の保障」については，子供たちが学校に通えない状況の中「全国の学校現場の教職員，教育委員会や学校法人などの教育関係者におかれては，子供たちの学習機会の保障や心のケアなどに力を尽くしていただいた」ということを述べている。2の「全人的な発達・成長の保障」，3の「身体的，精神的な健康の保障」については，「学校は，学習機会と学力を保障するという役割のみならず，全人的な発達・成長を保障する役割や，人と安全・安心につながることができる居場所・セーフティネットとして身体的，精神的な健康を保障するという福祉的な役割をも担っていること」が強調されている。

　これらの学校の役割がどのような教育活動によって支えられ，実現されているのかを整理しておくことが必要である。

　なお，同答申では「臨時休業からの学校再開後には，限られた時間の中で学校における学習活動を重点化する必要が生じたが，そのような中でもまず求められたのは，学級づくりの取組や，感染症対策を講じた上で学校行事を行うための工夫など，学校教育が児童生徒同士の学び合いの中で行われる特質を持つことを踏まえ教育活動を進めていくことであり，これらの活動を含め感染症対策を講じながら最大限子供たちの健やかな学びを保障できるよう，学校の授業における学習活動の重点化や次年度以降を見通した教育課程編成といった特例的な対応がとられた」と述べている。実際の教育活動を考える際に，これらのことを踏まえておく必要があるだろう。

●作成のポイント

　300字以内という短い文字数の指定なので，設問の求めに応じて重要と考える学校の役割を一つ選択し，その実現に向けた取り組みを簡潔に答えるようにしたい。

　設問において学校の役割として示された三つの項目は，すべて中央教育審議会の答申に示されているものであり，どれを選択しても誤りということはない。したがって，具体的な実現策がイメージできる項

目を選択するようにすること。

　1の「学習機会と学力の保障」を選択した場合は，日々の授業について論じることになる。答申でも述べている「個別最適な学び」「協働的な学び」などについて述べるとよいだろう。2の「全人的な発達・成長の保障」を選択した場合は，学級集団での学びについて論じることになる。学級経営や特別活動などが，その具体的な教育活動となると考えられるだろう。3の「身体的，精神的な健康の保障」を選択した場合は，食育や体育健康教育などが，その具体的な教育活動となると考えられるだろう。

●公開解答例

　私が特に重要と考える学校の役割は，学習機会と学力の保障です。その理由は，臨時休校期間に家庭の経済的な格差により，児童生徒の学力格差の拡大が懸念されたことと，「知識・技能」「思考力・判断力・表現力」「学びに向かう力・人間性」を柱とする学力は，学校の教育活動において育成されると考えるからです。そのために私は，ICTを活用して個々の特性や学習進度に応じて指導方法や教材等の柔軟な提供を行い，一人ひとりに応じた学習活動や学習課題に取り組む機会を提供する「個別最適な学び」や探究的な学習・体験活動などを通じて児童生徒同士や地域の方々等と協働しながら課題を解決していく「協働的な学び」に取り組みたいと考えます。(300字)

●テーマ　第2問

「いじめ防止対策推進法」(令和元年5月改正)では、「学校及び学校の教職員の責務」について以下のとおり示されています。

あなたが考える学校におけるいじめの防止及び早期発見の取組について、その留意点を具体的に挙げるとともに、いじめの防止及び早期発見に向けた取組について具体的に述べ、250字以内でまとめなさい。

(学校及び学校の教職員の責務)

第8条　学校及び学校の教職員は、基本理念にのっとり、当該学校に在籍する児童等の保護者、地域住民、児童相談所その他の関係者との連携を図りつつ、学校全体でいじめの防止及び早期発見に取り組むとともに、当該学校に在籍する児童等がいじめを受けていると思われるときは、適切かつ迅速にこれに対処する責務を有する。

●方針と分析

(方針)

いじめを防止することの重要性を端的に指摘し、そのために留意すべき点を具体的に挙げ、その理由を述べる。そのうえで、いじめの防止及び早期発見に向けた取組について具体的に述べる。

(分析)

いじめの問題は社会的な注目を集めており、平成25年9月「いじめ防止対策推進法」が施行された。しかし、いじめがなくなることはなく、学校教育の大きな課題となっており、心身に大きな被害を受けるなどの「重大事態」も500件以上にのぼっている。

いじめが起こる原因については、多くの人が様々な立場から意見を述べている。しかし中には、評論家的に「学校が悪い」「教師が悪い」とだけ主張する表面的な論調も見受けられ、残念な状況にある。論述にあたっては、そうした考えは排除し、教育者としてこの問題の原因をどう捉えるのか、あなた自身の考えを整理しておくことが必要となる。

　「いじめ防止対策推進法」第8条では，いじめ防止に向けた「学校及び学校の教職員の責務」について，「①保護者，地域住民，児童相談所その他の関係者との連携を図ること」，「②学校全体でいじめの防止及び早期発見に取り組むこと」，「③児童等がいじめを受けていると思われるときは，適切かつ迅速にこれに対処すること」の3つに整理をしている。どれを選択しても構わないが，いじめの防止及び早期発見という観点から考えていくことが必要である。

　解答にあたっては，いじめ問題をどのように考えるのか，あなたの考えをしっかり論述しなければならない。いじめは「子供の基本的な人権を否定する行為」であり，単なる「いけない行為である」という論述では不十分である。また，その原因についても，「いじめられる方にも問題がある」という意見を述べる人もいる。しかし，この考え方に立つことは避けなければならない。いじめの根本的な原因は，子供たちを取り巻く社会の変化にあると捉えるとともに，あくまでもいじめられた側の立場に立って，教育者として「いじめられた者を守り抜く」という強い姿勢を示すことが必要である。

●作成のポイント

　250字以内という短い文字数の指定なので，いじめを防止することの留意点を挙げ，その重要性をまず述べる。そのうえで，いじめの防止及び早期発見に向けた取組を具体的に述べるようにしたい。

　いじめを防止するための方策は，「道徳教育の充実」「より良い人間関係の構築」「支持的風土のある学級づくり」「いじめに負けない強い心の育成」など，幅広く考えられる。受験する校種に応じて，自分自身の経験に基づいた具体的な方策を論述することが大切である。

●公開解答例

　取組の留意点は，保護者，地域住民，その他の関係者等と連携するとともにアンケート調査等の取組については，学校全体で実施することです。そのために私は，日々の教育活動において子どもたちの言動

や言葉のわずかな変化等の兆候を察知するとともに，学校全体で児童生徒に対して定期的な面談やアンケート調査を行い，調査結果については必要に応じて関係機関と情報共有します。また，学校において作成した「いじめ気づきリスト」を保護者とも共有することで学校と家庭の双方からいじめの防止及び早期発見に努めていきたいと考えます。(248字)

●テーマ　第3問

「人権教育ガイドライン」(2018(平成30）年3月　三重県教育委員会）における個別的な人権問題に対する取組のうち，「外国人の人権に係わる問題を解決するための教育」の具体的な取組として，以下の7つが挙げられています。

これらの取組のうち，あなたが特に取り組みたいものを1つ選び，選んだ理由と選んだ取組の学校における教育活動について具体的に述べ，250字以内でまとめなさい。

【具体的な取組】

1. 外国人の人権に関する理解を深める学習の充実
2. 多文化共生社会を築く主体者を育てる教育の推進
3. 自尊感情を高める取組の推進
4. メディアを読み解き活用する力の育成
5. 進路決定に向けた支援の充実
6. 学習を支援する取組の充実
7. 教職員の資質と指導力の向上

●方針と分析

(方針)

「外国人の人権に係わる問題を解決するための教育」を進めるための取組について，示された7つの取組からもっとも重要だと考える一

つを取り上げ，その理由と具体的な教育活動を述べる。

(分析)

　人権教育・啓発推進法では，「国民が，その発達段階に応じ，人権尊重の理念に対する理解を深め，これを体得することができるようにすること」が人権教育の基本理念である。こうした人権感覚は，児童生徒に繰り返し言葉で説明するだけで身に付くものではない。人権感覚を身に付けるためには，学級をはじめ学校生活全体の中で自らの大切さや他の人の大切さが認められていることを，児童生徒自身が実感できるような状況を生み出すことが肝要である。

　「三重県人権教育基本方針」では，人権教育の目的を「人権教育は，総合的な教育であり，すべての教育の中で行われるものであるとの基本的認識のもと，『自分の人権を守り，他者の人権を守るための実践行動ができる力』を育み，人権文化を構築する主体者づくりをめざします」としている。そのうえで，その目的を達成するため，「①人権についての理解と認識を深める。一人ひとりが，人権の意義とその重要性についての正しい知識を十分に身に付ける」，「②人権尊重の行動につながる意欲・態度や技能を育てる。一人ひとりが，日常生活の中で人権尊重の考え方に反するような出来事をおかしいと思う感性や人権を尊重する姿勢を養い，行動に現れるよう人権感覚を十分に身に付ける」，「③一人ひとりの自己実現を可能にする。一人ひとりが，自尊感情を高め，自他の価値を認め，尊重しながら，進路を主体的に切り拓くことができる力を身に付ける」の三つを具体的な目標としている。これらを設問の具体的な教育活動を考える際の参考にし，論述をしていくとよいだろう。

●作成のポイント

　250字以内という短い文字数の指定なので，取り上げた取組が重要だと考えた理由と具体的な取組に分けて簡潔に述べる。

　まず，示された7つの取組の中からもっとも重要だと考える一つを示し，それを取り上げた理由を簡潔に述べる。理由が複数ある場合は，

「第1に・・・，第2に・・・」というようにナンバリングをして述べると分かりやすい論述となる。

　次に，その取組を具現化するための具体的な教育活動を述べる。そうした教育活動の場は，各教科等の指導，道徳，特別活動など，幅広く考えられる。受験する校種に応じて，自分自身の経験に基づいた具体的な方策を論述することが大切である。

●公開解答例

　私は，「多文化共生社会を築く主体者を育てる教育の推進」について取り組みたいと考えます。その理由は，学校でも言語・文化・生活習慣等の違いに対する理解の不十分さを背景に差別的言動等が発生しており，多文化共生社会を築く主体者の育成が必要だからです。そのために私は，児童生徒が地域に暮らす外国人から日本での経験や思いを聞き取る活動や交流活動等により，多様な文化の理解を深める取組を実践し，その取組の感想や考えを他者に発表することで，その問題を自分事として捉え行動することができる児童生徒を育てたいと考えます。(250字)

【社会人特別選考・1次試験(午前)】

●テーマ

　令和2年3月に策定された『三重県教育ビジョン 子どもたちが豊かな未来を創っていくために』では，三重県教育ビジョンに込める想いの一つに「誰一人取り残さない教育の推進」を掲げています。
　「誰一人取り残さない教育」を推進することの重要性について，あなたの考えを具体的に述べなさい。さらに，「誰一人取り残さない教育」を推進するためにあなたが学校で実践したい教育活動を，社会人としての経験をふまえて具体的に述べ，全体を600字以上800字以内にまとめなさい。

●方針と分析

(方針)

　「誰一人取り残さない教育」を推進することの重要性について述べたうえで，そうした教育を実現するための取組みに関して社会人としての経験をふまえて具体的に述べる。

(分析)

　三重県教育ビジョンでは，「教育ビジョンに込める想い」として「誰一人取り残さない教育の推進」，「子どもたちの豊かな未来を創っていく力の育成」，「『オール三重』による教育の推進」を掲げ，教育施策を進めていく上での三つの柱としている。この中で「誰一人取り残さない教育の推進」について，「①家庭の経済状況や障がいの有無，国籍等に関わらず，全ての子どもたちが意欲的に学ぶことができるよう，一人ひとりの状況に応じた支援をとおして，誰もが質の高い教育を受け，夢や希望を実現できるようにしていくことが必要です」，「②本県ではこれまで，発達障がいを含む特別な支援を必要とする子どもたちへの早期からの一貫した支援の推進や特別支援学校の整備に重点的に取り組むとともに，全国と比べても在籍率の高い外国人児童生徒の社会的自立に向けた日本語習得等の支援，就学困難者への学習支援・経済的支援を実施するなど，本県教育の特色とも言える，子どもたち一人ひとりの状況に応じたきめ細かい教育を展開してきました」，「③今後もこうした取組を継続して推進するとともに，より複雑化・多様化するさまざまな課題にも的確に対応し，全ての子どもたちが安心して学びに向かい，夢や希望を実現していけるよう取り組んでいきます」と三つの考え方を示している。

　そのうえで，「誰一人取り残さない教育の推進」の取組例として，「高等学校等就学支援金，高校生等奨学給付金，高等学校等修学奨学金による高等学校等に係る保護者の教育費負担の軽減」，「外国人生徒が不安や悩みを母国語で相談することができる26言語に対応したSNS相談」，「不登校児童生徒一人ひとりの生活環境や学習状況，本人の抱える特性や保護者の状況の実態把握と，臨床心理士等の専門家による

訪問型支援」を挙げている。実際の教育活動を考える際に，これらのことを踏まえておく必要があるだろう。

●作成のポイント

　600字以上800字以内という文字数の指定なので，序論，本論，結論の3部構成で論じるとよい。

　序論では，「誰一人取り残さない教育」を推進することの重要性について，三重県教育ビジョンなどの考え方を基に論じる。前述した教育ビジョンの①～③の考え方が参考になるだろう。

　本論では，「誰一人取り残さない教育」の具体化について，受験する校種や担当する教科を踏まえ，二つ程度を取りあげて論述する。その際，家庭の経済状況や障がいの有無，国籍等を想定して論述することで，より具体化した内容となるだろう。

　結論では，「誰一人取り残さない教育」に取組むうえでの基本的姿勢，本論で述べられなかった方策，自分自身の課題などを含めて，「誰一人取り残さない教育」に取り組んでいく決意を述べて論文をまとめる。

【社会人特別選考・1次試験(午後)】

●テーマ

　学校で教育活動を行うにあたって，あなたの社会人としての経験が持つ「強み」について具体的に述べなさい。さらに，あなたが学校で行いたい教育実践について，社会人としての経験をふまえて具体的に述べ，全体を600字以上800字以内にまとめなさい。

●方針と分析

　社会人としての経験から身に付けた自分の強みを具体的に述べたう

えで，その強みを生かしてどのような教育活動を実践していくか具体的に述べる。

(分析)

　設問の意図は，企業勤務者，個人商店主など，様々な職業に従事した社会人としての経験をどのように学校教育で生かしていこうと考えているのかということである。社会人から教員に転職しようと考えた理由は，元々教員を目指していた，企業での仕事が合わなかったなど様々あると思われる。しかし，それを否定的に捉えるのではなく，自分の強みとして学校教育で生かしていくという積極的な理由に転換することが重要である。そのために，社会人としてどのような経験をし，そこで得たものは何かを整理することを出発点とする。社会人として身に付けることが可能な学校教育に生かすことができる強みとしては，次のようなことが考えられる。

① 明確な縦の組織により，責任の所在が明確であったこと
② 先輩が後輩を教えるという縦型の組織は，仕事の効率を上げるのに効果的であったこと
③ 仕事の成果は，組織の人間関係を構築することで高められたこと
④ 大人の相手があっての仕事であり，相手の立場の理解が大前提であったこと

　こうした経験は学生ではなかなか得られないものであり，これからの学校教育でどのように生かすことができるのか，現在の学校教育の目標，学校における組織上の問題点などと関連させた論述が求められる。

●作成のポイント

　600字以上800字以内という文字数の指定なので，序論，本論，結論の3部構成で論じるとよい。

　序論では，社会人としてどのような経験をして，自分の強みとしてどのような力を身に付けたのかを述べる。

　本論では，序論で述べた自分の強みを生かしてどのような教育実践

に取り組んでいこうと考えるか，受験する校種や担当する教科を踏まえ，二つ程度を取りあげて論述する。たとえば，現在の学校教育の目標，教育の内容や方法，学校の組織運営など，学校教育の課題解決に向けた取組が考えられるだろう。

　結論では，本論で取り上げた方策を貫く考え方，本論で述べられなかった方策，自分自身の課題などを含めて，子供の教育に携わる希望と決意を述べてまとめとする。

2022年度　論作文実施問題

【全校種・2次選考試験(午前)】60分

●テーマ　第1問

　次の表は，内閣府が公表した「令和2年度青少年のインターネット
利用環境実態調査　調査結果(概要)」における青少年のインターネッ
トの利用状況のうち，インターネットの1日あたりの平均利用時間及
び3時間以上インターネットを利用する割合について示したもので
す。
　表から読み取ることのできる傾向について述べるとともに，その
原因及び児童生徒に及ぼす影響について考え，児童生徒のインター
ネットの利用に関して，あなたが教員として取り組んでいきたい具
体的な方策について，300字以内でまとめなさい。

表　青少年のインターネットの利用時間（利用機器の合計／平日1日あたり）

	令和2年度		令和元年度		平成30年度		平成29年度		平成28年度	
	平均利用時間	3時間以上の割合	平均利用時間	3時間以上の割合	平均利用時間	3時間以上の割合	平均利用時間	3時間以上の割合	平均利用時間	3時間以上の割合
総数	205.4分	52.1%	182.3分	46.6%	168.5分	40.2%	159.3分	37.2%	154.3分	35.3%
小学生	146.4分	33.6%	129.1分	29.3%	118.2分	21.0%	97.3分	16.1%	93.4分	14.0%
中学生	199.7分	52.0%	176.1分	45.8%	163.9分	37.1%	148.7分	35.5%	138.3分	30.4%
高校生	267.4分	69.5%	247.8分	66.3%	217.2分	61.7%	213.8分	53.8%	207.3分	54.4%

「令和2年度 青少年のインターネット利用環境実態調査 調査結果（概要）」より作成

●方針と分析

(方針)

　青少年のインターネット利用環境実態調査結果について考察し，傾
向と原因，児童生徒に及ぼす影響について述べる。また，児童生徒の
インターネットの利用に関して取り組むべき具体的方策について論じ
る。

(分析)

　ICTの活用は，これからの時代を生きる子供にとって極めて重要であるが，リスクや弊害も伴う。表から各校種にわたって，平均利用時間も3時間以上の長い利用時間も，年々確実に増加していることが読み取れる。ここでは，インターネットの1日あたりの平均利用時間及び3時間以上の利用の増加が問題視されているので，児童生徒の生活習慣等への悪影響が課題とされていることに着目したい。

　各校種の学習指導要領解説総則編(平成29～31年)にも，インターネット利用の長時間化等を踏まえ，情報モラルについて指導することが一層重要となっていることが示されている。

　睡眠時間を削ってパソコンやスマートフォンと向き合うことは，慢性的な睡眠不足と体の不調につながる。したがって，基本的生活習慣の面でも学力の面でも悪影響が懸念される。対策としては，まず，こうした影響について学校として，該当の授業内外において児童生徒に啓発を行い，目の届かない家庭での生活に関しては，保護者の理解と協力を求めることが考えられよう。三重県では，インターネット使用に関して，児童生徒用及び保護者啓発用に資料が作成されており，ホームページにも，ネット使用時間と学力低下の相関を示すグラフなどが紹介されている。こうした認識に立って，取組を論じることが考えられる。

　論述にあたっては，字数の許す限りできるだけ具体例を挙げ，分かりやすく説得力をもって述べることが肝要である。

●作成のポイント

　本来，序論・本論・結論の三部構成が望ましいが，300字と文字数が極めて限られているので，三部構成にこだわらなくてよい。ここでは，序論部分で，表の読み取りによる傾向分析と原因，及び児童生徒への影響に関する考察を行う。続けて，本論部分として，その対策について論じる。三重県の取組について知っていることや，実際に取り組まれている学校の取組を踏まえて効果的な方策を述べるとよい。児

童生徒対象の講話や家庭への通知，保護者向けの講習会といった手段を通じて，ネット依存の弊害について理解させたり，使用しない時間や場所を設けたりすることで，ネットに依存しない生活習慣を確立するよう呼びかけることが挙げられる。

　教員採用試験の論作文であるので，本論部分では「私は，〜する。」を基調とし，根拠と具体例を基に自らの主張を述べることが望ましい。可能な限り制限字数を活かし，自らの見識と意欲をアピールしよう。書き始める前に，構想の時間をとり，有効な取組やキーワードをよく考えた上で着手したい。全文を書き終えてからの手直しは困難なので，一文一文，点検しながら書き進めるとよい。

●公開解答例

　平均利用時間と1日3時間以上利用する割合は，ともに年齢が上がるにつれて増加しており，それぞれの校種において年々増加している傾向が読み取れる。その原因として，スマートフォン保有率の向上が考えられる。スマートフォンによるインターネット利用の長時間化は，児童生徒の生活習慣を乱し，睡眠不足による健康被害や授業への集中力不足など，日常生活及び学習に支障をきたす。私は，児童生徒が適切にインターネットを利用できるよう，早い段階から講話等によりネット依存の弊害について理解させたうえで，家庭にも協力を呼びかけ，使用しない時間や場所を設けることにより，ネットに依存しない生活習慣が確立できるようにしていきたい。(298字)

●テーマ　第2問

　児童生徒が遅刻や欠席などを繰り返す背景の一つに，本来大人が担うと想定されている家事や家族の世話などを日常的に行っているヤングケアラーの存在が指摘されています。

　「ヤングケアラーの実態に関する調査研究報告書」(令和3年3月三菱UFJリサーチ＆コンサルティング)によると，要保護児童対策地域協議会へのアンケート結果では，ヤングケアラーと思われる子どもを支援する際の課題として，「家族や周囲の大人に子どもが「ヤングケアラー」である認識がない」ことが，回答の中で最も高い割合を占めています。

　児童生徒がヤングケアラーとして年齢や成長に見合わない責任や負担を負うことにより，生活や教育に大きく影響することがないよう，教員として日頃からどのようなことを心がけて上記の課題を克服し，児童生徒への支援を行うことができるか，具体的に述べ250字以内でまとめなさい。

●方針と分析

(方針)

　家族や周囲の大人に，子どもが「ヤングケアラー」であるという認識がないケースが多い実態を踏まえ，当該児童生徒が大きな負担を負うことのないよう，日頃から心がけておくべき取組・支援について述べる。

(分析)

　厚生労働省の特設ホームページ「子どもが子どもでいられる街に。～みんなでヤングケアラーを支える社会を目指して～」にも，ヤングケアラーの定義と実態が掲載されている。こうした認識に立って，対策を述べる必要がある。各種相談窓口や，ヤングケアラー当事者・元当事者の交流会，家族会などの存在を踏まえたうえで，対応について論述するとよい。

文部科学省においても，令和3年3月から，厚生労働省との連携プロジェクトチームを設置し，関係機関が連携してヤングケアラーを把握し，適切な支援につなげるための方策について検討を行っている。スクールソーシャルワーカー等の配置支援，民間を活用した学習支援事業と学校との情報交換や連携の促進，支援者団体によるピアサポート等の悩み相談を行う地方自治体の事業支援(SNS等オンライン相談を含む)などについて学んでおこう。

教師としての対応に関しては，日頃から子どもや保護者と信頼関係を構築する努力，観察力・洞察力を磨く努力，カウンセリングマインドなどに触れて述べると効果的である。論述に当たっては，字数の許す限りできるだけ具体例を挙げ，分かりやすく説得力をもって述べることが肝要である。

●作成のポイント

序論・本論・結論の三部構成が望ましいが，250字と文字数が限られているので，三段落に分けることにこだわらなくてよい。ここでは，現状分析などは省き，本論部分として，その対策について論じる。教師としての心がけや，対応上の留意点，学校としての相談体制などについて述べるとよい。早期発見，早期対応が期待される課題である。

服装や基本的生活習慣，言動などを日頃からよく観察することで，早期発見につなげることができる。該当すると思われる児童生徒には，気持ちに寄り添いながら聞き取りを行うことが大切である。必要に応じて家庭訪問を行い，家庭状況を把握したうえで，保護者と協力し，信頼関係のもとに改善を図りたい。

内容的に，子どもへの対応，保護者への対応，外部機関との連携という3本の要素を含めるとよいだろう。「私は，〜する。」を基調とし，根拠と具体例を基に自らの主張を述べることが望ましい。可能な限り制限字数を活かして，自身の考えをアピールしよう。書き始める前に構想の時間をとり，有効な取組やキーワードをよく考えたうえで着手することが望まれる。

　事前の対策として，予想される課題ごとに，取組の柱や有効なキーワードをまとめ，単語帳のような体裁にして繰り返し目を通しておくことが，実力アップにつながる。

●公開解答例

　児童生徒と接する時間が長く，日々の変化に気づきやすい状況にある教員が，身なりや言動など日常の様子を日頃からよく観察することで，早期発見につなげるように心がける。気になる児童生徒には，その気持ちに寄り添いながら聞き取りを行い，家庭訪問などにより家庭の状況を把握したうえで，保護者にヤングケアラーの概念と児童生徒に及ぶ影響について伝えていく必要がある。そのうえで，保護者の相談などに応じながら，学校での対応が難しい場合は，スクールソーシャルワーカーなどと連携し福祉機関につなげるなどの支援が必要である。(249字)

テーマ　第3問

　三重県では，令和3年4月1日から「性の多様性を認め合い，誰もが安心して暮らせる三重県づくり条例」が施行されています。
　この条例の基本理念を踏まえ，あなたが児童生徒から性同一性障害であることを伝えられたとき，どのようなことに留意したうえで児童生徒に支援を行うか，具体的に述べ250字以内でまとめなさい。

「性の多様性を認め合い，誰もが安心して暮らせる三重県づくり条例」(一部抜粋)
(基本理念)
第3条　性の多様性に関する施策は，性的指向及び性自認にかかわらず，全ての人の人権が尊重されるとともに，社会のあらゆる分野の活動に参画でき，一人ひとりが個性及び能力を発揮することができ，並びに多様な生き方を選択できることを旨として，推進

されなければならない。

第4条　何人も，性的指向又は性自認を理由とする不当な差別的取
　　扱いをしてはならず，及び性的指向又は性自認の表明に関して，
　　強制し，禁止し，又は本人の意に反して，正当な理由なく暴露
　　(本人が秘密にしていることを明かすことをいう。)をしてはなら
　　ない。

●方針と分析

(方針)

　「性の多様性を認め合い，誰もが安心して暮らせる三重県づくり条
例」の基本理念を踏まえ，児童生徒から性同一性障害であることを伝
えられたとき，教師としてどのようなことに留意して支援を行うかを
述べる。

(分析)

　LGBTという言葉の広まりとともに，性的指向や性自認に関する社
会的な認知が高まり，職場等で対応が求められるようになっている。
LGBTという言葉は，性的マイノリティの総称として用いるのが一般
的である。

　課題文の条例の第4条にある「性的指向」とは，恋愛又は性愛がい
ずれの性別を対象とするかをいう。また「性自認」とは，自己の性別
についての認識のことをいう。この条例の柱は，「人権尊重の精神」
「生き方の問題」「性に係る差別の撤廃」と言える。

　参議院常任委員会調査室の資料(2017年)には，LGBTの人口規模は約
8％という企業等による調査があることが示されている。児童生徒の中
には，自身の身体的な性に違和感を持っているケースがあるというこ
とを認識しておきたい。ここでは，性同一性障害についての理解と望
ましい対応について考える必要がある。実際の対応では，児童生徒の
悩みを本人の立場に立って共に考える共感的姿勢が基本となる。その
うえで，児童生徒やその保護者，関係職員と情報共有して理解を得な

がら対応するが，必要に応じて医療機関と連携をとることもあり得る。

●作成のポイント

　本来，序論・本論・結論の三部構成が望ましいが，250字と文字数が限られているので，三部構成にこだわらなくてよい。ここでは，課題の背景などは省略し，児童生徒の相談に対する姿勢と留意点を具体的に述べる。内容的には，当該児童生徒への一教師としての対応と，組織としての対応に分けて述べるとよい。前者については，カウンセリングマインドと本人の意思の尊重，後者については，養護教諭を含む校内組織の活用，スクールカウンセラーや医療機関との連携などが考えられる。いずれも，人権尊重の意識を基本として，性同一性障害であることを訴える本人のために何ができるかを大切に考えたい。

　教員採用試験の論作文なので，「私は，〜する。」を基調とし，根拠と具体例を基に自らの主張を述べることが望ましい。制限字数一杯に自らの考え方を主張しよう。書き始める前に，構想の時間をしっかりとることが肝要である。消したり書いたりの頻度が高いと，美観の面でも時間の面でも損なので，文章としての見通しをつけてから書き進めたい。さらに，誤字は確実に減点されるので，確認・点検の時間も確保しておこう。

●公開解答例

　性同一性障害であることを訴える児童生徒への対応で留意することは，本人とよく話し合い，その意思を尊重することであり，決して本人の同意なく暴露することや，本人にカミングアウトを強制することがあってはならない。児童生徒への支援については，学校全体で組織的に取り組むことが重要であることから，児童生徒やその保護者に対し，関係職員や場合によっては周囲の児童生徒に情報を共有することの必要性を丁寧に説明し，理解を得たうえで対応する。その際には，医療機関と連携をとり，専門的な見地を踏まえることも必要である。
(247字)

【全校種・2次選考試験(午後)】　60分

●テーマ　第1問

　次の表は，文部科学省が公表した「児童生徒の問題行動・不登校等生徒指導上の諸課題に関する調査結果」におけるいじめの態様のうち，パソコンや携帯電話等で，ひぼう・中傷や嫌なことをされる，いわゆるネット上のいじめの認知件数の推移を示したものです。

　小学校及び特別支援学校におけるネット上のいじめについて，この表から読み取ることができる傾向を挙げたうえで課題と対応策について具体的に述べ，300字以内でまとめなさい。

表　ネット上のいじめの学校種別の認知件数

年度	H27	H28	H29	H30	R1
小学校	2,075	2,679	3,455	4,606	5,608
中学校	4,644	5,723	6,411	8,128	8,629
高等学校	2,365	2,239	2,587	3,387	3,437
特別支援学校	103	138	179	213	250
合計	9,187	10,779	12,632	16,334	17,924

「(平成28年度～令和元年度) 児童生徒の問題行動・不登校等生徒指導上の諸課題に関する調査結果」より作成

●方針と分析

(方針)

　いわゆる「ネット上のいじめ」の認知件数の推移を示した表に基づいて，特に，小学校及び特別支援学校における傾向を分析し，その課題と今後の対策について論述する。道徳教育の視点をはずさないように述べよう。

(分析)

　ネットを介したいじめ，誹謗中傷の増加は，全校種を通じて読み取れる。その理由について，まず押さえておく必要がある。増加の要因としては，匿名性の高いことから，被害者にも加害者にもなり易いことや，家庭や学校による実態把握が困難であることが挙げられる。ま

た，こうした事案に対する社会の関心の高さや，調査の厳格化といった要因も考えられる。特に，小学校及び特別支援学校において，令和元年の件数が平成27年の件数の2倍以上になっている。小学校及び特別支援学校においては，ネット上のいじめの傾向が特に顕著であることや，中学校，高等学校と比較して，教師や保護者等により事案が明らかになる傾向が高いといったことが，特に多くなっている要因とみることもできる。

　問題解決のための取組が重要であるが，具体的には，道徳教育の充実，情報モラル教育，子どもたちの利用実態の把握，家庭との連携，スマートフォン等の取扱いのルール策定，フィルタリングの普及，非公式サイト等の閲覧活動など，予防と早期発見・早期対応が肝要である。

　新学習指導要領においても，情報活用能力の育成が重視されているが，特に情報モラルに関する指導が大切であることを指摘している。日々，進化していく状況に対応するには，教師自身の情報収集と研修が不可欠と言える。また，保護者に対しても啓発活動を行うこと，各種たよりによる発信や保護者会等を利用した研修の機会づくりなどが求められる。

●作成のポイント

　本来，序論・本論・結論の三部構成が望ましいが，文字数が極めて限られているので，三部構成にこだわらなくてよい。ただし，内容的には，序論部分の課題分析と現状把握，本論部分の課題解決のための方策・取組という構成が必要である。可能な限り制限字数を活かし，自らの見識をアピールしよう。書き始める前に構想の時間をとり，構成要素やキーワードをよく考えてから着手したい。誤字は確実に減点されるので，書き終えてからの見直し，点検の時間も確保しておこう。

　課題文では，特に小学校及び特別支援学校におけるネット上の「いじめ」を焦点化していることもあるので，公式解答例にはないが，「道徳教育の充実」「道徳的実践力の醸成」といった視点から述べるこ

ともできる。また，早期発見，早期対応の観点から相談機能の充実や，相談機会の設定などについても述べることができよう。

解答例では，「～が必要である」という論調で対応策が論じられているが，教員採用試験の論作文試験であるので，「私は，～する。」を基調として述べてもよいであろう。

●公開解答例

小学校及び特別支援学校における認知件数は5年間で2倍以上に増加しており，中学校及び高等学校と比べて増加割合が大きい。ネット上のいじめについては，匿名性が高いことから安易な書き込みにより簡単に被害者にも加害者にもなりうること，保護者や教員による実態の把握や効果的な対策が講じにくいこと，また，拡散しやすく事態が重篤化しやすいことが課題である。問題解決に向けては，情報モラル教育に加え，子どもたちの利用実態を把握したうえで家庭と連携し，スマートフォン等の取扱いのルール策定，フィルタリングの普及，学校非公式サイト等の巡回，閲覧活動等を通じて，不適切な使用の予防，早期発見に取り組むことが必要である。(297字)

●テーマ　第2問

三重県教育ビジョン(令和2年3月)は，基本施策4「安全で安心な学びの場づくり」の施策の一つとして「不登校児童生徒への支援」を掲げ，そのめざす姿を次のようにしています。

このことを踏まえたうえで，あなたが不登校児童生徒に対して行う支援と，新たな不登校児童生徒を生まないために学級において行う環境づくりについて具体的に述べ，250字以内でまとめなさい。

> 「めざす姿」
> 不登校の子どもたちの意思が尊重され，将来の社会的自立に向けて個々の状況に応じた支援体制が整っており，子どもたち一人ひと

りが社会性や自立心を育みながら，互いに尊重し合う態度を身につけ安心して学んでいます。

●方針と分析

(方針)

　「安全で安心な学びの場づくり」の施策の一つとして「不登校児童生徒への支援」が掲げられていることを受け，不登校児童生徒に対して行う支援と，不登校児童生徒を生まないための予防策について論じる。

(分析)

　不登校であった児童生徒でも，その後，進学先の新たな場で自信を取り戻し，飛躍的な成長を遂げる者も多い。その可能性を念頭に，現在の生活を少しでも前向きに捉え，貴重な時間を有意義に過ごさせるよう心掛けることが大切である。その際，不登校の子どもたちの意思を尊重しつつ，社会的自立に向けて個に応じた支援体制を整えることが課題と言える。また，一人ひとりの社会性や自立心を育むように支援していくことが肝要である。

　ここでは，既に不登校の状況にある子どもに対する手立てと，さらなる不登校を生まないための予防策の両面から述べる必要がある。前者については，養護教諭，スクールカウンセラーと連携して登校しやすい環境を整え，子どもの状況把握に努め，関係機関と連携して，個々の子どもに合った支援を行うことが大切であると言える。家庭としっかり連絡をとり，学習支援に努めることも忘れてはならない。後者については，「支持的風土のある学級づくり」と「魅力ある授業づくり」を心掛けることが効果的である。例えば，学校行事の運営における自主的・自立的な活動をとおして「絆づくり」「居場所づくり」を進め，一人ひとりの自己肯定感や自己有用感を育成することが考えられる。さらに，児童生徒に対するアンケート調査や日常の観察，教育相談等も充実させたい。

●作成のポイント

　序論・本論・結論の三部構成が望ましいが，文字数が極めて限られているので，三部構成にこだわらなくてよい。ここでは，課題分析や現状把握よりも，本論部分の課題解決のための方策・取組を中心に述べるとよい。例えば，不登校状態にある子どもへの手当て・対応と，予防的対策の2本立てで論じるという組み立てもある。

　不登校の原因は様々であるが，いじめが引き金になっていることも十分に考えられる。日頃の学級指導や道徳教育を充実させておくことが期待される。また，早期発見，早期対応の観点から，相談機能の充実，相談機会の設定などについても述べることができよう。少々辛いことがあっても，「学校に行きたい」という強い気持ちにつながるような魅力ある授業も望まれる。さらに，担任を中心とした教師との信頼関係の構築も大切である。

　教員採用試験の論作文なので，「私は，〜する。」を基調として述べることが望ましい。可能な限り制限字数を活かし，自らの見識と意欲をアピールしよう。書き始める前に，構想の時間をとり，有効な取組やキーワードをよく考えてから着手したい。誤字は確実に減点されるので，書き終えてからの見直し，点検の時間も確保しておこう。

●公開解答例

　不登校児童生徒に対しては，養護教諭，スクールカウンセラーらと連携しながら，いつでも登校できるよう環境を整え，常に子どもや家庭の状況の把握に努め，場合によっては登校を促すだけでなく，教育支援センターやフリースクールなどの関係機関と連携することで，それぞれの児童生徒に合った支援を行うようにする。学級においては，学校行事の運営における自主的・自立的な活動をとおして「絆づくり」「居場所づくり」を進めるとともに，児童生徒のアンケート調査や日常の観察，教育相談等を行い，安心して学校生活を送る環境を整えたい。(250字)

●テーマ　第3問

　「「令和の日本型学校教育」の構築を目指して〜全ての子供たちの可能性を引き出す，個別最適な学びと，協働的な学びの実現〜(答申)」(令和3年1月　中央教育審議会)では，新たなICT環境や先端技術を効果的に活用することにより，以下のような事項に寄与することが可能となると考えられるとしています。
　あなたは，ICT環境や先端技術をどのように活用し，これらに寄与することができるか，以下の事項のうち2つについて具体的に述べ，250字以内でまとめなさい。

○新学習指導要領の着実な実施
○学びにおける時間・距離などの制約を取り払うこと
○全ての子供たちの可能性を引き出す，個別に最適な学びや支援
○可視化が難しかった学びの知見の共有やこれまでにない知見の生成
○学校における働き方改革の推進
○災害や感染症等の発生等による学校の臨時休業等の緊急時における教育活動の継続

●方針と分析

(方針)

　個別最適な学びと，協働的な学びの実現を念頭に，ICT環境や先端技術をどのように活用し，教育成果をあげることがでるかを論じる。GIGAスクール構想の趣旨もふまえ，児童生徒の情報活用能力の育成にも触れて述べる。

(分析)

　ICT環境や先端技術を効果的に活用することにより，実現が可能になることが6点示されている。公式解答例は，このうち，「全ての子供たちの可能性を引き出す，個別に最適な学びや支援」「学校における

働き方改革の推進」の2点を取り上げたものである。個別最適化された学びにおいて，個に応じた課題設定など，ICTの活用は極めて効果的である。また，情報機器の活用により業務の効率化が図られ，生み出された時間を児童生徒とのふれあいや教育相談に充てることができる。教員のワーク・ライフ・バランスの適正化の面でも，子どもへの目配りの面でも有意義であると言える。

　この他，「主体的・対話的で深い学び」の実践を考えるとき，1人1台端末のアプリを活用して同時に多くの児童生徒がつながり，意見をまとめることも可能となる。コロナ禍にあって在宅学習を余儀なくされる場面では，「災害や感染症等の発生等による学校の臨時休業等の緊急時における教育活動の継続」という視点が，また，不登校児童生徒への対応場面では，「学びにおける時間・距離などの制約を取り払うこと」という視点が関わる。具体的な手法が述べやすい2点を選択して論述しよう。

●作成のポイント

　序論・本論・結論の三部構成で述べることが望ましいが，250字と限られているので，三部構成にこだわらなくてよい。ここでは，課題分析や現状把握よりも，本論部分の課題解決のための方策・取組を中心に述べる。示された6点の事項から2点を選択して，具体的な取組を述べよう。「1人1台端末の活用」「個に応じた指導」「情報活用能力の育成」「作業時間の効率化」などをキーワードとして，展開することが効果的である。ICT環境の「C」がコミュニケーションを指すことにも留意しておきたい。

　採用試験の教育論作文であるので，「私は，〜する。」を基調とし，根拠と具体例を基に自らの主張を述べることが望ましい。可能な限り制限字数を活かして，自らの見識をアピールしよう。書き始める前に，構想の時間を適切にとり，有効な取組やキーワードをよく考えた上で着手したい。全文を書き終えてから文章上の手直しをすることは困難なので，一文一文点検しながら書き進めることを心掛けよう。

　事前の対策として，予想される課題ごとに，取組の柱や有効なキーワードをまとめ，単語帳のような体裁にして繰り返し目を通しておくことが，実力アップにつながる。

●公開解答例

　私は，計算力の向上や漢字の習得など，基本的な知識や技能を習得させる場面で，1人1台端末のアプリを活用し，児童生徒の学習状況に応じた教材を提供することで，全ての子供たちの可能性を引き出す，個別に最適な学びや支援に取り組み，個に応じた指導を実現したい。また，ネットワーク上で紹介されているこれまでの有効な実践例などを積極的に活用し，教材研究・教材作成の授業準備にかかる時間や労力を削減することで，学校における働き方改革を推進し，児童生徒と直接関わる時間を確保することで，より効果的な教育活動を実践したい。(250字)

【社会人特別選考・1次選考試験(午前)】

●テーマ

　三重県教育委員会が平成30年3月に策定した「校長及び教員としての資質の向上に関する指標」では，「社会性・コミュニケーション力」について，教職着任時には「社会人としての常識と教養を身につけ，立場に応じた発言や行動ができる」ことを求めています。
　あなたがこれまでに「社会人としての常識と教養を身につけ，立場に応じた発言や行動ができる」よう，どのように取り組んできたか，また，今後これらを学校でどのように生かしていきたいか，社会人としての経験をふまえて具体的に述べ，全体を600字以上800字以内にまとめなさい。

●方針と分析

（方針）

「社会人としての常識と教養を身につけ，立場に応じた発言や行動ができる」という指標に対して，これまでに取り組んできたこと，及び，今後こうした資質・能力を教育の現場でどのように生かしていきたいかを述べる。その際，自身の社会人経験をふまえて述べる必要がある。

（分析）

社会性とは，集団を作って生活しようとする人間の根本的性質であり，他人との関係など，社会生活を重視する性格や，社会生活を営む素質・能力を指す。コミュニケーション能力については，様々な定義の仕方があるが，一般的に次のような要素が挙げられる。基本的なあいさつや思いやりのある行動がとれること，自分の考えを相手に適切に伝えられること，相手の言葉や状況を察知し理解共感できること，社交性をもち好意的に人と付き合えること，部下など人を動かすことができること，ストレス状況下や緊張状態にある際の自己統制，などである。

三重県教育委員会では，子どもたちを取り巻く環境が大きく変化し，教育課題が多様化・複雑化する中にあって，教員には，教職生活全体を通じて学び続ける意欲と探究心を持つ必要があるという見解のもとに，上記指標を策定した。指標は，教諭，指導教諭，主幹教諭といったライフステージに応じたものである。社会性・コミュニケーション力として，「社会人としての常識と教養を身につけ，立場に応じた発言や行動ができる」という指標は，着任時のものであり，これは，第1ステージ(初任〜教職経験5年次)の「確かな人権感覚，保護者・地域との信頼関係構築，相手の思いを受け止め，自分の考えを伝え組織の一員として行動できる」という指標へと移行する。

●作成のポイント

　序論・本論・結論の三部構成とする。序論では、「社会人としての常識と教養を身につけ、立場に応じた発言や行動ができる」という側面で、これまでに取り組んできたことを述べる。これまで社会人として、いかに社会生活を営む資質・能力を養い、他人との意思疎通を円滑に行い、相手を理解することを心がけてきたかを述べるとともに、自らの社会性やコミュニケーション力についての考え方を主張する。適切なエピソードに触れることは説得力につながるが、社会人としての経験を「ふまえる」のであって、経験談に終始してはならない。上記、指標の重要性についても認識を示しておこう。この部分に300字程度を充て、末尾は「この指標を達成するため、今後、私は次の2つの取組を行う」などの記述で、本論につなげていくとよい。

　本論では、指標達成に向けた取組を述べ、400字程度を充てる。基本的には、これまでの社会人としての経験を教育現場で生かしていきたいことや、自己研鑽の方策を述べることになろう。自己研鑽では、社会性やコミュニケーション能力を一層磨く手段を具体的に述べよう。例えば「1.　社会性を磨くためのセミナーへの参加」「2.　校内におけるOJTによるコミュニケーション能力の向上」といった方策の柱を立てる。タイトルは、読み手に対して親切なだけでなく、書き手にとっても的を絞った論述にしやすく有効である。

　結論は、三重県の教師として研鑽に努め、情熱をもって教育にあたる旨の決意を述べる。これに100字程度を充てる。600字以上800字以内とあるが、なるべく制限字数を一杯に活かし、自らの見識と意欲をアピールしよう。書き始める前に、構想の時間をとり、柱立てやキーワードをよく考えてから着手したい。

【社会人特別選考・1次選考試験(午後)】

●テーマ

　平成29・30・31 年に改訂された学習指導要領の基本的な理念とし
て，「社会に開かれた教育課程」が挙げられています。「社会に開か
れた教育課程」では，よりよい学校教育を通じてよりよい社会を創
るという目標を学校と社会が共有し，社会と連携・協働しながら，
未来の創り手となるために必要な資質・能力を育むことを目指して
います。
　社会との連携・協働により，どのような教育的効果が得られるか，
あなたの考えを具体的に述べなさい。また，あなたが学校で実践し
たい社会と連携・協働した教育活動を，社会人としての経験をふま
えて具体的に述べ，全体を600字以上800字以内でまとめなさい。

●方針と分析

(方針)

　「社会に開かれた教育課程」が目指している未来の創り手となるた
めに必要な資質・能力の育成と，学校と社会の連携・協働に関する教
育効果及び実践について論じる。その際，自身の社会人経験をふまえ
て述べる必要がある。

(分析)

　なぜ，社会に開かれた教育課程の実現が求められるのか，という点
を押さえておくべきである。社会のつながりの中で学ぶことで，子供
たちは自分の力で人生や社会をよりよくできるという実感を持つこと
ができる。これは，変化の激しい社会において未来に向けて進む希望
や力になる。これからの学校には，社会と連携・協働した教育活動を
充実させることがますます求められるのである。

　ポイントは3点ある。①よりよい学校教育を通じて，よりよい社会
を創るという目標を学校と社会とが共有する。②これからの社会を創

り出していく子供たちに必要な資質・能力が何かを明らかにし，育成する。③地域と連携・協働しながら目指すべき学校教育を実現する。

　具体的取組の例としては，それぞれ，次のような方策が考えられる。①学校運営協議会で教職員と地域住民が熟議し，次代を担う子供たちを，学校と地域が協働して育てていくという目標を共有する。②地域住民の参画を得て行う「地域産業に関する学習」「防災教育」「ボランティア教育」「福祉教育」「キャリア教育」等の内容を盛り込んだ，小中9年間の「ふるさと科」といった合科的なカリキュラムを策定する。③地域人材が講師となって，「地域産業に関する学習」を実施したり，町内の多くの事業者の協力により，キャリア教育の一環として「職場体験学習」を行ったりする，といったことが挙げられる。

●作成のポイント

　序論・本論・結論の三部構成とする。序論では，「社会に開かれた教育課程」が求められる社会背景や意義について述べる。課題文に「社会人としての経験をふまえて」とあるが，あくまでも「ふまえて」述べるのであって，経験談に終始してはならない。学校と社会の連携・協働に関する教育効果及び実践の重要性について，認識を示しておく。この部分に300字程度を充て，末尾は「この課題を解決するため，私は次の2つの取組を行う」などの記述で，本論につなげていくとよい。

　本論では，課題の解決に向けた取組について述べ，400字程度を充てる。未来の創り手となるために必要な資質・能力を育む取組を具体的に述べよう。例えば「1．地域の協力を得て行う職場体験学習とキャリア教育の充実」「2．地域と連携したボランティア活動の実践」といった方策の柱を立てる。タイトルは，読み手に対して親切なだけでなく，書き手にとっても的を絞った論述にしやすく有効である。郷土愛の醸成など，取組に伴って期待される教育効果についても言及するとよい。

　結論は，三重県の教師として研鑽に努め，情熱をもって教育にあた

る旨の決意を述べる。これに100字程度を充てる。600字以上800字以内とあるが，可能な限り制限字数を活かし，自らの見識と意欲をアピールしよう。書き始める前に，構想の時間をとり，柱立てやキーワードをよく考えてから着手したい。

2021年度　論作文実施問題

【小学校教諭(小学校英語教育推進者特別選考を除く)，特別支援学校教諭
小学部以外・2次選考】　60分

●テーマ　第1問

　令和2年3月に策定された三重県教育ビジョンでは，「教職員の資質
向上とコンプライアンスの推進」を施策の一つとしており，教職員
に求められる素養や専門性として以下の6つを示しています。
　あなたが，保護者や地域から信頼を得て教育活動を行うために，
特に重要と考える素養又は専門性を1つ取り上げ，その理由と，選ん
だ素養や専門性を高めるためにどのようなことを実践していくのか，
250字以内でまとめなさい。
　素養：「教育的愛情」「コンプライアンス意識」「コミュニケー
　　　　ション力」
　専門性：「授業力」「生徒指導力」「学校組織運営力」

●方針と分析

(方針)

　教職員の授業力や指導力，コンプライアンス意識といった，保護者
や地域から信頼を得て教育活動を行うために自身が特に重要と考える
素養や専門性を挙げ，その理由と実践の方法について，自身の考えを
まとめる。

(分析)

　設問に引用されている「三重県教育ビジョン」の「教職員の資質向
上とコンプライアンスの推進」に示されている6つの指標のうち「3つ
の素養」については，それぞれ以下の内容をさすものと解される。①

「教育的愛情」：児童生徒一人一人の成長や自己実現を願い，個人に応じた指導内容や方法を工夫すること，②「コンプライアンス意識」：教職員が地方公務員法や教育公務員特例法に定められている「服務の遵守」を遂行する義務を負っているという使命感，③「コミュニケーション力」：生徒の思いや考えを的確に理解し受け止めると同時に，教員自身の思いや考えを適切に伝えられる能力。このうち，①や③については最近顕著になっている生徒児童の不登校やいじめ，校内暴力，教員による体罰などの背景と深く結びついており，②については最近相次ぐ飲酒運転やセクハラなど，教員による不祥事が背景に想定されている。

　また，「3つの専門性」については，①「授業力」：生徒の授業内容の理解を促進させ，学力を向上させるための学習指導や授業づくりができること，②「生徒指導力」：生徒児童の生活習慣を正し，集団生活のルールを守って学校生活が送れるよう導く力，③「学校組織運営力」：学校・学級経営，校務処理，学校環境の整備などの職務を適切に遂行する能力，と解される。①は主に教科学習指導，②は生活指導，③は学校マネジメントに直結する，教職員に必要な専門能力である。

　以上を踏まえたうえで，自身が教員として取り組もうと考える実践事例を具体的に説明することが望ましい。

●作成のポイント

　保護者や地域から信頼を得て教育活動を行うために重要な教員の資質を高めるため，自身が取り組みたい具体的実践内容については，三重県その他の自治体で実施されている具体的取組事例から引用してもかまわないし，あるいは自身のこれまでの生徒指導経験などから得た，ヒントとなる体験内容を書き添えてもよいだろう。たとえば，教員に求められる重要な資質として「教育的愛情」を取り上げる場合は，前半で実際に自身が子どもと接した経験を土台に，子どもは自分の気持ちを理解し共感してくれる人に安心感や信頼を寄せること，子どもの行動の背景にある心理まで踏み込んで接しようと努めることが重要で

あり，その努力を通じて保護者や地域からの信頼が生まれる，といった内容を中心に記述する。そして後半ではそれを自身が教員として，授業や課外活動の場で何にどのように取り組むかを，具体例を示して述べるとよい。ただし，具体例はあくまで自身が教員の立場で，実践可能な無理のない取組を紹介することが必要である。

●公開解答例

　学校や教師が，保護者や地域から信頼を得るためには，社会で活躍する力を生徒に付けさせることが必要である。また，学力は，今後の変化の激しい時代に対応するために必要となる力の一つである。そのため，生徒の学力を高める「授業力」は，教師に求められる素養や専門性の中でも特に重要と考える。

　私は，研修への参加や授業研究，公開授業をとおし，新たな知識や助言を得て継続的に授業改善を図るとともに，カリキュラム・マネジメントにより，教科間で連携し，学校全体でより効果的な授業が行えるよう取り組んでいきたい。(243字)

●テーマ　第2問

　三重県では，平成30年4月に「三重県いじめ防止条例」を制定し，いじめ防止の取組を一層進めるとともに，令和2年3月に策定された三重県教育ビジョンにおいても，「いじめや暴力のない学校づくり」を施策の一つとして推進しています。

　あなたが，「いじめや暴力のない学校づくり」を実現するために取り組みたいことを具体的に挙げ，その取組によりどのような教育的効果が得られるか，250字以内でまとめなさい。

●方針と分析

(方針)

　教員として，いじめや暴力のない学校づくりを実現するために取り組みたい具体的内容とその教育的効果について，三重県の条例や教育ビジョンを踏まえてまとめる。

(分析)

　学校のいじめや暴力を未然に防止する取組については，いじめ自体の反倫理性・暴力性を生徒児童に強く自覚させ，加害者側の行動変容を促すような取組と，学級担任が担当クラスの生徒個人の性格や交友関係の実態を調査し把握するとともに，いじめや暴力自体を起こさないようなクラス環境を整備するための取組が検討できる。

　たとえば，三重県では「いじめや暴力のない学校づくり」を実現するために，道徳教育・人権教育の強化，生徒を対象とした教育相談やアンケート調査の実施，インターネット利用に関わるルールやマナー等の情報モラル教育の実施，といった項目を挙げている。

　また，三重県教育委員会では，2017年(平成29年)度に三重弁護士会と連携し，いじめの防止のための教材「いじめ事例別ワークシート」を作成した。この教材は悪口・からかいや無視，暴力行為など実際の学校内で起こるいじめのケースを想定し，それらに対して自分ならどのように改善すべきと考えるかをワークシートに書き込み，それを用いてクラスで発表したり意見交換したりするための学習教材である。

　さらに学校内暴力の場合は，教職員による直接の注意やモラル教育の他に，「生活ノート」を用いた教職員と児童生徒との意見交換，日頃から休憩時間や放課後の声かけ等を行い，児童生徒との信頼関係を構築するといった取組等が，各自治体の事例集で示されている。

　こうした観点や事例を参考に，自身が教員として学校活動の場で取り組みたい実践内容とその教育的効果についてまとめるとよい。

●作成のポイント

　いじめや暴力防止のために自身が教職員として取り組みたい具体的

実践内容については，「三重県教育ビジョン」に掲載されている項目の一つでもよいし，その他の自治体で実施されている学校におけるいじめや暴力への取組の成功事例から引用してもかまわない。取り組みたい実践内容については複数例を挙げてもよいし，あるいは自身のこれまでの生徒指導経験などで役に立った体験内容を書き添えてもよいだろう。ただし，いずれの場合もあくまで自身が教員の立場で，実現可能な無理のない取組を紹介することが必要である。

●公開解答例

　私が取り組みたい教育内容は，人権教育や道徳教育などの場で，いじめ問題をテーマにして考え，話し合う機会を設けることと，生徒会を主体として，生徒たちが自らいじめ防止のために何ができるかを考え，行動を起こすよう促すことである。

　これらの取組により，他者の考えを理解した上で，生命を大切にする心や他者を思いやる心，個性を認め尊重する態度を養うとともに，いじめや暴力に対し，受け身ではなく主体的かつ自主的に行動できる生徒を育成することで，生徒たちの力で安全，安心な学び場を作ることのできる環境を整えていきたい。(249字)

●テーマ　第3問

　次の図1，図2は，「OECD生徒の学習到達度調査2018年調査(PISA2018)のポイント」(令和元年12月文部科学省・国立教育政策研究所)に示されたものである。(※調査対象は義務教育終了段階の15歳児)

　日本におけるデジタル機器の利用状況について，図1，図2それぞれから読み取れることを具体的に述べなさい。また，それらを踏まえて，今後あなたがデジタル機器を活用して取り組みたい教育内容について，300字以内でまとめなさい。

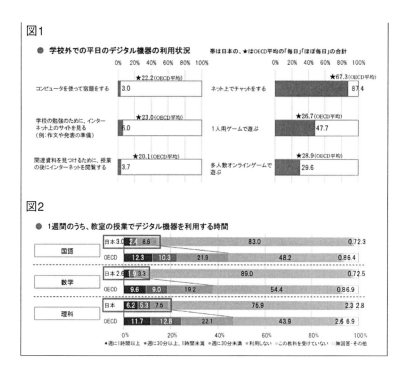

図1
● 学校外での平日のデジタル機器の利用状況　　帯は日本の、★はOECD平均の「毎日」「ほぼ毎日」の合計

図2
● 1週間のうち、教室の授業でデジタル機器を利用する時間

●方針と分析

(方針)

　日本の中学校におけるデジタル機器の利用状況について，資料から読み取れる傾向を述べるとともに，それを踏まえつつ，今後自身が教員としてデジタル機器を活用して取り組む教育内容についてまとめる。

(分析)

　図1から読み取れるのは，日本の生徒がOECD平均と比べ，インターネットやコンピュータを学習用に使う頻度が極端に少ないのに対し，チャットやゲームなど個人の楽しみでデジタル機器を使う割合が大きいことである。さらに図2からは，教室の授業でデジタル機器を利用

する時間が，教科に関わらずOECD平均の半分以下であること，とりわけ数学が極端に少ないことが読み取れる。

　デジタルまたはICT機器を用いた授業については，パソコン，タブレット端末，プロジェクター，デジタルTV，電子黒板，書画カメラなどを用いた授業が各地で実施されており，すでにICT活用を始めている学校では，「ICTを全学年で導入している」ところが多い。たとえば，デジタル機器を用いれば，従来の紙や黒板，ホワイトボードなどの媒体では使えない拡大・作図・描画機能や保存・比較機能を活用することが可能である。さらに学習者用のデジタル教科書を用いれば，パソコンやタブレット端末の画面上にメモや調べたことを直接書き込み，それを生徒間で共有させたり，英語の発音や国語のテキストの読み上げを音声で再生できたり，インターネットに接続してより詳しい資料や動画を閲覧したりすることができる。これらのデジタル機器活用事例はインターネット上にも資料が多数紹介されているので，それらを参考に，自身が教員として取り組みたい事例を一つ選んで，自身の担当教科の授業を想定し，いつどこでどのようにそれを活用するのかを説明するとよい。

●作成のポイント

　最初に資料の図1・図2から読み取れることとして，日本の学校で学習時のデジタル機器の活用機会が少ないことを指摘する。そのうえで，自身が教員として担当教科の授業を想定し，授業中にどのようなデジタル機器をどのように利用することで，どういう成果が期待できるかを簡潔に述べるとよい。たとえば，社会科や国語科の授業でデジタル学習教材や資料を，生徒個人のタブレット端末を接続したプロジェクターで投影し，生徒全員が共有しながら意見を出し合うといった授業，体育の授業において，児童生徒の演技をデジタルカメラのムービー機能を使って録画し，電子黒板を活用して見せることで，児童生徒自身に問題点をチェックさせるといった活用方法も効果的であると報告されている。

●公開解答例

　デジタル機器の利用について，日本はOECD平均に比べ，図1からは，学校外でゲームやチャットなどの日常生活での利用頻度が高い一方で，学習のための利用頻度が低く，図2からは，授業等での利用時間が短いことを読み取ることができる。

　私は，授業において，インターネットを用いた情報収集や，成果発表時に映像や音声，動画を用いるなど，デジタル機器を積極的に利用することにより，主体的・対話的で深い学びができる授業改善につなげられるよう活用していきたい。また，Society5.0に向け，さらにデジタル機器を自由に使いこなすことが必要なことからも，生徒が目的に応じたデジタル機器の利用ができる技能を高めていきたい。(298字)

【小学校教諭(小学校英語教育推進者特別選考を除く)，特別支援学校教諭小学部・2次選考】　60分

●テーマ　第1問

　令和2年3月に策定された三重県教育ビジョンでは，「読書活動・文化芸術活動の推進」を施策の一つとしていますが，平成31年度(令和元年度)全国学力・学習状況調査の結果では，授業以外に平日平均10分以上読書をする本県の小中学生の割合は，小学生が63.9％，中学生が45.5％となり，全国平均を下回っている状況です。

　児童生徒の読書活動を推進するために，あなたが取り組みたい内容を挙げ，その理由と期待できる効果について，250字以内でまとめなさい。

●方針と分析

（方針）

　三重県教育ビジョンに掲げられている児童生徒の読書活動の推進の

ために，教員として取り組みたい活動とその効果についてまとめる。

(分析)

　子どもの読書活動については，文部科学省の調査でも中学校以降，生徒の読書量が大きく減少していることが指摘されており，それを受けて2001年(平成13年)の「子どもの読書活動の推進に関する法律」の施行以降，さまざまな取組が全国の学校で実施されているところである。たとえば，児童生徒が担当する図書委員会を中心に，朝礼時の「全校読み聞かせ活動」などを通じて読書の普及啓発を図る，教師または保護者，地域ボランティアによる朗読(読み語り)を実施する，学校図書館にある本や資料を活用した「調べ学習」の実施など，さまざまな取組がなされている。

　三重県では2015年(平成27年)に「第三次三重県子ども読書活動推進計画」を策定し，児童生徒の読書活動の推進に向けて，ビブリオバトル(書評合戦)，子ども司書活動，読書に関するビンゴカードの作成といった取組を実施している(2020年には「第四次三重県子ども読書活動推進計画」を策定)。こうした実施例を参考に，自身が授業やその他の学校活動において取り組みたい児童生徒の読書活動推進のアイデアと期待できる効果について述べるとよい。

●作成のポイント

　設問で問われている，児童生徒の読書活動を推進するために自身が取り組みたい実践内容を挙げ，その理由，期待できる効果について，順にまとめて整理し紹介する。その際，取り組みたい実践内容については複数例を挙げてもかまわない。あるいは自身のこれまでの読書経験で役に立った体験内容を書き添えたり，実際に成果を上げた学校や自治体のユニークな施策事例を引用してもよいだろう。ただしその場合，あくまで自身が教員の立場で，学校活動の現場に携わった場合に実現可能な無理のない取組を紹介することが必要である。

●公開解答例

　私が取り組みたい内容は，「朝の読書」活動である。児童に読書習慣を形成するためには，まず，本に触れる時間を設けることが大切であると考えるからである。毎朝，内容を問わず，児童が読みたい本を手に取り，短時間でも本を読む機会を設定することで，読書に親しむきっかけを作りたい。また，児童の興味の幅が広がるよう，学級文庫を充実させるとともに，学級会や学級通信等で，児童のおすすめの本を紹介する機会を設けることなどにより，児童同士が本を起点とする人間関係を構築できるような学級づくりにつなげていきたい。(244字)

●テーマ　第2問

> 　「外国人児童生徒受入れの手引き 改訂版」(2019年3月文部科学省総合教育政策局男女共同参画共生社会学習・安全課)には，外国人児童生徒等が直面する課題として，以下の5点が挙げられています。
>
> 　これらの課題のうち，外国人児童生徒等が日本において学校生活を送る上で，あなたが特に重要であると考えるものを1つ取り上げ，その理由と学校において課題解決に向けどのように取り組むかを，250字以内で述べなさい。
> 　1．学校への適応，居場所の確保
> 　2．「学習するための言語能力」の習得
> 　3．学力の向上
> 　4．かけがえのない自分をつくりあげていくこと
> 　5．新たな課題(不就学，母語・母文化の保持，進路の問題)

●方針と分析

（方針）

　外国人児童生徒が日本において学校生活を送るうえで，とくに重要と考えるものを設問に示された5つの課題の中から1つ選び，その理由

と学校における取組方法について述べる。

(分析)

　設問に示されている，文部科学省の「外国人児童生徒受入れの手引き 改訂版」において指摘されている5つの「外国人児童生徒等が直面する課題」には，概ね次のように説明されている。

　(1)学校への適応，居場所の確保：外国人児童生徒はカルチャーショックにより社会生活，学校生活の多くがストレスの原因となるため，学級以外にも彼らが適応するための「居場所」が確保されることが重要である。(2)「学習するための言語能力」の習得：外国人児童生徒等は，母国語と並行して日本の学校で学ぶために日本語を身に付けることが必須となるが，その両立が非常に困難である点に留意する。(3)学力の向上：補充指導等の実施に関しては柔軟に対応するとともに，言語，教育制度や文化的背景が異なることに留意して，児童生徒本人や保護者に丁寧に説明した上で十分な理解を得ることが大切である。(4)かけがえのない自分をつくりあげていくこと：学校での学びにおいて困難を抱えることが多い外国人児童生徒等を注意深く見守り，学校や地域社会と共に支援していくことが必要である。(5)新たな課題：外国人児童生徒等の不登校，不就学の問題も大きい。また，義務教育終了後の進路指導において，外国人児童生徒が具体的で着実な進路選択ができるように配慮する必要がある。

　そこで，これらのポイントから，自身が課題解決に向けて取り組めると判断できる課題を1つ選択し，具体的な実践事例を述べることが有効である。

●作成のポイント

　5つの課題それぞれに示されている外国人児童生徒に対応するためのポイントを踏まえたうえで，1つの課題を選び，自身が取り組みたい実践内容を挙げ，その理由，期待できる効果について，順にまとめて整理し紹介する。その際，自身が取り組みたい実践内容については複数例を挙げてもかまわない。あるいは自身のこれまでの人生経験で

実践した体験内容を書き添えたり，実際に成果を上げた学校や自治体のユニークな施策事例を引用してもよいだろう。ただしその場合，あくまで自身が教員の立場で，学校活動の現場に携わった場合に実現可能な無理のない取組を紹介することが必要である。

●公開解答例

　私が特に重要であると考える課題は，学校への適応，居場所の確保である。

　外国人児童にとって，日本における学校生活は，言語や文化が異なることから，その多くでストレスを抱える可能性がある。そのため，まず日本語教室や保健室など，学級以外の場所においても，児童を受け入れる「居場所」を確保したうえで，学校に適応できるようにしていくことが必要であると考える。

　「居場所」を確保するためには，教師に限らず関係者が必要な声かけを行い，文化や生活習慣，価値観の違いを認めることで，児童に安心感を与えることが重要である。(248字)

●テーマ　第3問

「教育の情報化に関する手引」(令和元年12月文部科学省)には，遠隔教育の類型として，以下の3つが示されています。これらの類型から1つ取り上げ，「遠隔授業の類型(イメージ)」を参考にして，その遠隔授業が効果を発揮しやすいと考えられる学習場面や状況と，その理由について具体的に述べなさい。また，その遠隔授業をより効果的に実施するための工夫について，あなたの考えを300字以内でまとめなさい。(イメージは省略)

1．合同授業型

　当該教科の免許状を保有する教師それぞれが指導している複数の教室をつないで授業を行う形態。

2. 教師支援型

　　当該教科の免許状を保有する教師が行う授業に対して，専門家等が遠隔の場所から協働して授業を行う形態。

3. 教科・科目充実型

　　高等学校段階において，原則として，当該学校の教師(当該教科の免許状の有無を問わない)の立会いの下，当該教科の免許状を保有する教師が遠隔の場所から授業を行う形態。

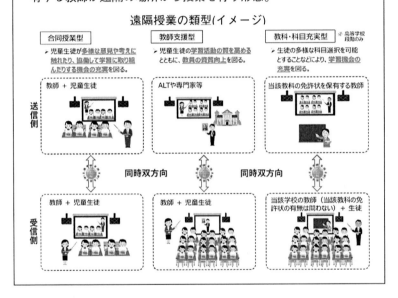

遠隔授業の類型(イメージ)

●方針と分析

(方針)

　　学校における遠隔授業が効果を発揮しやすい授業形態を設問の3つの類型から1つ取り上げ，その導入が効果的な場面状況，その理由と効果的な実施のために工夫すべき点について，自身の考えをまとめる。

(分析)

　　その遠隔授業の3つの類型それぞれが効果を発揮しやすいと考えら

れる学習場面や状況と，その理由については次のとおりである。(1)合同授業型：小規模校等の授業において，学校同士を遠隔システムでつなぐことにより，他校の生徒の多様な意見や考えに触れたり，協働して学習に取り組んだりする機会の充実を図ることができる，他校の教師と意見交換ができるなど。(2)教師支援型：外国人教員や外部の専門家等の外部人材の活用や，博物館や美術館等と連携した学習，専門性の高い教師とのティーム・ティーチング等の際に，遠隔にある教育資源を効果的に取り入れることにより，時間やコストを節約しながら，児童生徒の興味・関心を喚起し，学習活動の幅を広げることが可能となる。(3)教科・科目充実型：高等学校段階において，先進的な内容の学校設定科目や相当免許状を有する教師が少ない科目(第二外国語等)など幅広い選択科目が開設されている場合に，生徒の多様な科目選択を可能とすることにより，学習機会の充実を図ることができる。

　以上のような観点に留意したうえで，遠隔授業の3つの類型から1つを選び，それを自身が効果的に実施するうえで，どのような点に工夫して実施するか，具体的内容を述べる。

●作成のポイント

　設問に示されている遠隔授業の3つの類型から1つを選択し，その導入が効果的な場面状況，その理由，さらに効果的な実施のために工夫すべき点に関する自分の意見，という順序で文章をまとめるとよい。その際，自身が取り組みたい授業内容の工夫事例については複数挙げてもかまわない。あるいは自身のこれまでの指導経験で実践した体験内容を書き添えたり，実際に成果を上げた学校や自治体のユニークな工夫事例を引用してもよいだろう。ただしその場合，あくまで自身が教員の立場で遠隔授業に携わった場合に，実現可能な無理のない工夫事例を紹介することが必要である。

●公開解答例

　合同授業型の遠隔授業が効果を発揮しやすい状況は，小規模校同士，又は一定規模のある学校と小規模校をつなぐ交流学習である。

　その理由は，日頃多くの児童や教師と交わる機会が少ない小規模校の児童が，遠隔授業の実施により他校の児童と一緒に授業を受けることで，普段の学校生活とは異なる多様な意見や考え方に触れることが可能となり，児童の考え方や視野を広げることが期待できるからである。

　合同授業型の遠隔授業の教育効果をさらに高めるためには，両校の児童の人間関係が構築されていることが有効である。両校の児童が直接会って行う交流学習や，学校行事でも遠隔システムを活用する活動を取り入れることで，より大きな効果が期待できる。(300字)

【社会人特別選考(小学校，中学校英・音・保体，高等学校保体)・1次選考】　40分

●テーマ

　現在，心の健康をそこなう教職員の増加が大きな課題となっています。その背景について具体的に言及した上で，教職員が心の健康を保ち教育活動を実践できるようあなたが学校で行いたいことを，社会人としての経験または所属していた民間企業・官公庁等での取り組みをふまえて，全体を600字以上800字以下にまとめなさい。

●方針と分析

（方針）

　学校教職員における心の健康，もしくはメンタルヘルスについて，その現状や背景をもとに自身が教育活動を通して取り組みたいことを，自身のこれまでの社会人経験から論述する。

(分析)

　学校教職員における心の健康，いわゆるメンタルヘルスについては，文部科学省「教職員のメンタルヘルス対策検討会議」においても検討されてきたが，その最終答申では，教職員が心の健康を損ねるストレスが蓄積される場として，保護者対応，事務的な仕事の業務量の拡大，生徒指導など，主に授業外の学校活動が指摘されており，「授業等の教育活動以外の用務，特に負担感の大きい要因として，保護者との関わり等が増えてきている」「提出しなければならない報告書が多く，教職員各自が仕事をより効率的にこなさなければならない状況となっており，効率的にできないと精神的に負担を感じてしまう」といった報告内容が示されている。また，「学校では，一人の教職員が学習指導や生活指導などのほか，学校運営に必要なさまざまな業務を担当しなければならず，研修会や研究会にも時間を割いている。生徒指導や保護者との関わり等の業務が突発的に入ることも多い。また，担当する教員の裁量である程度調整できる業務とはいえ，休日の部活動指導等もあり，業務量が多い」という指摘や，「職場での教職員間のコミュニケーションに対して苦手意識を持つようになったり，上司や同僚に悩みを相談しづらいと感じるようになったりして，職場での人間関係が十分形成されず，メンタルヘルス不調になる場合がある」という教員間の人間関係，コミュニケーション不全も問題の原因になるという実態が報告されている。

　こうした実際の現場の状況にもとづいて，ポイントを押さえた論述が必要である。

●作成のポイント

　担当外の事務作業の増加，保護者対応など外部との折衝，職場内のコミュニケーションの不備など，学校教職員の心の健康を阻害する要因として指摘されている問題点は，民間企業の職場においても起こる共通事例を含んでいる。そこで自身のこれまでの職場経験を最も活かしやすい課題を一つ選び，自身が教員として取り組みたい事例につな

げて論述するのが最適である。たとえば，授業以外の事務作業の増加という要因に対しては，教員間の打ち合わせの短縮や時間管理，作成資料の電子データ化や整理の工夫といった「校務の効率化」の工夫改善を図ることが，メンタルヘルス対策に向けての一つの取組事例となるだろう。

【社会人特別選考(小学校，中学校英・音・保体，高等学校保体以外) 1次選考】　40分

●テーマ

令和2年3月に策定された『三重県教育ビジョン 子どもたちが豊かな未来を創っていくために』では，基本施策の一つに「個性を生かし他者と協働して未来を創造する力の育成」を掲げています。子どもたちのこのような力を育成することの重要性について，あなたの考えを具体的に述べなさい。さらに，個性を生かし他者と協働して未来を創造する力を育成するためにあなたが学校で実践したい教育活動を，社会人としての経験または所属していた民間企業・官公庁等での取組をふまえて述べなさい。

全体を600字以上800字以下にまとめなさい。

●方針と分析

(方針)

三重県の教育ビジョンの基本施策にある「個性を生かし他者と協働して未来を創造する力を育成」するために，自身が教員として取り組みたい活動内容を，自身の社会人経験を踏まえて論述する。

(分析)

三重県の教育ビジョンの基本施策の一つ「個性を生かし他者と協働して未来を創造する力の育成」の具体的内容としては，1．主体的に

社会を形成する力の育成　2．キャリア教育の充実　3．グローカル教育の推進　4．知識を活用して新たな価値を創り出す力の育成，の4点が示されている。

　このうち「1．主体的に社会を形成する力の育成」の取組内容については，たとえば，社会科で地域や社会にある課題や我が国の政治の働きについて考えたり話し合ったりする授業づくりの推進，模擬選挙等の実施，税務署等と連携し租税や財政について学ぶ，個人や企業の経済活動における役割や責任，買い物や売買契約の基礎と仕組み，計画的な金銭管理の必要性など，自立した消費者としての役割や責任ある消費行動についての学習を推進するといったものが挙げられているほか，家庭科や公民科の授業において，多様な契約，消費者の権利と責任，消費者保護の仕組み，法の機能，租税の意義と役割等についての学習を深めるといった取組内容が該当するとされている。

　また，「3．グローカル教育の推進」には，英語教育や郷土教育の他に，県内に在住する外国人との交流や，ALT(外国語指導助手)，CIR(国際交流員)等との交流を通じて，異なる文化を持った人々とのコミュニケーションを促進すること，留学生等と交流し，英語によるディスカッションやディベートを行う機会の創出等が挙げられている。同じく「4．知識を活用して新たな価値を創り出す力の育成」としては，STEAM教育の推進，EdTechを効果的に活用することにより，生徒一人ひとりの学習状況や置かれている環境に応じた学び(AIを活用したドリル学習，遠隔教育等)の推進，プログラミング教育の充実と情報活用能力の育成，情報モラル教育の推進といった内容が示されている。

　こうした県が想定している教育内容を踏まえつつ，これらの取組の重要性を指摘するとともに，自身が学校で実践したい教育活動について論述することが求められる。

●作成のポイント

　この「三重県教育ビジョン」の基本施策の一つ「個性を生かし他者と協働して未来を創造する力の育成」の内容を，自身の担当教科のカ

リキュラム，指導内容とどう関連付けるかが一つのポイントであるが，それと同様に，自身の社会人経験から得た内容を踏まえた論述が必要である。

　この点で「2. キャリア教育の充実」を題材に選べば，自身が経験した業界，職業，職種との関わりで豊富な体験談を引用できるだろう。同じく国際交流活動や海外体験が豊富な受験者であれば，「3. グローカル教育の推進」という項目について，自身の海外経験や国際交流経験にもとづいた記述も不可能ではない。さらに公務員として行政業務の経験がある受験者，法曹関連分野を学んだ受験者であれば，「1. 主体的に社会を形成する力の育成」の項目に含まれる，実際の政治・経済に関する基礎知識をどのように学校の教育現場で指導するかについての記述を展開することが可能だろう。

【スポーツ競技者特別選考・1次選考】　40分

●テーマ

> 　生徒が生涯にわたって健康を維持するために，あなたが保健体育科の教諭として取り組みたい教育実践を具体的に述べなさい。その際，あなたがスポーツの分野で得た経験に関連させ，全体を600字以上800字以下にまとめなさい。

●方針と分析

（方針）

　保健体育科の教諭として取り組みたい生涯健康教育の実践方法について，自身が特定のスポーツ分野を通じて得た経験を関連づけて論述する。

（分析）

　設問は高齢化社会の進行にともない青年期からの健康づくりの習慣

化が指摘されているなかで改訂された新しい学習指導要領における保健体育科の目標である「生涯にわたって心身の健康を保持増進し豊かなスポーツライフを継続するための資質・能力を次のとおり育成することを目指す」ことに準拠している。

　保健体育科での指導対象となる「生涯にわたる健康教育」とは，具体的には，生涯にわたる健康のための「継続的な体力づくり，運動の推進」「喫煙・飲酒依存の防止」「防災・防犯など安全管理の徹底」「食育指導」といった内容が含まれている。学校教育の中でさまざまな運動，スポーツを楽しんだ経験を通して，子どもたちが将来主体的にスポーツに取り組むようになることも，目標の一つとされている。継続的な運動およびスポーツを通した体力づくりが，健康の維持増進に大きなメリットをもたらすことは，医学的にも証明されており，特に成人以降の生活習慣病(糖尿病・高血圧症・心臓病など)の回避や，筋肉の老化抑制による転倒やけがの予防につながることが指摘されている。

　こうしたスポーツにおけるメリットを念頭におきながら，生涯健康教育という視点での実践を，保健体育の授業にどのように取り入れるかについて論述するとよい。

●作成のポイント

　文章を前・後半の2部に分ける。設問は，自身がスポーツの分野で得た経験に関連づけて，保健体育科の教諭として取り組みたい教育実践について述べるという趣旨である。そのため，前半では自身がこれまで関わってきた特定のスポーツまたは運動の経験と，それが自身の健康の維持増進にどのようにプラスになってきたかを述べ，後半ではその経験を活かし，保健体育の授業において，自身が関わってきたスポーツを通じての健康教育をどのように実践するかについて，具体的な方法論を展開すればよい。

2020年度　論作文実施問題

【全校種・2次選考】　60分

●テーマ　第1問

令和元年6月28日に公布・施行された『学校教育の情報化の推進に関する法律(令和元年法律第47号)』は，学校教育の情報化の推進に関し，基本理念，国等の責務，推進計画等を定めることにより，施策を総合的かつ計画的に推進し，児童生徒の育成に貢献することを目的としています。

この法律の基本理念を踏まえ，学校教育の情報化の推進が児童生徒にどのような効果をもたらすか具体的に2点述べ，250字以内でまとめなさい。

基本理念(概要より一部抜粋)

・情報通信技術の特性を生かして，児童生徒の能力，特性等に応じた教育，双方向性のある教育等を実施

・デジタル教材による学習とその他の学習を組み合わせるなど，多様な方法による学習を推進

・全ての児童生徒が，家庭の状況，地域，障害の有無等にかかわらず学校教育の情報化の恵沢を享受

・情報通信技術を活用した学校事務の効率化により，学校の教職員の業務負担を軽減し，教育の質を向上

●方針と分析

(方針)

学校教育における情報化を推進することの効果について，2点に整理して具体的に述べる。

(分析)

　情報機器の発達により，私たちの生活は飛躍的に便利になった。スマートフォンやSNSの普及により，いつでも，どこでも必要な情報を手に入れたり，情報を発信したりすることが可能となり，便利な世の中となった。学校教育においても，ICT(Information and Communication Technology情報通信技術)を効果的に活用し，学びの質を高めていく必要がある。

　新学習指導要領においては，その総則において，情報モラルを含む情報活用能力を育成していくことの重要性を指摘している。学習指導要領解説・総則編では，このことに関して「情報活用能力は，世の中の様々な事象を情報とその結び付きとして捉え，情報及び情報技術を適切かつ効果的に活用して，問題を発見・解決したり自分の考えを形成したりしていくために必要な資質・能力である」とその重要性を指摘している。

　情報活用能力については，学習指導要領解説・総則編で「学習活動において必要に応じてコンピュータ等の情報手段を適切に用いて情報を得たり，情報を整理・比較したり，得られた情報をわかりやすく発信・伝達したり，必要に応じて保存・共有したりといったことができる力であり，更に，このような学習活動を遂行する上で必要となる情報手段の基本的な操作の習得や，プログラミング的思考，情報モラル，情報セキュリティ，統計等に関する資質・能力等も含むものである」と規定している。そのうえで「各学校において日常的に情報技術を活用できる環境を整え，全ての教科等においてそれぞれの特質に応じ，情報技術を適切に活用した学習活動の充実を図ることが必要である」としている。

●作成のポイント

　250字以内という短い文字数の指定なので，直接，情報化を推進することの効果について2点述べる。

　学校教育において情報化を推進することの効果はいろいろ考えられ

る。しかし，教師が情報機器を活用して学習問題や資料などを提示するなど指導を効果的・効率的に進める視点，及び，生徒がICTを効果的に活用して情報を収集し，問題解決を図っていくという視点の二つに絞って整理して述べるとよいだろう。

●公開解答例

　児童生徒にもたらす効果として，教科に対する興味関心を高め，より深い学びへとつなげられることが挙げられます。デジタル教材が普及し，動画などの利用が増えることで，イメージが深まり理解しやすくなるとともに，自ら進んで調べ，発展的に学習することが容易になるからです。

　もう一つは教育の機会確保が図られることです。授業を撮影・録画し，インターネットを介して視聴できるようにすることで，いつでもどこでも同じ内容を学ぶことができるようになり，不登校や長期療養中の児童生徒の学習する機会が保障されるからです。　(245字)

●テーマ　第2問

> 　平成29年度の全国の児童相談所における児童虐待相談対応件数は，13万3,778件(前年度比1.1万件増)に達し，過去最多となりました。総数のうちの約1万件は学校等からの相談によるもので，学校関係者が虐待の発見・対応にあたり，重要な役割を果たしています。
>
> 　あなたが虐待を発見するために必要であると考える行動について，身体的虐待・性的虐待・ネグレクト・心理的虐待の中から2種類の虐待を取り上げてそれぞれ具体的に述べ，250字以内でまとめなさい。

●方針と分析

　(方針)

　　児童虐待を早期発見するための教師としての行動について，児童虐

待の2つの種類を取り上げて具体的に述べる。

(分析)

　児童虐待防止法第2条では，児童虐待とは保護者がその監督する児童に対して殴る・蹴るなどの暴行を加えること(身体的虐待)，児童にわいせつな行為をすること又はさせること(性的虐待)，減食又は長時間の放置など保護者としての監護を著しく怠ること(ネグレクト)，心理的外傷を与えること(心理的虐待)の4種類があるとしている。

　保護者が児童虐待に至る原因としては，保護者自身が虐待を受けてきたこと，経済不安や夫婦不和が背景にあること，育児負担などの生活のストレスを抱えていること，社会的に孤立し援助者がいないこと，望まぬ妊娠，愛着形成阻害など親にとって意に沿わない子であることなどが考えられる。また，保護者の精神疾患，薬物依存などが原因となることもある。

　常に子供と接する教師は，そうした児童虐待の兆候を発見しやすい立場にある。そのために，児童生徒の身体の様子の変化，表情や行動に表れる心の変化などをよく観察し，児童虐待の早期発見，早期解決に努めなければならない。また，児童生徒の家庭生活の背景となる日常的な家族関係，生活環境なども把握しておく必要がある。

●作成のポイント

　250字以内という短い文字数の指定なので，直接，児童虐待を早期発見するための行動について2つの虐待の種類を取り上げて述べる。

　虐待が行われている場合，その兆候は児童生徒の身体の様子の変化，表情や行動の変化などに現れる。教師として，児童生徒の様子をよく観察し，その変化を的確に読み取る方法を選択した2種類の虐待に即して論じる。その際，養護教諭やスクール・カウンセラーなどとの連携にも触れるとよいだろう。

●公開解答例

　身体的虐待を発見するためには，身体測定や水泳指導の際に，普段は

確認できない不自然な外傷など，体に現れるサインを見逃さないことや，保護者や児童とコミュニケーションをとる中で，過度に厳しいしつけや行動制限がないかなど，家庭の状況を把握することが必要です。

　ネグレクトを発見するためには，衣服が清潔にされているか，髪を洗っていないことによる汚れやにおいがないかなど，身なりや衛生状態を確認することに加え，給食の時間に過度に食べていないかなど，食事の状況を把握することが必要です。　（235文字）

●テーマ

　平成29年3月に改定された『三重県人権教育基本方針』において，人権教育は，総合的な教育であり，すべての教育の中で行われるものであるとの基本的認識のもと，「自分の人権を守り，他者の人権を守るための実践行動ができる力」を育み，人権文化を構築する主体者づくりをめざし，この目的を達成するために以下に示す3点の目標を掲げています。

　これら3点の目標のうち，人権教育を進める上であなたが最も大切だと考える目標を一つ挙げ，その目標を選んだ理由と目標を実現するための具体的な取組について述べ，300字以内でまとめなさい。

・人権についての理解と認識を深める。

　　一人ひとりが，人権の意義とその重要性についての正しい知識を十分に身に付ける。

・人権尊重の行動につながる意欲・態度や技能を育てる。

　　一人ひとりが，日常生活の中で人権尊重の考え方に反するような出来事をおかしいと思う感性や人権を尊重する姿勢を養い，行動に現れるよう人権感覚を十分に身に付ける。

・一人ひとりの自己実現を可能にする。

　　一人ひとりが，自尊感情を高め，自他の価値を認め，尊重しながら，進路を主体的に切り拓くことができる力を身に付ける。

●方針と分析

(方針)

　人権教育を進める取組みについて，示された3つの目標からもっとも重要だと考える1つを取り上げ，その理由と具体的な取組みを述べる。

(分析)

　人権教育及び人権啓発の推進に関する法律では，「国民が，その発達段階に応じ，人権尊重の理念に対する理解を深め，これを体得することができるよう」(第3条)にすることが人権教育の基本理念であるとしている。

　こうした人権感覚について，文部科学省は，人権教育の指導方法等に関する調査研究会議における「人権感覚の育成を目指す取組」の中でとりまとめをしている。それによると，「人権感覚は，児童生徒に繰り返し言葉で説明するだけで身に付くものではない。」とした上で，「人権感覚を身に付けるためには，学級をはじめ学校生活全体の中で自らの大切さや他の人の大切さが認められていることを児童生徒自身が実感できるような状況を生み出すことが肝要である。児童生徒一人一人が，自らが一人の人間として大切にされているという実感を持つことができる時に，自己や他者を尊重しようとする感覚や意志が芽生え，育つことが容易になるからである。」と述べられている。

　とりわけ，教職員同士，児童生徒同士，教職員と児童生徒等の間の人間関係や，学校・教室の全体としての雰囲気などは，学校教育における人権教育の基盤をなすものであり，この基盤づくりは，教職員一人一人の意識と努力によって取り組むことができる。

　具体的には，教育活動全体を通じて，次のような力や技能などを総合的にバランスよく培うことが重要であると先の箇所で文部科学省はとりまとめている。

1. 他の人の立場に立ってその人に必要なことやその人の考えや気持ちなどがわかるような想像力，共感的に理解する力

2. 考えや気持ちを適切かつ豊かに表現し，また，的確に理解するこ

とができるような，伝え合い，わかり合うためのコミュニケーションの能力やそのための技能

3. 自分の要求を一方的に主張するのではなく建設的な手法により他の人との人間関係を調整する能力及び自他の要求を共に満たせる解決方法を見いだしてそれを実現させる能力やそのための技能

●作成のポイント

300字以内という短い文字数の指定なので，取り上げた目標が重要だと考えた理由と具体的な取組みに分けて簡潔に述べる。

まず，示された3つの目標からもっとも重要だと考える1つを示し，それを取り上げた理由を簡潔に述べる。理由が複数ある場合は，「第1に・・・，第2に・・・」というようにナンバリングして述べると分かりやすい。

次に，その目標を実現するための取組みを具体的に述べる。児童生徒同士，あるいは教職員と児童生徒等の間の人間関係に着目した取組みがよいだろう。具体的には，学級経営や特別活動，道徳教育などが考えられる。

●公開解答例

私が最も大切だと考える目標は，人権についての理解と認識を深めることです。その理由は，人権に関する豊かな知識や人権尊重の視点がないと，生徒が自分や他人の人権を守ることはできないと考えるからです。

そのために，人権の発展や人権侵害に関する歴史や現状，憲法や国際条約などを題材に，これまでの差別の解消のための取組や，人が生きていく上で必要な権利などの基本的な知識を生徒に伝えていきたいと思います。また，生徒が文化・価値観・個性の違いが豊かさにつながることを認識できるよう，日常の活動や学校行事で，意見を出し合い協力し合う機会を設けることで，それぞれの違いを認め助け合う仲間づくりに取り組みたいと思います。　(298文字)

【社会人特別選考・1次試験】　40分

●テーマ

本県が定めた『教員として求める人物像』に，「自立した社会人としての豊かな人間性をもつ人」とありますが，自身の「豊かな人間性」を醸成するために，あなたが日頃から取り組んでいることについて具体的に述べなさい。また，その取組による経験をどのように教育実践に生かしていくかについても述べ，全体を600字以上800字以下にまとめなさい。

●方針と分析

(方針)

まず，自身の「豊かな人間性」を醸成するために，受験者が日ごろから取り組んでいることを具体的に説明する。次に，取組の経験をどのように教育実践に生かしていくのかを説明する。全体を，600字以上800字以下にまとめなければならない。

(分析)

今回問われている「教員として求める人物像」としての豊かな人間性とは，以下のようなものである。「専門的知識・技能に基づく課題解決能力をもつ人」というのは，常に自己研鑽に努め，子どもとともに課題に取り組む創造性，積極性，行動力をもつ人とされている。

また，「自立した社会人としての豊かな人間性をもつ人」というのは，優れた人権感覚と社会人としての良識に富み，組織の一員として関係者と協力して職責を果たし，子どもや保護者との間に深い信頼関係が築ける人とされている。前者はおもに教科・学科指導に関わり，後者はおもに生活指導や人間形成に関わるものと把握できる。

社会科の教諭を例にすれば，知識の暗記ではなく，現代日本の政治・経済・社会の動きを，過去の日本や世界のそれらとの関連を考えて，わかりやすく児童生徒に教えていける力がある。また，教科的な

知識を人間形成につなげれば，他者や弱者の立場を思いやれる人権意識を陶冶していくこともある。こうした内容の指導理論を学ぶために書籍を読んだり，教育界以外の社会人からの学びの機会を得たりすること，また研究会などに出て，指導者や先輩との意見交換から学ぶ努力を述べ，その成果を学級内で生かしていくというサイクルを，確立していく重要性を受験者が理解しているかどうかを問うものである。

●作成のポイント

　論文であるので，序論・本論・結論の3段構成を意識したい。以下，答案作成の一例である。

　序論では，教科的な指導のための学びと人間形成的な学びの両方を追究していく必要性を述べていこう。

　本論では，まず，自身の「豊かな人間性」を醸成するために，受験者が日ごろから取り組んでいることを具体的に説明していこう。読書，研究会出席，学会出席などを例にすればよいのではあるまいか。次に，取組の経験をどのように教育実践に生かしていくのかを説明する。ここでは，受験者の指導教科に関わらせながら，児童生徒の信頼・信用を得ていくような指導になる工夫などを説明していこう。

　結論では，指導現場から得た経験を，自身の学びにフィードバックして，学科面と人物面の両方に努力していく決意を述べてみよう。

【スポーツ競技者特別選考・1次試験】　40分

●テーマ

> 　三重県教育ビジョンの重点取り組みの一つに，「体力の向上と学校スポーツの推進」がありますが，生徒が運動やスポーツに親しみ，体力を向上させるために，あなたが教諭として取り組みたい教育実践を具体的に述べなさい。その際，あなたがスポーツの分野で得た経験に関連させ，全体を600字以上800字以下にまとめなさい。

●方針と分析

(方針)

　生徒が運動やスポーツに親しみ，体力を向上させるために受験者が教諭として取り組みたい教育実践を具体的に説明する。その際，スポーツの分野で得た経験に関わらせ，全体を600字以上800字以下にまとめなければならない。

(分析)

　近年，生活様式の変化等により体を動かす機会が減少し，子どもたちの体力・運動能力がピーク時の1985年(昭和60年)と比較すると，依然低い状況にある一方で，体力づくりや地域コミュニティの形成等に果たすスポーツの役割の重要性が高まりつつある。こうした社会の動きと，学校スポーツは無縁ではない。

　では，学校スポーツの意義とはどういうものか。一つは，健康の保持増進，体力の向上に加え，人間形成に大きな影響を及ぼすなど子どもたちの心身の健やかな発達を目指す，生涯スポーツの側面を伝えることである。こうした日常的にスポーツに親しむことができる習慣を身につけ，生涯スポーツ社会の実現との関わりをもつ。

　もう一つは，競技スポーツで，子どもたちが一定のルールの下に他者と競い合い，勝者・敗者を経験する中で，人生を切り拓く力を培うものである。ここには，将来の三重県のスポーツ界や体育指導人材を育むという県の戦略も関わっている。生涯スポーツ，競技スポーツの面を踏まえながら，指導現場で取り組む必要を感じる具体的な指導実践につき，受験者のスポーツ分野で得た経験とともに述べる必要があるだろう。

●作成のポイント

　論文であるので，序論・本論・結論の3段構成を意識したい。以下，答案作成の一例である。

　序論では，児童生徒の運動能力の現状や，地域コミュニティづくりをするうえでのスポーツの有用性を，簡潔に述べよう。

　本論では，受験者のスポーツ経験の中で得た知見に関わらせて，生涯スポーツ，競技スポーツとしての側面を，児童生徒に伝えていく内容にする。例えば，体育の時間に行う球技は，子どもたちがゲームの勝敗のみに拘ることになりやすい。その中で，得意な者とそうでない者とが分かれてしまい，とりわけ後者はスポーツ嫌いに陥り，運動によって健康づくりをする習慣自体をなくしやすい。そこで，実技一辺倒の指導，得点や記録を競うゲーム性を強調した指導ばかりではなく，座学を設けて，勝者・敗者両方の立場を想像し，話し合う時間をつくる工夫などを述べると，受験者の経験がより説得力あるものになるのではあるまいか。

　結論では，三重県の教員として，児童生徒の体力形成，人間形成の両面に，貢献する決意を述べよう。

2019年度　論作文実施問題

【全校種・2次試験】60分

●テーマ　第1問

　三重県教育委員会では，平成30年3月に「校長及び教員としての資質の向上に関する指標」(以下，「指標」)を策定しました。これは，校長及び教員が教職生活全体を俯瞰しつつ，自らの職責，経験等に応じて計画的・効果的に資質の向上に努めることができるよう，各ライフステージ(成長段階)で求められる資質能力を示したものです。

　「指標」に掲載されている「教職を担うにあたり必要とされる素養」における以下の四つの「資質能力にかかる項目」について，あなたが今後，特に身につけていきたいものを一つ選び，選んだ理由を述べるとともに，それを身につけていくための具体的方策について，あわせて300字以内でまとめなさい。

<資質能力にかかる項目>
① 教育的愛情・使命感・責任感
② 倫理観・コンプライアンス
③ 社会性・コミュニケーション力
④ 学び続ける意欲・探究心

●方針と分析

(方針)

　四つの資質能力にかかる項目の中から一つを選んで，選んだ理由とそれを身につけるための具体的方策について述べる。

(分析)

　三重県の「四つの資質能力にかかる項目」については，指標の中で

111

次のように説明されている。

　　○教育的愛情・使命感…児童生徒の人格と個性の尊重，教育者とし
　　　ての愛情・使命感・責任感・指導する力

　　○倫理観・コンプライアンス…教育公務員としての高い倫理観，社
　　　会人としての良識，法令遵守，誠実，公平に職務を遂行する力

　　○社会性・コミュニケーション力…人権感覚とコミュニケーション
　　　力，児童生徒や保護者との信頼関係を築く力

　　○学び続ける意欲・探究心…向上への意欲，課題に取り組む創造性，
　　　積極性，行動力

　また，これらの資質能力を身につけるために，ライフステージの考
え方を掲げている。それは次の通りである。

教員等のライフステージ(成長段階)の考え方

教職着任時	第1ステージ 初任～教職経験5年次	第2ステージ 教職経験6年次～10年次	第3ステージ 教職経験11年次～20年次
教職に就く者として求められる基礎的な知識や技能を身に付けている。	基礎形成期	伸長期	充実期
	実践力を磨き，基礎・基盤を固める	知識や経験に基づいた実践力を高める	中堅教員として高度な実践を展開し，若手教員の指導

※第4ステージは割愛。

　テーマでは，四つの項目の中から一つを選ぶことを求めており，選
択する際は，指標の説明とライフステージの考え方を勘案して，自分
なりの考えの下に一項目を選ぶとよい。例として，①教育的愛情・使
命感とライフステージの教職着任時を関連づけて，児童生徒の人格尊
重と指導する力の向上に努めるなどとするとよいであろう。

●作成のポイント

　文章構成は，序論・本論・結論の3段構成がよいであろう。ここで
は字数が300字以内となっているので，①を選んだ場合，

序論では，「①の「教育的愛情・使命感を選んだ理由と具体的な方策について述べる」というように簡潔にまとめる必要がある。

本論では，教職着任時の立場で，児童生徒理解と学習指導の充実に努めることを取り上げ，生徒指導・学級経営の充実について述べる。

結論では，「日々，努力を積み重ねながら，一日も早く，教員として自立できるように努める決意」を述べるとよい。

文字数が300字の場合，無駄な表現や説明を省く必要があることから，論述の前に文章構想を十分練った上で，書き始めることが大切である。

●公開解答例

私が特に身につけていきたいものは，社会性・コミュニケーション力である。私が志望する高等学校教諭は，社会に出る直前の段階にある生徒の育成にあたり，生徒が社会と関わることは生徒の進路選択の際に重要となる。そのためには，まず教員が社会性・コミュニケーション力を身につけることが何より重要であると考えるからだ。

私は社会性・コミュニケーション力を身につけるために，自分が住む地域の方々との関わりを継続していきたい。私が住む地域には子育て世代が多く，祭りや清掃活動の際に，その方々に積極的に話しかけるなど，交流を図ることで，仕事と育児の両立などの社会問題について聞くことができ，自身の視野を広げることもできる。(299字)

●テーマ　第2問

三重県が平成29年12月に策定した「ダイバーシティみえ推進方針～ともに輝く(きらり)，多様な社会へ～」では，「ダイバーシティをプラスととらえ，より取り入れるためには，一歩先の未来に向けて，ダイバーシティの視点から，発想を転換したり，見直すことが重要である」としています。

　あなたが考える「教員として持つべきダイバーシティの視点」を，以下の中から一つ取り上げ，その視点を持ちながら，あなたが取り組んでいきたい内容と，その取組によって得られる教育効果を，あわせて250字以内でまとめなさい。

〈ダイバーシティの視点(同方針より)〉

① 違いを知ること，伝えること

② 交流を増やすこと

③ 互いに支え合うこと

④ みんなができるという発想を持つこと

④ 多様かつ柔軟なシステムとすること

⑥ 違った目線，考え方を力とすること

※ダイバーシティ(diversity)(同方針より)

　日本語に訳すと多様性です。ここでは，一人ひとりが尊重され，多様性が受容され，さらにそれぞれ違った個性や能力を持つ一人ひとりがよい意味でお互いに影響し合うことにより，個々人では成し得なかった相乗効果を社会に生み出すという「ダイバーシティ＆インクルージョン」の意味も込めて，ダイバーシティという言葉を使用しています。

●方針と分析

(方針)

　教員として持つべきダイバーシティの視点を，県の6つの視点のなから1つ選び，自分が取り組んでいきたい内容とその教育効果を250字以内でまとめる。

(分析)

　「ダイバーシティみえ推進方針」では，目指すダイバーシティ社会について，次のように説明している。

　「性別，年齢，障がいの有無，国籍・文化的背景，性的指向・性自認などにかかわらず，一人ひとり違った個性や能力を持つ個人として

尊重され，誰もが希望を持って日々自分らしく生きられる，誰もが自分の目標に向けて挑戦できる，誰もが能力を発揮し，参画・活躍できる社会」

その上で，次の「3つの推進の柱」を掲げている。(1)考え(意識)を変える，(2)行動を変える，(3)仕組みを変える

テーマの中で示されている6つの視点は，ダイバーシティの視点であるとともに，ダイバーシティ実現のための行動目標として捉えることができる。6つの視点を比較・検討し，具体的に何ができるかを見通した上で，1つに絞る。

現在，学校では，インクルーシブ教育システムのもとで，障害のある児童生徒と障害のない児童生徒の「交流及び共同学習」が行われ，障害のある児童生徒には，この活動が自立と社会参加になり，障害のない児童生徒には障害者理解につながっている。この活動を老人，外国人等との交流に拡大することで，ダイバーシティに発展することが可能であろう。以上の点から，「2　交流を増やす」の項目を選択することが1つの案として考えられる。

●作成のポイント

文章構成は，序論・本論・結論の3段構成がよいであろう。ここでは字数が250字以内となっているので，簡潔に述べる必要がある。

序論では，「私は，視点2の交流を増やす」を選択すると述べる。

本論では，取り組んでいきたい内容として交流及び共同学習の取り組みを述べ，自立及び社会参加の活動をダイバーシティの視点で，老人や外国人との交流に発展させる。

結論では，今後，教員として，心のダイバーシティを図ることに取り組むことなどを述べまとめる。

●公開解答例

私が考える教員として持つべき視点は，「交流を増やすこと」である。私は小学校教諭として，地域との交流に取り組み，子どもたちの

視野を広げていきたい。具体的には小学校高学年を対象に，地域の高齢者と歴史に関する交流会を催したい。「交流を増やすこと」の視点によって，子どもたちが地域の高齢者との様々な会話を通して，体験談として歴史を学習することができると考える。また，高齢者との交流は，知識や経験の伝達のみならず，異年齢間の考え方の違いを経験することで，互いを思いやる心や尊重する心を育むことができると考える。(250字)

●テーマ　第3問

　次の図は「平成29年度　青少年のインターネット利用環境実態調査(2018年，内閣府)」のインターネット接続機器の利用率結果に基づいて作成したものです。この図から読み取ることができる近年の傾向を述べ，その傾向から考えられる教育課題と，その課題の解決に向けた取組を，あわせて300字以内でまとめなさい。

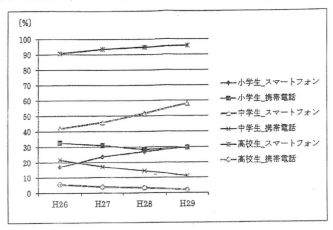

※ただし，調査の設問は以下のとおりであり，「スマートフォン」とは，以下の①〜④のいずれかを回答した人の割合，「携帯電話」と

　は，以下の⑤又は⑥を回答した人の割合をいう。

＜設問＞

　あなたは，下記の機器を利用していますか。この中から，あてはまるものをすべてあげてください。(いくつでも)

① 　スマートフォン

② 　いわゆる格安スマートフォン

③ 　機能限定スマートフォンや子供向けスマートフォン

④ 　携帯電話の契約が切れたスマートフォン

⑤ 　携帯電話

⑥ 　機能限定携帯電話や子供向け携帯電話

⑦ 　ノートパソコン

⑧ 　デスクトップパソコン

⑨ 　タブレット

⑩ 　学習用タブレット

⑪ 　子供向け娯楽用タブレット

⑫ 　携帯音楽プレイヤー

⑬ 　携帯ゲーム機

⑭ 　据置型ゲーム機

⑮ 　インターネット接続テレビ

⑯ 　いずれの機器も利用していない

●方針と分析

(方針)

　本資料のインターネット接続機器の利用率結果をもとに，近年の傾向とそこから考えられる教育課題及び課題解決に向けた取組について述べる。

(分析)

　インターネット接続機器の小・中・高校別利用率結果では，

　・スマートフォンの利用率が高くなっている。

・携帯電話の利用率は低下している。

などが読み取れ，スマートフォンの利用率の高さは，インターネットへの接続率が高いことにつながるといえるであろう。(同資料より参考：スマートフォンの利用率…高校生94％，中学生54％，小学生23％。携帯電話の利用率…高校生1.0％，中学生2.8％，小学生5.4％)

　本調査結果から，教育上の問題としては，インターネットの長時間利用，学習上，健康上の問題，インターネットによる犯罪，いじめ，ネット依存症等の問題が指摘される。

　論述にあたり，テーマは，①本図から読み取れる近年の傾向，②傾向から考えられる教育課題，③課題解決に向けた取組，を述べることが求められていることに留意する必要がある。そのために学校では，小・中学校は学級活動の時間，高校はホームルーム活動の時間を活用して，それぞれの問題について対応にあたるなどが必要である。また，保護者との連携・協働も欠かすことはできないことを押さえておくこと。

●作成のポイント

　文章構成は，序論・本論・結論の3段構成がよいであろう。ここでは字数が300字以内であるので，序論は40字程度，結論は30字程度，本論は230字程度にするとよい。

　序論では，簡潔に「小中高校生のスマートフォン利用率が年々高まっていることから，教育上の問題点が発生している。」として，問題点の指摘に留める。

　本論では，課題の要求に従って，「図から読み取ることができる傾向と教育課題を取り上げ，教育課題の解決に向けた取組を述べる。

　結論では，「保護者との連携を図り，児童生徒をネット被害から守ることに努める」などを述べまとめる。

●公開解答例

　図から読み取ることができる傾向は，全ての学齢で携帯電話の利用

率が低下傾向である反面，スマートフォンの利用率が上昇傾向である。これは，児童生徒のコミュニケーションが，インターネットを介した方法に変化していることを表している。SNS等の文面のみで自分の思いを伝えることは，対面で話すよりも誤解を生じやすく，ひいてはいじめの要因にもなりかねない。また，教師や保護者が児童生徒の関係性を把握しにくくなり，問題発見を遅らせてしまうことも課題である。児童生徒に適正なコミュニケーションの構築を指導するとともに，教師が児童生徒の様子をよく観察し，必要に応じて保護者や地域の声を聴き取ることが一層必要となると考える。(297字)

【社会人特別選考・1次試験】40分

●テーマ

> 平成27年12月21日付けの中央教育審議会答申において，「チームとしての学校」の実現が提言されていますが，社会人経験を有する教員として，あなたが「チームとしての学校」の実現に向けて果たすことができる役割について述べなさい。また，その際，あなたが実践したい教育活動についても具体的に言及し，果たすことができる役割と関連づけて，全体を600字以上800字以下にまとめなさい。

●方針と分析

(方針)

「チームとしての学校」の実現に向けて，社会人経験を生かして，自分が果たすことができる役割と実践したい教育活動について具体的に論述する。

(分析)

「チームとしての学校の在り方」に関する中教審答申では，教員は，教員本来の専門性を生かして学習指導，道徳教育，生徒指導，学級経

営，学校行事，授業準備等の業務に専念し，カウンセリング，部活動指導，外国語指導等の業務は，スクール・カウンセラーやスクール・ソーシャル・ワーカー，部活指導員及び特別支援教育支援員等の専門スタッフ等と連携・分担することを掲げている。ここで重要なことは，例えばいじめの問題などへの対応について，専門スタッフに多くを委ねることではなく，教員と専門スタッフとの連携の上に，専門スタッフが専門性を発揮できる基盤を構築する必要がある。そのためには，教員と専門スタッフ間の人間関係の確立とコミュニケーションが欠かせない。意見の相違などから，人間関係・信頼関係が損なわれていく事態になると，「チームとしての学校」は成立しなくなるからである。

　ここでは，「社会人経験を有する教員として」論述することが求められているので，自分の社会人としての経験を「チームとしての学校」に生かすことを取り上げる。また，「あなたが実践したい教育活動」について述べることも求められているので，そのための実践構想についても論述する。これについては，学習指導要領に従って指導内容・活動内容を選択する必要がある。

　「チームとしての学校」には，学校内に連携と協働の新たな文化を構築することも求められており，この推進においては，PDCAのサイクルによる検証・改善が重要となる。これらを踏まえてまとめていく。

●作成のポイント

　文章構成は，序論・本論・結論の3段構成がよいであろう。制限字数から，序論は200字程度，結論は150字程度，本論1，本論2は，それぞれ220字程度にするとよい。

　序論では，「チームとしての学校」の実現に向けて，自分の社会人経験をどのようなことに生かすのかを述べる。

　本論1では，これまでの社会人経験の中から教育に生かすことができる内容を取り上げる。業務の推進にあたって，社会人生活で得た対人関係，責任感，社会人としての礼儀・作法，言葉遣い，身だしなみ等々，企業などで培ったことについて取り上げることもよいであろう。

重要なことは，それらのことをいかに教育の場で生かすかである。これまでの単なる業務紹介で終わることのないように留意する。

　本論2では，「教員として特に取り組みたいこと」について述べる。ここでも自分の経験をもとに論述することが重要である。この場合，学習指導要領にそって教科指導，生徒指導等の中から，自分が教員になったら継続的に取り組みたい内容を選択するとよい。

　結論では，教育の仕事に携わることは，自分の夢であり，その中でこれまでの経験を生かしながら意欲的に取り組むことなどをいれてまとめる。

【スポーツ競技者特別選考・1次試験】40分

●テーマ

> 　学級経営における集団づくりについて，あなたが教諭として実践したい取組を具体的に述べなさい。その際，あなたがスポーツの分野で得た経験に関連させ，全体を600字以上800字以下にまとめなさい。

●方針と分析

(方針)

　学級経営における集団づくりについて，スポーツ分野で得た経験に関連させて具体的に述べる。

(分析)

　テーマが掲げる「学級経営」と「集団づくり」について，「生徒指導提要」(文部科学省)では，次のように説明されている。

　学級経営で重要なことは，(1)児童生徒理解，(2)学級集団・ホームルーム集団の人間関係づくり，(3)学級・ホームルームにおける生徒指導の取組，である。また，集団づくりで重要なことは，①一人一人の児童生徒が設定した目標実現に取り組む，②様々な集団活動に取り組む，

③集団や自己の生活の向上を目指すことである。その上で，テーマは，「スポーツ分野で得た経験に関連させ」と述べていることから，スポーツの種目，活動業績，活動を通して身に付けた人間的な資質・能力等を「学級経営における集団づくり」にどのように生かすかについて取り上げる必要がある。スポーツを通して得た人間的資質としては，努力，忍耐，挑戦，向上心，協力，連帯感，チームワーク等が挙げられるであろう。

●作成のポイント

　文章構成は，序論・本論・結論の3段構成がよいであろう。制限字数から，序論は200字程度，結論は150字程度，本論1，2はそれぞれ220字程度にするとよい。

　序論では，スポーツで身につけた人間的資質や運動能力をもとに児童生徒と接し，まとまりがあり，生き生きとした学級集団づくりを目指す等，目指す学級像を掲げるとよい。

　本論1では，学級づくりのために，学級の目標を児童生徒と共に作り，児童生徒と絶えず活動を共にし，活動の中で，教師と児童生徒，児童生徒間の人間関係づくりに努める。清掃活動や体験活動等で共に身体を動かし，達成の喜びや充実感を共有することで，児童生徒理解とともに人間関係を深めることなどを述べる。

　本論2では，学級づくり・集団づくりの最終目標は，児童生徒一人一人の自己実現である。教師は一人一人の児童生徒の願いや目標を把握し，それが学習や活動の中で達成されたときには評価し，学級のみんなで喜びを共にする。例えば，発表の苦手な生徒がみんなの前で発表することができた時，体育の時間で逆上がりのできない生徒ができた時は，みんなで喜びを共にする等，自分が競技人生の中で経験し，成長のきっかけとなったことを踏まえ述べること。

　結論では，スポーツで身につけた資質能力を自分の強みとして，児童生徒の指導に最大限生かすこと等，教師としての意欲を述べてまとめる。

2018年度　論作文実施問題

【全校種・2次試験】60分
〈第1問〉

●テーマ

　いじめ防止対策推進法第11条第1項に基づき策定された「いじめの防止等のための基本的な方針」(平成25年10月11日文部科学大臣決定(最終改定　平成29年3月14日))では，同法第13条に基づき策定する「学校いじめ防止基本方針」を定める意義について言及しています。

　「学校いじめ防止基本方針」を定めることが，児童生徒，保護者，教職員の三者にとって，それぞれどのような意義があるが250字以内でまとめなさい。

【参考】いじめ防止対策推進法(平成25年法律第71号)

(いじめ防止基本方針)

第11条　文部科学大臣は，関係行政機関の長と連携協力して，いじめの防止等のための対策を総合的かつ効果的に推進するための基本的な方針(以下「いじめ防止基本方針」という。)を定めるものとする。

2　いじめ防止基本方針においては，次に掲げる事項を定めるものとする。

一　いじめの防止等のための対策の基本的な方向に関する事項

二　いじめの防止等のための対策の内容に関する事項

三　その他いじめの防止等のための対策に関する重要事項

(地方いじめ防止基本方針)

第12条　地方公共団体は，いじめ防止基本方針を参酌し，その地域の実情に応じ，当該地方公共団体におけるいじめの防止等のための対策を総合的かつ効果的に推進するための基本的な方針(以下「地方いじめ防止基本方針」という。)を定めるよう努めるものとする。

(学校いじめ防止基本方針)

第13条　学校は，いじめ防止基本方針又は地方いじめ防止基本方針を参酌し，その学校の実情に応じ，当該学校におけるいじめの防止等のための対策に関する基本的な方針を定めるものとする。

●方針と分析

(方針)

　「学校いじめ防止基本方針」が，児童生徒，保護者，教職員にとってどのような意義があるのかを論じる。

(分析)

　「学校いじめ防止基本方針」から読み取れることは，いじめについての「基本的な方針」を定めるということである。視点を変えて考えれば，どこにでも共通する基本的な視点というものが明確になっていないということである。基本的な考えがあれば，そこからいろいろと応用できる。また，基準があることで，個人で抱え込むのではなく，学校全体で取り組むことも容易になる。このようなことは学校側だけに利点があるのではない。児童生徒や保護者にしても，基本方針があることで安心感を得ることができる。

●作成のポイント

　まず，本方針の意義について触れ，本方針が，教職員にとって，また，児童生徒と保護者にとってどのような意義があるのかについて，簡潔にまとめる。250字と少ない文字量の中で，被害者への安心感以外に，加害者への支援などにも目を向けることに触れられるとよいであろう。

●公開解答例

　学校いじめ防止基本方針を定める意義として，同方針に基づく対応が徹底されることにより，教職員が一人でいじめを抱え込まず，個々による対応ではなく学校組織として一貫したいじめへの対応をとることができる。こういったいじめの発生時における学校の対応を示しておくことは，児童生徒及びその保護者に対し，児童生徒が学校生活を送る上での安心感を与えるとともに，いじめの加害行為の抑止につなげることができる。また，加害者への成長支援の観点を基本方針に位置付けることにより，いじめの加害者への支援にもつなげることができる。(250字)

〈第2問〉

●テーマ

　AIに見られるIT技術の進歩により社会構造はめまぐるしく変化し，近未来予測が難しくなっています。資料1を参考にし，今後，児童生徒に身につけさせておくべき能力と，その能力を育むための学校における具体的な取組について，250字以内であなたの考えをまとめなさい。

資料1　「AI（人工知能）の発達により10〜20年後に消える仕事・残る仕事（予測）」

消える仕事	残る仕事
○電話販売員、物品の販売員、 　レストランやコーヒーショップの店員、レジ係 ○クレジットカードの承認、調査を行う作業員、 　税務申告代行者、不動産ブローカー ○銀行の窓口係、融資担当者、証券会社の一般事務員、 　簿記・会計・監査担当者 ○データ入力作業員、文書整理係、 ○受注係、調達係、荷物の発送・受取・物流管理係、 　電話オペレーター、車両を使う配達員 ○スポーツ審判員、モデル ○手縫いの仕立屋、時計修理工、映写技師 　　　　　　　　　　　　　　　　　　　など	○整備・設備・修理の現場監督者、危険管理責任者 ○内科医・外科医、看護師、歯科技工士 ○臨床心理士、カウンセラー、聴覚訓練士、 　作業療法士、聖職者 ○消防・防災の現場監督者、警察・刑事の現場監督者 ○宿泊施設の支配人、セールスエンジニア ○心理学者、教師、保育士、栄養士、 　教育コーディネーター、職業カウンセラー ○衣服のパターンナー、メークアップアーチスト ○人事マネージャー ○博物館・美術館の学芸員、運動競技の指導者 　　　　　　　　　　　　　　　　　　　など

参考：「今後の各高等教育機関の役割・機能の強化に関する参考資料」

（文部科学省　大学分科会（第132回）　配付資料より）

●方針と分析

（方針）

　資料1を参考にして，今後，児童生徒が身につけるべき能力について述べ，その実現のための具体的な取組を論じる。

（分析）

　AIが社会の軸となる世の中になったとしても，人間でしかできないこともある。つまり，主体的な行動ができる人間を目指すということは，いつの世でも変わらないことである。何をするにしても，「何のためにするのか」，「どうすればいいのか」，「人とのつながりを意識する」ということを児童生徒に考えさせたいものである。それを育んで

いくことで，自ら考えて，自分から動くという主体性が身につくであ
ろう。文部科学省の「新しい学習指導要領の考え方」(平成29年3月)で
は，人間は，多様な文脈が複雑に入り交じった環境の中でも，場面や
状況を理解して自ら目的を設定し，その目的に応じて必要な情報を見
いだし，情報を基に深く理解して自分の考えをまとめたり，相手にふ
さわしい表現を工夫したり，答えのない課題に対して，多様な他者と
協働しながら目的に応じた納得解を見いだしたりすることができると
いう強みを持っている。と述べられている。

●作成のポイント

　AIと人間との違い(AIは，与えられた目的の中での処理を行うのに
対して，人間は，感性を豊かに働かせながら，どのような未来を創っ
ていくのか，どのように社会や人生をよりよいものにしていくのかと
いう目的を自ら考え出すことができるなど)について簡潔に説明し，こ
れからの社会で，児童生徒が社会的・職業的に自立した人間として生
きるためには，主体的に判断する力を身につける必要があることを述
べ，それらの力を育むための具体的な取組(学校行事，清掃活動)につ
いて述べる。

●公開解答例

　コンピュータが担う仕事上の役割は増大し，AIを活用した作業用ロ
ボット等の積極的な導入が予想される社会において，児童生徒が社会
的・職業的に自立した人間として生きるには，志や意欲を持って，社
会の激しい変化の中でも何が重要かを主体的に判断できる力を身につ
けておく必要がある。そのために学校における清掃活動において，児
童生徒には常に「目的・方法・協働」を意識させ取り組ませたい。自
分の行動の意義や成果，効率や他者との調整等を意識しながら継続的
に行動していくことで，必要とされる判断力を身につけていくと考え
る。(250字)

第3問

●テーマ

　教員が児童生徒と向き合う時間を確保するため，学校現場における業務の適正化が求められています。また，平成29年4月に公表された教員勤務実態調査等によると，教員の勤務実態は長時間勤務という深刻な状態にあります。
　教員の勤務が長時間となっている主な要因を3つ挙げなさい。また，その中の1つの要因に対して，あなたが解決・改善に向けて効果的であると考える学校現場での取組を具体的に述べ，あわせて250字以内でまとめなさい。

●方針と分析

(方針)

　教員の長時間労働の要因を3つ挙げ，その1つに対し，どのような対策をすれば解決できるかを論じる。その際に，教員を取り巻く環境についても述べること。

(分析)

　教員の長時間勤務の原因は多方面にわたる。自身はどのようなものが主な原因になっているかを考える。保護者対応，業務そのものの多様化・複雑化も考えられる。教員が確実に休むことができなければ，適切な学校運営はできないであろう。解決・改善に向けての取組を具体的に述べること。「公立学校教職員の総勤務時間の縮減に向けた学校における取組事例集」(平成27年　三重県教育委員会)などを参考にするとよい。

●作成のポイント

　教員の長時間勤務の原因とその対策を3つ挙げる。効率化のための

対策と効果については，①学習指導計画，指導案，教材等をデータベース化し蓄積することで，効率よく改善，更新を図ることができる。②連日の部活動の指導をやめ，休養日を設けて，蓄積した疲労の回復やリフレッシュを図ることができる。③行事や取組等の精選及び実施時期を見直し，必要のない行事を廃止することで，必要な行事を適切な時期に行うことができ，準備にかかる時間を短縮，行事の重なりによる業務の集中を避ける。などがある。その他，外部人材などの積極的な活用なども考えられる。挙げた中から1つ選ぶのだが，学校全体で効率化に取り組める事項であること，それによって，生徒にも利点がある事項を選ぶとよい。

●公開解答例

　主な要因としては，教員が担うべき業務の多様化・煩雑化，勤務時間外の部活動指導，集金徴収業務を含む様々な種類の保護者対応等が挙げられる。その中の部活動指導の改善については，週休日のいずれか及び平日の1日を部活動休養日として設定し，活動時間の削減を図る取組が考えられる。部活動は，生徒の自主的・自発的な参加により行われるものであることから，教員の長時間勤務の解消とともに，生徒の家庭や地域との生活バランスの実現，スポーツ障がいやバーンアウトの予防等の観点からも，適切な休養日を確保することが必要と考える。(250字)

【社会人特別選考・1次試験】40分

●テーマ

　学校教育における今日的な課題を1つ取り上げ，その課題の解決に向けて「社会人経験を有する教員」に期待される役割を具体的に述べなさい。また，その際，あなたが社会人経験により身につけた力についても言及し，期待される役割と関連づけて，全体を600字以上800字以下にまとめなさい。

●方針と分析

(方針)

　学校教育の今日的な課題を1つ取り上げ，その課題をどのように解決していくかを具体的に述べる。社会人経験を有する教員ならではの取り組みを書くことと，社会人経験により身につけた力について述べること。

(分析)

　「学校教育における今日的な課題」という漠然としたものであるので，書き手がそれぞれ課題として取り組まなければならないものを想起し，それに自身の社会人経験がどのように生かせるのかを考えてほしい。教育格差の問題，コミュニケーション不足による人間関係のトラブル，授業中に積極的に発言することが苦手な児童生徒にどのように接していくかなどが考えられる。「三重県教育ビジョン」(第4章)においての重点取り組みとして，「変化の激しい時代にあって，自ら課題を発見し，その解決に向けて主体的・協働的に探究する力」の育成を挙げている。社会人生活の中で，このようなことをしてきているはずであるので，経験を生かした指導が求められている。

●作成のポイント

　序論・本論・結論の3段落構成で書くとよい。3つの論で1つのまと

まりになっていなければならない。特に結論部分が，今までの内容と全く異なったものになってしまうと，論文として成立していないことになる。どのようなことをどこに書くかをしっかり確認した上で書くようにしたい。

　序論では，「学校教育における今日的な課題」を1つ取り上げ，それに関する自分の意見を述べる。意見を述べることで，本論で書く，具体的な取り組みが分かりやすくなる。文字数は150字程度とする。

　本論では，序論で書いた課題と意見を踏まえて，実際に取り組んでいきたいことを具体的に書く。今回は，「社会人経験により身につけた力」を明確に示し，それと具体的な取り組みが関連していることが大切である。社会人生活の中でいろいろなことに取り組んできたと思うが，その中で特に児童生徒の指導に関して，生かせるものを取り上げてほしい。「生きる力」はいろいろな角度から養っていくものであるが，軸となるものが教師側になければ，どれもが中途半端なものになってしまうはずである。自分にとっての軸とは何かを考えてほしい。文字数は，500〜550字程度とする。

　結論では，今までの内容を簡潔にまとめ，教員としての決意を書いて論文を仕上げる。文字数は100〜150字程度とする。

【スポーツ競技者特別選考・1次試験】40分

●テーマ

　生徒たちが「体育の授業をとおして運動の楽しさや喜びを味わい，自ら進んで運動に親しむ習慣を身につける」には，どのような取組が効果的であるか具体的に述べなさい。その際，あなたがスポーツの分野であげた実績や経験に関連させ，全体を600字以上800字以下にまとめなさい。

●方針と分析

(方針)

　学校教育における「体育」についての意見を述べる。その際，児童生徒を取り巻く環境についても論じる。その後，自身の実績や経験と関連しているかを確認しながら具体的な取り組みを述べる。

(分析)

　校種別に「新学習指導要領」の体育の目標を見てみると，小学校では，「体育や保健の見方・考え方を働かせ，課題を見付け，その解決に向けた学習過程を通して，心と体を一体として捉え，生涯にわたって心身の健康を保持増進し豊かなスポーツライフを実現するための資質・能力を育成することを目指す。」とあり，中学校では，「体育や保健の見方・考え方を働かせ，課題を発見し，合理的な解決に向けた学習過程を通して，心と体を一体として捉え，生涯にわたって心身の健康を保持増進し豊かなスポーツライフを実現するための資質・能力を育成することを目指す。」とあり，高等学校では，「体育や保健の見方・考え方を働かせ，課題を発見し，合理的，計画的な解決に向けた学習過程を通して，心と体を一体として捉え，生涯にわたって心身の健康を保持増進し豊かなスポーツライフを継続するための資質・能力を育成することを目指す。」とある。このように学年が上がれば，求めるものも高くなるが，「心と体を一体として捉え」る，という部分は共通している。自身の経験でも，体を鍛えるだけでは勝利に結びつかなかった場面があったのではないだろうか。心(精神)の鍛錬で逆境を克服できたことがあったのではないだろうか。それらを踏まえ，論文をまとめるとよいであろう。

●作成のポイント

　序論・本論・結論の3段落構成で書くとよい。3つの論で一つのまとまりになっていなければならない。特に結論部分が，今までの内容と全く異なったものになってしまうと，論文として成立していないことになる。どのようなことをどこに書くかをしっかり確認した上で書く

ようにしたい。

　序論では，課題に関する意見を述べる。意見を述べることで，本論で書く具体的な取り組みが分かりやすくなる。文字数は150字程度とする。

　本論では，序論で書いた課題と意見を踏まえて，実際に取り組んでいきたいことについて具体的に書く。「体育」という授業は体を鍛えるためだけの科目ではない。「心と体は一体」なのである。「心」というものはどのようにして鍛えていけばよいか。スポーツ競技者である自身が選手として課題に立ち向かい，それをどう実践していけば，児童生徒たちが心も体も一体として成長していけるのかを述べる。文字数は，500～550字程度とする。

　結論では，今までの内容を簡潔にまとめ，教員としての決意を書いて論文を仕上げる。文字数は100～150字程度とする。

2017年度　論作文実施問題

【全校種・2次試験】

●テーマ

第1問…図表1，2から今後の防災教育において重要であると思われる
ことを読み取り，1つ取り上げなさい。また，それに対する学校とし
ての具体的な取り組みを2つ述べ，合わせて250字以内でまとめなさ
い。

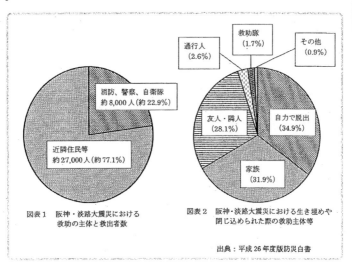

図表1　阪神・淡路大震災における
　　　　救助の主体と救出者数

図表2　阪神・淡路大震災における生き埋めや
　　　　閉じ込められた際の救助主体等

出典：平成26年度版防災白書

第2問…三重県教育委員会では，「障害を理由とする差別の解消の推
進に関する法律に基づく職員の対応に関する要領」(平成28年3月18
日)を定め，その中で，学校教育分野における，合理的配慮に当たり
得る配慮の具体例を「物理的環境への配慮や人的支援の配慮」，「意
思疎通の配慮」，「ルール・慣行の柔軟な変更」の3つの観点に分けて

示しました。

　学校において考えられる合理的配慮を，それぞれの観点ごとに，対象となる児童生徒等の障がいの状況等を示したうえで，1つずつ具体的に述べ，250字以内でまとめなさい。

第3問…三重県では，教育に取り組む基本方針として，その1つに"自然・人材・伝統・文化・産業など，三重が持つ多様な地域力を活かした「三重ならでは」の教育の推進"をあげています。

　地方創生の観点に立った「三重ならでは」の教育として，あなたが考える教育内容を具体的に1つ述べ，250字以内でまとめなさい。

●方針と分析

(方針)

　第1問　2つの図表から今後の防災教育において重要であると考えることを1つ取り上げる。それに関して，学校として取り組むべきことを2つ以上を250字以内でまとめる。

　第2問　三重県教育委員会の「障害を理由とする差別の解消の推進に関する法律に基づく職員の対応に関する要領」では，学校において考えられる合理的配慮を「物理的環境への配慮や人的支援の配慮」「意思疎通の配慮」「ルール・慣行の柔軟な変更」の3つに分けて示している。それぞれの観点ごとに，対象となる児童生徒の障がいの状況などを具体的に説明した上で，1つずつ具体例を提示する(全体で250字以内)。

　第3問　地方創生の観点に立った「三重ならでは」の教育について，受験者が考える教育内容の具体例を1つ，250字以内で述べる。

(分析)

　問題内容を考慮すると，小論文というよりは教職教養・一般教養の記述試験であろう。特に，第2～3問は三重県に関する問題なので，当該資料を読み，学習しておく必要がある。

　第1問　2つの図表を見てわかることは，阪神・淡路大震災ではいわ

ゆる救助隊によって救出された人数は近隣住民等に助けられた人と比較すると少なく，また生き埋めや閉じ込めの場合でも自力で脱出した人が35％，家族や友人・隣人に助けられた人は50％以上だが，救助隊によって救助された人は2％に満たないことがわかる。ニュース等では自衛隊などによる救助が頻繁に報道されるので，救助割合も多いと錯覚しがちだが，実は自衛隊などの高度な救助より，近隣住民などとの連携が重要であり，また閉じ込められた場合の脱出法などは事前に学習しておけば，自力で助かる可能性が増えることがわかる。以上を踏まえて，考えるとよい。

　第2問　合理的配慮を大まかにいうと，「障害者における健常者とのハンディキャップを少なくする手段」を指す。三重県では具体例について，独自に3つに分けて示している。「物理的環境…」は児童生徒に対して障害の要因になるものを除去・改善などを行うことであり，学校では聴覚過敏の児童生徒等のために教室の机・椅子の脚に緩衝材を付ける等がある。「意思疎通の配慮」はコミュニケーションを行う手段への配慮であり，文字を大きくして書く等があげられる。そして，「ルール・慣行の柔軟な変更」はハンディキャップを考慮した規定への変更などを指し，試験等で拡大鏡の使用許可，試験時間の拡大などがあげられる。

　第3問　「三重ならでは」の教育の推進について，「三重県教育ビジョン」では「将来世界で活躍する者にも，郷土の未来を担う者にも，心の土壌としての郷土への思い，地域社会の発展に貢献する意欲，異なる文化を理解する態度等を育んでいく」とある。いわゆる「ご当地問題」であるが，最もわかりやすいのは特産品や三重県で日本一となっている事項であろう。三重県で日本一というと伊勢エビの漁獲量(平成26年)，液晶パネルの出荷額などがあげられる。

●解答例

各設問とも，題意の核心部分を外さないようにしながら，過不足なくまとめたい。

第1問…図表1，2からは，震災によって行政機能が麻痺してしまい，行政が被災者を十分に支援できなかったために，自助・共助による救出率が高くなったことがわかる。倒壊した建物に閉じ込められた人の救出は，一刻を争うが，大規模広域災害時には，全ての倒壊現場に行政の救助隊が速やかに到着することは難しい。そこで，このような状況を前提とした自助・共助の強化を図る防災教育が重要となる。具体的には，津波を想定した地域住民との合同避難訓練，学校を避難所と想定した児童生徒，教職員及び地域住民による避難所の運営訓練があげられる。(250字)

第2問…「物理的環境への配慮や人的支援の配慮」としては，聴覚過敏により教室の雑音に悩む児童生徒のために教室の机や椅子の脚に切れ目を入れたテニスボールを取り付ける雑音軽減対策がある。「意思疎通の配慮」としては，聴覚に障がいがあるため，話し言葉を聞き取りにくい児童生徒に対して，適度な速さで，かつ，口の形がわかるように正面から話すことがあげられる。「ルール・慣行の柔軟な変更」としては，人前での発表や試験の際に，過度に緊張し，不安を感じてしまう児童生徒に対して，試験の際に，別室で受験できるようにする方策がある。(250字)

第3問…地域に伝えられる郷土食を取り上げる。松阪市の西端，飯高町には，野上がりまんじゅうとして「でんがら」がある。その「でんがら」を総合的な学習の時間の題材として取り上げる。野上がりまんじゅうの意味を考えることから始め，山に入っての材料の調達や調理，食事までを地域住民と一緒になって行う。ねらいは郷土食にふれることと地域に対する新たな発見，そして地域住民との交流を深めること。これらの体験の積み重ねが，地域の良さに気づかせることにつながり，ひいては児童生徒の心の中に郷土への思いを育むことにつながると考える。(250字)

【スポーツ競技者特別選考・1次試験】

●テーマ

　三重県教育ビジョンでは，基本施策の一つとして「健やかに生きていくための身体の育成」をあげており，その基本的な考え方の中に「体力の向上と運動部活動の活性化」があります。教育における「体力向上」の意義について，あなたがスポーツの分野であげた実績や経験に基づいて具体的に述べなさい。また，「体力向上」を目的として，あなたが学校で実践したい取組を述べなさい。

　全体を600字以上800字以下にまとめなさい。

●方針と分析

（方針）

　教育における「体力向上」の意義について，スポーツ分野であげた実績や経験に基づいて具体的に，また「体力向上」を目的として，あなたが学校で実践したい取り組みについて，全体を600字以上800字以下でまとめる。

（分析）

　まず，「体力」についてもう少し掘り下げて考えたい。体力には生存力と行動力があり，生存力とは体温調節機能や病原体への抵抗力，身体機能など，行動力とは筋力や持久力などがあげられる。「三重県教育ビジョン」では児童生徒の体力について「柔軟性や筋力，持久力等の基礎的な体力は，子どもたちの生涯にわたる健康の保持増進に重要な役割を果たします」と指摘していることから，ここでいう体力とは行動力に関する内容と考えられる。なお，高等学校学習指導要領解説では，体力の向上を体つくり運動で行っていること，体力を高める運動では「健康の保持増進や体力の向上」とあることから，行動力に

ウエイトをおいているようにも見えるが厳密に分けてはいないとも解される。

　先に述べたように体育科において，体力の向上は体つくり運動に位置づけられており，他の種目では体力の向上について言及されている箇所はほとんどない。しかし，競技の技術を向上させる等において，体力の向上が欠かせないことは競技者でなくとも想像がつく。例えば，やり投げで助走のスピードを上げたことで結果的に記録が伸びた，等が考えられる。その点を自身の経験を通して述べればよい。そして，基礎体力の向上はどの競技でも必要なので，自身の経験から効果的な実践法を生徒でもできるように組み替えて指導・実践することが考えられる。

●作成のポイント

　論文なので序論，本論，結論の3つに分けて考えたい。

　序論では自身のスポーツ実績について簡記する。自身の経験を語る前に，どの競技でどのような実績があるのかについて理解がないと，後の内容に説得力をもたせられない可能性もあるからである。文字数は150字を目安とする。

　本論では体力向上の意義，および実際の取り組みについて述べる。これらは問題の指示がなくとも具体性が求められる。特に，指示のある「体力向上」の意義についてはしっかりと書いておきたい。文字数は体力向上の意義が350字，取り組みが200字を目安にするとよい。

　結論は，序論・本論の内容を踏まえ，自身の競技経験を生かして生徒の体力向上に努める決意を述べ，論文を締めるとよい。文字数は100字を目安にするとよい。

【社会人特別選考・1次試験】

●テーマ

　あなたの社会人としての経験に基づき，子どもたちに対して「自ら課題を発見し解決する力」を育成すること及び「他者と協働するためのコミュニケーション能力」を育成することの重要性について，あなたの考えをそれぞれ述べなさい。また，「自ら課題を発見し解決する力」と「他者と協働するためのコミュニケーション能力」のどちらか一つを選び，それを育成するために，あなたが学校で実践したい取組を述べなさい。

　全体を600字以上800字以下にまとめなさい。

●方針と分析

(方針)

　課題を細かくみると①「自ら課題を発見し解決する力」を育成することの重要性について社会人としての経験に基づいて述べる，②「他者と協働するためのコミュニケーション能力」を育成することの重要性について社会人としての経験に基づいて述べる，③「自ら課題を発見し解決する力」と「他者と協働するためのコミュニケーション能力」のどちらかを育成するための実践したい取り組みについて述べる，の3点がある。全体の論述は600字以上800字以下にまとめる。

(分析)

　「初等中等教育における教育課程の基準等の在り方について(諮問)」(平成26年11月)を踏まえた設問と思われる。「自らの課題を発見し解決する力」と「他者と協働するためのコミュニケーション能力」は，アクティブラーニングに関連するものであり，「三重県教育ビジョン」でも重点取組として，「変化の激しい時代にあって，自ら課題を発見し，その解決に向けて主体的・協働的に探究する力」の育成をあげている。社会人は多かれ少なかれ，業務等で問題把握とその解決，他者

との協働について経験したことがあるはずなので，経験を生かした指導が求められていることがわかる。

重要性と具体的な育成方法は自身の経験に基づき述べるが，求められる内容については少なくとも上記2つの資料を読み，学習しておきたい。

●作成のポイント

論文なので序論，本論，結論の3つに分けて考えたい。

序論では，「自ら課題を発見し解決する力」と「他者と協働するためのコミュニケーション能力」の重要性について自身の経験を踏まえて述べる。その際，自身の社会人としての経歴を織り込むことを忘れないこと。読み手は自身のことを理解していない可能性が高いので，自己紹介を兼ねてアピールする必要がある。文字数は200字の2項目，つまり400字を目安にするとよいだろう。

本論はこれら2つの力のうち1つについて，育成のための取り組みについて述べる。序論で自身の体験を述べているので，それを踏まえて文章を展開するのもよい。例えば，自身に上記能力に関する失敗があった場合，なぜ失敗したのか，その失敗をどう生かしたか，そしてどう克服したかを取組として行えば，より説得力があるだろう。文字数は300字を目安にするとよい。

結論では，序論・本論を踏まえ，自身の社会人としての経験を生かして業務を行うこと等を示し，論文をまとめることが考えられる。文字数は100字を目安にするとよい。

2016年度　論作文実施問題

【スポーツ特別選考Ⅰ・1次試験】40分

●テーマ

> 　三重県教育ビジョンに掲げられている子どもたちに育みたい力の
> ひとつに「自立する力」がある。あなたが考える「自立する力」に
> ついて具体例をあげて説明しなさい。また，あなたがスポーツの分
> 野であげた実績や経験に関連させて，そのような「自立する力」を
> 育むための方策を具体的に書きなさい。
> 　全体を600字以上800字以下にまとめなさい。

●方針と分析

（方針）

　自分が考える「自立する力」について具体例をあげて説明し，スポ
ーツの分野での自分の経験等に関連させて，そのような力を育むため
の方策について具体的に論述する。

（分析）

　「三重県教育ビジョン」(平成23年3月)では，「自立する力(輝く未来
を拓く力)」について，「激動の時代にあって，自らの夢の実現を目指
し，主体的に学び，立ちはだかる壁を乗り越え，自信と意欲，高い志
を持って，輝く未来を切り拓いていく力。例えば，「学ぶ力」，「自主
性」，「意欲・夢を描く力」，「自信・自尊心・自己肯定感」，「健康・体
力」，「勤労観・職業観」などの資質・能力」と説明している。スポー
ツに引きつけて考えれば，集団競技の中で育まれる規律ある態度，基
本的な生活習慣や学習習慣，チームメイトに対して自ら進んで示す思
いやりや感謝の心，公共心，ルールに則り主体的に善悪を判断するな

どの「豊かな心」であるとも言えよう。このようなことを，子どもたちの自立心を育むことに関わらせて論述したい。

●作成のポイント

　全体を3段落程度に分けるとよいだろう。1段目は，三重県教育ビジョンに沿った「自立する力」についての定義の説明である。おおむね150〜200字程度でまとめたい。2段目は，前段で示した自立についての，具体的な説明である。自分に起こっていることに気づく能力，その場の問題解決に向けて自分の力で行動を起こす能力，逃げたり闘ったりするのではなく，よりよい問題解決に向かう能力などをあげればよいだろう。200〜300字程度に収めるようにする。3段目は，自立心を引き出すための具体的方策についての説明である。スポーツの持つ競争的特性がもたらすゲームとしての面白さのみではなく，他者への思いやり，共に協力し合う気持ち，誰にでも公平に接し，約束を守ることを尊ぶ心の成長をどうやって促すのか。学校教育の場を意識し，受験者自身の実績や経験に照らしながら，200〜300字程度で説明するとよいだろう。

　留意すべき点は，冒頭で「自立する力」の定義を明確化することと，学校教育の場を意識することである。本設問は，スポーツの競争的特性やスポーツ指導者論に関して字数を多く費やしても高い評価を得られない。そもそも「自立する力」とはどういうものか，そしてそれを学校教育の場で引き出すためには何が必要かを，論じることが求められているからである。

【社会人特別選考・１次試験】40分

●テーマ

　日本青少年研究所「高校生の心と体の健康に関する調査」によると，日本，アメリカ，中国，韓国の高校生の意識調査の比較は以下の通りである。

	私は価値のある人間だと思う	自分を肯定的に評価するほうだ	私は自分に満足している	自分が優秀だと思う
日本	7.5%	6.2%	3.9%	4.3%
アメリカ	57.2%	41.2%	41.6%	58.3%
中国	42.2%	38.0%	21.9%	25.7%
韓国	20.2%	18.9%	14.9%	10.3%

　児童・生徒の自己肯定感が低くなる原因はいくつか考えられる。そのうちの1つを具体的に説明しなさい。また，児童・生徒の自己肯定感を高めるために，学校現場でできる具体的方策をあなた自身の社会人としての経験を踏まえて具体的に述べなさい。

　全体を600字以上800字以内でまとめなさい。

●方針と分析

　(方針)

　児童・生徒の自己肯定感が低くなる原因と考えるものを1つ具体的に説明する。また，児童・生徒の自己肯定感を高めるために，学校現場でできる具体的方策を社会人としての経験を踏まえて具体的に述べる。

　(分析)

　自己肯定感は，「三重県教育ビジョン」(平成23年3月)が子どもたちに育みたい力としてあげる「自立する力(輝く未来を拓く力)」を構成する要素の1つであり，この力は「豊かな心」とも言い換えられている。一方で，今の子どもたちには「三間」(遊び時間・遊ぶ空間・仲

間)がないと指摘し，携帯電話やパソコンの普及に伴うふれあいの場の減少，顔を合わせない人間関係の日常化，実体験の減少，家庭の教育力の低下，社会の閉塞状況等を「豊かな心」に対する負の要因と推測している。このことから学校教育には，体験学習の効果的な活用，地域の幼児や高齢者など多様な人々との交流，家庭や地域との連携等を重視し，人権意識や規範意識の育成，環境マインドや郷土愛の涵養，文化芸術等に親しみ豊かな感性や情操を育む教育の推進等に取り組むことが求められている。これらの取り組みは単なる児童・生徒の意識発揚(気づき)に終わるのではなく，行動を伴うようにする必要がある。自己肯定感を高める行動とは，他者との関わりにより，自ら自分を適切に評価できるようにすることである。社会人経験者である教員に求められるのは，まさにこの点を児童・生徒に伝え，自身の経験をもとにした具体的方策を立てて指導していくことにある。

●作成のポイント

　大きく2段落で構成すればよいだろう。1段目は，児童・生徒の自己肯定感が低くなる原因の説明である。社会環境の変化の中で，児童・生徒が生活の中で得られる学びや楽しみを見出せず，結果として「生きづらさ」を感じていることをあげてもよい。または，価値観の多様化等により規範意識が育ちにくい社会環境に注目してもよい。

　2段目は，学校現場でできる具体的方策についての説明である。クラスメートや担任，家族，地域の人々など身近な者同士の関係を重視し，他者との関わりの中で自分が認められるような授業を具体的方策として提示しよう。ここでは，社会人として自己と他者との関わりの大切さを実感した経験も簡潔に述べたい。

　最後に字数に余裕があれば，3段目としてこれまでの内容をまとめ，三重県の教員として児童・生徒の自己肯定感を高めるためにどのように取り組んでいくかという決意を述べておきたい。

【全校種(スポーツ特別選考Ｉの受験者を除く)・2次試験】60分
　※問題は，第1問から第3問まで，全3問である。
　※字数制限があるので，改行せずに続けて書くこと。

〈第1問〉
●テーマ

> 　文部科学省は平成27年4月に，「性同一性障害に係る児童生徒に対するきめ細かな対応の実施等について」を示しました。その中で示されている学校における支援体制についての留意点を1つあげなさい。つぎに，その具体的な支援例を2つ述べ，あわせて250字以内でまとめなさい。

●方針と分析

(方針)

　提示された文部科学省発表にある学校における支援体制についての留意点を1つあげ，その留意点に対応する具体的な支援例を2つ述べる。

(分析)

　提示された文部科学省発表にある学校における支援体制についての留意点は，以下の2点である。「性同一性障害に係る児童生徒の支援は，最初に相談(入学等に当たって児童生徒の保護者からなされた相談を含む。)を受けた者だけで抱え込むことなく，組織的に取り組むことが重要であり，学校内外に「サポートチーム」を作り，「支援委員会」(校内)やケース会議(校外)等を適時開催しながら対応を進めること」，「教職員等の間における情報共有に当たっては，児童生徒が自身の性同一性を可能な限り秘匿しておきたい場合があること等に留意しつつ，一方で，学校として効果的な対応を進めるためには，教職員等の間で情報共有しチームで対応することは欠かせないことから，当事者である児童生徒やその保護者に対し，情報を共有する意図を十分に説明・相談し理解を得つつ，対応を進めること」。また，学校による支援体制

をつくる上で，医療機関による診断や助言は学校が専門的知見を得る重要な機会となることに留意するという視点もある。医療機関による診断や助言は，否定的な見方をしやすい教職員や他の児童生徒・保護者等に対する説明材料ともなり得るものである。障害のある他者を排除しようせず，ともに学校生活を送る仲間と見ていく契機として，専門的知見を生かすことも可能である。

●作成のポイント

　250字以内の論述であるので，学校における支援体制の留意点1つ，具体的な支援例2つについての内容のみに絞って，簡潔明瞭に，核心部分のみをまとめるべきである。留意点1つは，性同一性障害をもつ児童生徒についての特有の支援とはどういうものなのかというものである。また，具体的な支援例とは，他の児童生徒との関わりの中で当該児童生徒をどのように支援していくのかを記述することである。以下に公式の解答例を示すので，参照されたい。

　学校として効果的な対応を進めるためには，教職員等の間における情報共有が必要不可欠である。但し，児童生徒が可能な限り秘匿しておきたい場合があること等に留意し，当事者である児童生徒やその保護者に対し，情報を共有する意図を十分に説明・相談し，理解を得ることが肝要である。学校生活における性同一性障害に係る児童生徒への具体的な支援としては，職員トイレ・多目的トイレの利用を認めること，自認する性別の制服・衣服や，体操着の着用を認めることなどがあげられる。その際，他の児童生徒への配慮とのバランスも重要となる。(250字)

〈第2問〉
●テーマ

　三重県教育委員会は，「三重県人権教育基本方針」(平成21年2月改定)において，人権教育の目的を，「自分の人権を守り，他者の人権を守るための実践行動ができる力を育み，人権文化を構築する主体者づくりをめざすこと」としています。

　「自分の人権を守る」，「他者の人権を守る」とは，児童生徒がどのような態度や姿勢を持つことなのか，それぞれについて具体的に述べなさい。つぎに，人権教育の目的の中にある「実践行動ができる力」を育てるためには，どのような学習教材が効果的かを具体的に述べ，あわせて250字以内でまとめなさい。

●方針と分析

(方針)

　提示された方針における「自分の人権を守る」，「他者の人権を守る」とは，児童生徒がどのような態度や姿勢を持つことなのかを，それぞれ具体的に述べる。また，「実践行動ができる力」を育てるためには，どのような学習教材が効果的かを具体的に述べる。

(分析)

　三重県の人権教育の目標を達成するため，提示された方針では以下の3点の目標が示されている。「人権についての理解と認識を深める(一人ひとりが，人権の意義とその重要性についての正しい知識を十分に身に付ける)」，「人権を尊重する意欲や態度を育てる(一人ひとりが，日常生活の中で人権尊重の考え方に反するような出来事をおかしいと思う感性や，人権を尊重する姿勢が，その態度や行動に現れるよう人権感覚を十分に身に付ける)」，「一人ひとりの自己実現を可能にする(一人ひとりが，自尊感情を高め，自他の価値を認め，尊重しながら，進路を主体的に切り拓くことができる力を身に付ける)」。これを踏まえた記述であればよい。

●作成のポイント

　まずは，設問のキーワードの定義をしっかり行うことが必要である。「自分の人権を守る」というのは，自己への尊敬，自己効力感，自己実現に結びつけるとよい。「他者の人権を守る」というのは，他者への尊敬，他者への共感などと解釈できればよいだろう。「実践行動ができる力」を効果的に育てる教材というのは，書籍やプリント類などに限らない。地域の人材を招いた講話や体験学習の機会，または職場見学などの機会であってもかまわない。いずれにせよ受験者自身が，抽象的な人権概念というものを児童生徒にとって切実かつ身近なものとしてとらえさせるためにはどうするのかという問いを設定し，それに答えていける内容のものであれば，効果的な学習教材の説明としては有効である。以下に公式の解答例を示すので，参照されたい。

　自分の人権を守るとは，自分がかけがえのない存在であることを感じ，自己実現をめざす態度でもある。授業での発言内容を仲間たちに認められたのを契機として，さらに勉学に励む児童の姿はこれにあたる。他者の人権を守るとは，人のいたみや思いに共感することでもある。仲間が辛い立場にあるとき，自分のことのようにとらえ，解決のため奮闘する姿はこれにあたる。人権を守る実践行動力を育むための有効な手立てとして，医療機関や消防署等で救命活動に直接関わる人々からの生きることを肯定するような講話や体験談の教材化が考えられる。(250字)

〈第3問〉

●テーマ

> 　文部科学省は平成25年8月に，「体罰根絶に向けた取組の徹底について」を通知し，体罰禁止の理由及び体罰未然防止への取組について示しています。その通知に示された体罰禁止の理由を2つあげなさい。さらに，体罰未然防止への取組として「指導力の向上」があげられている理由を述べ，あわせて250字以内でまとめなさい。

●方針と分析

(方針)

　提示された文部科学省通知に示された体罰禁止の理由を2つあげる。また，体罰未然防止への取組として「指導力の向上」があげられている理由を述べる。

(分析)

　提示された文部科学省通知では体罰禁止の理由として，「学校教育法に違反する」，「児童生徒の心身に深刻な悪影響を与える」，「力による解決の志向を助長し，いじめや暴力行為などの土壌を生む恐れがある」をあげている。但し，この後に述べるべき内容に鑑み，答案としてあげるのは後2者となる。また，「指導力の向上」があげられる理由は「児童生徒理解に基づく適切な指導ができるよう」にするためとされている。

　本通知が出された目的は，「厳しい指導の名の下で，若しくは保護者や児童生徒の理解を理由として，体罰や体罰につながりかねない不適切な指導を見過ごしてこなかったか，これまでの取組を検証し，体罰を未然に防止する組織的な取組，徹底した実態把握，体罰が起きた場合の早期対応及び再発防止策など，体罰防止に関する取組の抜本的な強化を図る」ことを求めることにある。この点を踏まえた記述とすること。

●作成のポイント

　第1問，第2問と異なり，通知の内容を的確に回答することが求められる設問なので，当該通知に目を通したことがあるか，内容を理解しているかが問われる。通知の内容を把握していなかった場合は，体罰禁止の理由をあげる際に，児童生徒側への悪影響と，教員側の指導方針への悪影響の両面に注目した記述とすることで求められる内容に近づけることができ，体罰未然防止への取組としての指導力の向上についての記述も容易になるだろう。以下に公式の解答例を示すので，参照されたい。

　体罰が禁止される理由として，児童生徒の心身に深刻な悪影響を与えること，力による問題解決の志向を助長する恐れがあることがあげられる。また，体罰の未然防止への取組として「指導力の向上」があげられるのは，教師が学び，教科や部活動等の自身の指導力を向上させることにより，児童生徒理解に基づく適切な指導を行うことができるようになるからである。このことによって，指導上の困難があったとしても，決して体罰によることなく，粘り強い指導や適切な懲戒を行うことができ，児童が安心して学べる環境を確保することが可能となる。(250字)

【スポーツ特別選考Ⅰ・1次試験】　40分

●テーマ

　あなたが目指す保健体育科の教師像はどのようなものですか。その教師像に近づくためには，現在のあなたにどのような課題があり，これからどのように克服していこうと考えますか。あなたがスポーツの分野であげた実績や経験に関連させて，その方策を具体的に書きなさい。

　全体を600字以上800字以内にまとめなさい。

※題名はつけない。

●方針と分析

（方針）

　自分が目指す保健体育科の教師像について，その概要，理想の教師像に近づくにあたっての現在の自身の課題，その課題を克服するための方策を，スポーツの分野であげた実績や経験に関連させて具体的に論述する。

（分析）

　本問のテーマ自体はオーソドックスなものであり，まずは自分が志す保健体育科の教師のあり方を示せればよい。しかし，本問は，三重県のスポーツ競技力の向上及び生徒の体力の向上に資するため，指導者としての活躍が期待できる人物の採用をねらいとしたスポーツ特別選考の小論文課題である。理想の教師像の一般論・抽象論だけをいくら論じても評価されないことを肝に銘じる。自分自身が目指す理想の教師像を実現する過程で乗り越えるべき課題の発見があるか，その克

152

服策についてどれだけ具体的に主張できるか，そこで主張される意見は客観的にみたとき妥当性を備えているか，さらに自身の経験を踏まえた独自性を感得できる内容があるかという部分で，評価の差がついてくるだろう。

　見出される課題や克服策については，三重県の教育施策と関連付けて論述できればなおよい。それは自身が，三重県が教員として求める人物像の一つである「専門的知識・技能に基づく課題解決能力をもつ人」であることを強調することにもつながるだろう。たとえば，2011〜2015年度の5年間に取り組む施策の方向性を示した指針「三重県教育ビジョン」では，基本施策「健やかな体の育成」のもと，「保健教育の充実」という考え方で「命の教育の推進」に取り組んだり，「体力の向上」のために「体育科・保健体育科授業の工夫改善」「運動部活動の充実」といった方向性で施策に取り組んだりしている。この指針に示された具体的な施策と克服策を関連付けることは可能だ。また，特定のスポーツの競技者または指導者として実績を有する立場にある受験者であれば，基本施策「社会教育・スポーツの振興」の視点から自身の課題を見出すこともできるだろう。

●作成のポイント

　「自分が目指す保健体育科の教師像」「理想の教師像に近づくにあたっての現在の自身の課題」「課題を克服するための方策」という3つの要求に回答する必要があるので，これらの要求を漏らさずおさえていることを一読してわかってもらえる段落・構成にしたい。そのためには，要求された順番通りに答えていくという，細やかだが確かな工夫・配慮を施すべきだろう。始めに「自分が目指す保健体育科の教師像」を端的に示し，その後，「あなたがスポーツの分野であげた実績や経験に関連させて」という条件を踏まえ，残り2つの要求への回答に注力するとよい。自身の課題の摘示では，状況に対して「問題はないか」と常に考えることで養われる「問題発見能力」が，克服策の摘示では，問題に対して「どうすればよいか」を常に考えることで培わ

れる「問題解決能力」が問われている。「問題発見」「問題解決」から
なる「問題意識」を常にもっておこう。

【社会人特別選考・1次試験】　40分

●テーマ

いじめ・体罰問題以外の学校現場における教育課題をあげ，あな
た自身の社会人としての経験を踏まえて，その課題を解決するため
に実践したい教育活動を具体的に書きなさい。
全体を600字以上800字以内にまとめなさい。
※題名はつけない。

●方針と分析

(方針)

いじめ・体罰問題以外の学校現場における教育課題をあげ，その課
題を解決するために実践したい教育活動を，自身の社会人としての経
験を踏まえて具体的に論述する。

(分析)

三重県が教員として求める人物像の一つに「自立した社会人として
の豊かな人間性をもつ人」がある。これは，優れた人権感覚と社会人
としての良識に富み，子どもや保護者との間に深い信頼関係が築ける
人を指す。また，「三重県教育ビジョン」では，「信頼される学校づく
り」という基本施策のもとで，「情熱・使命感」「専門知識に基づく課
題解決能力」「豊かな人間性」「子どもの目線で考える力」を備えた教
員の養成に取り組むこととし，具体的施策として人物重視の教員採用
選考を実施している。本問は，専門的な知識及び技能と豊かな経験を
有する社会人に門戸を開き，その経験が教育に生かされることをねら
いとして設けられた社会人特別選考の小論文課題であるが，出題の背

景には，上記のような人物像・資質があることを理解しておきたい。

　課題文では，「いじめ・体罰問題以外の学校現場における教育課題」をテーマとして取り上げることが求められている。まず，この課題摘示がズレてしまうと，その後に続く考察・主張にもズレが生じてしまうので，十分注意して的確に選定したい。次に，この条件はクリアできても，「学校現場」という条件を意識できず，教科書検定問題や国際的な学力向上など，学校現場に特定されない教育一般の課題を選定してしまうと評価は伸び悩むだろう。また，取り上げる課題は，自身の社会人経験を生かした教育活動を実践することで解決を図れるようなものでなければならない。課題文にある条件等が，課題選定の要件になっていることを理解して，そうした条件等をにらみながら選定しないと，的確な内容を説示しにくくなることを確認し対応する必要がある。

●作成のポイント

　本問のテーマである「学校現場における教育課題」の的確な摘示さえできれば，要求する回答はシンプルなものなので，段落構成も序論・本論・結論からなる三段構成を基本にするとよいだろう。社会のなかの一分野である学校教育，その実践の場でどのような課題が生じているのか，社会という俯瞰的視点から学校現場の課題に焦点を合わせていくような考察アプローチができればよいだろう。論述の軸となる教育課題が選定できたあとは，自身の社会人経験が，どのようにその課題解決に役立つか説示していく。その際，「社会人のもつ専門的な知識及び技能と豊かな経験を学校教育に生かす」という社会人特別選考のねらいを踏まえ，社会的に見て有意な知見やスキルを，具体例をあげながら示したい。

【全校種・2次試験】　60分

※問題は，第1問から第3問まで，全3問である。

※字数制限があるので，改行せずに続けて書くこと。

〈第1問〉

●テーマ

「三重県教育ビジョン」では，三重の教育の基本理念を次のとおり掲げています。

　　　私たちは子どもたちを信じ

　　　学校・家庭・地域が一体となって

　　　子どもたちの大いなる可能性を引き出し

　　　その輝く未来づくりに向けて取り組みます

　　　　～子どもたちの輝く未来づくりにむけた総力の結集～

　この基本理念には「2つの決意」が盛り込まれています。その部分をあげて説明し，教員として，どのようにたずさわることができるかを具体的に述べ，250字以内でまとめなさい。

●方針と分析

(方針)

　「三重県教育ビジョン」に掲げられた基本理念に盛り込まれている「2つの決意」をあげて説明し，それに教員としてどのようにたずさわることができるかを具体的に論述する。

(分析)

　前提として，受験する自治体の教育委員会が策定する教育振興基本計画などの資料は入念に確認・検討しておきたい。三重県の教育の基本理念に盛り込まれた「2つの決意」とは，「子どもたちを信じ」と「学校・家庭・地域が一体となって」のことである。その内容については，「三重県教育ビジョン」の中で解説されている。前者は，子どもたちを「自らの考えを持ち，主体的に行動できる存在」ととらえ，

一方的に教え込む教育ではなく，子どもたちの力を信じ，「待つ」姿勢を備えた指導を大切にしていく，という決意の内実として示されている。また後者は，家庭や地域の教育力低下が懸念されている中，学校だけでは対応できない教育課題の解決に向け，多様な主体の総力を結集して県民総参加で教育に向き合う必要があることを説示している。これらの内容を土台とし，自らを教員の立場において，そうした「決意」の実践にどう取り組んでいくかを具体的に述べる。

●作成のポイント

第1問は，受験者ならば事前に調べて確認しておいてほしい資料にその答えの大半が載っており，それをもとに答案を作成すれば体裁が成り立つ問題である。したがって，自分の考えは答案を構成する従たる要素として考え，事前に確認していた知識等を答案の主体とするべきだろう。教育委員会作成の重要資料の内容を正しく理解できていることを訴求するようにしたい。字数の配分としては，前半の「2つの決意」の意味内容の確認で半分，後半の自分が教員になったときの取り組み・配慮の表明で半分としたい。

〈第2問〉
●テーマ

「キャリア教育」の一環として職場体験を行うことについて，「児童生徒」，「教員」及び「保護者」それぞれにとっての意義を具体的に述べ，250字以内でまとめなさい。

●方針と分析

(方針)

「キャリア教育」の一環として職場体験を行う意義を，「児童生徒」，「教員」及び「保護者」それぞれの立場から具体的に論述する。

157

(分析)

　「三重県教育ビジョン」では，基本施策「学力と社会への参画力の育成」の中で具体的施策として「キャリア教育の充実」をあげ，その基本的な考え方や現状と課題，主な取組内容などが示されている。しかし，本問の要求する「それぞれの立場からの意義」に直接該当するような記述はなく，自分なりに案出する必要がある。そのため，三重県の教育のあり方に対する深い理解が問われている問題であるといえよう。

　ここでもう一度，三重県の教育の基本理念を確認しておきたい。第1問では基本理念の前半2行について問われていた。そして，後半2行の内容をみると，キャリア教育の考え方と親和するものであることに気づけるだろう。よって第2問では，基本理念の後半2行と関連づけて答えることもできるだろう。「子どもたちの大いなる可能性を引き出し」「その輝く未来づくりに向けて取り組みます」という2つのフレーズを基点に「児童生徒」「教員」「保護者」それぞれの立場からのキャリア教育を行う意義・役割を述べたい。

●作成のポイント

　各者にとってのキャリア教育の意義を示すことができればよいので，「児童生徒にとっては」，「教員にとっては」，「保護者にとっては」という書き出しから始まる3文でまとめるのが，非常に限られた字数で意見を述べるのには適しているだろう。児童生徒はキャリア教育を通じて自分自身をどのように成長させたいか，また，教員や保護者は児童生徒に対するキャリア教育を通じてどのような成長を期待しその支援に携わるかなど，各者の立場で意義をあげながら，そこに一貫性を持たせながら具体的に説明していこう。

〈第3問〉
●テーマ

> 次の表1及び図1は，文部科学省委託研究「平成25年度全国学力・学習状況調査(きめ細かい調査)の結果を活用した学力に影響を与える要因分析に関する調査研究」(国立大学法人お茶の水女子大学)から抜粋したものです。表1及び図1それぞれから読み取ることができる傾向を述べ，その傾向を考慮した学校における子どもたちへの働きかけとして考えられることの具体例を複数あげて，250字以内でまとめなさい。

表1

	小学校				中学校			
	国語A	国語B	算数A	算数B	国語A	国語B	数学A	数学B
Lowest SES ※	53.9	39.9	68.6	47.7	70.7	59.8	54.4	31.5
Lower middle SES ※	60.1	46.1	75.2	55.1	75.2	66.0	62.0	38.8
Upper middle SES ※	63.9	51.4	79.2	60.3	78.6	70.3	67.5	44.9
Highest SES ※	72.7	60.0	85.4	70.3	83.6	76.7	75.5	55.4

A 主として「知識」に関する問題
B 主として「活用」に関する問題

図1

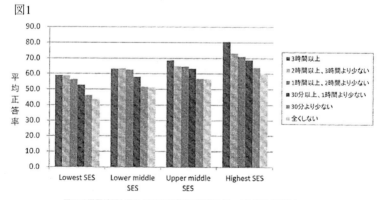

平日の学習時間と教科の平均正答率の関係の例 ＜小学校・国語A＞

※家庭の社会経済的背景(SES)：保護者に対する調査結果から，家庭所得，父親学歴，母親学歴の三つの変数を合成した指標。

●方針と分析

(方針)

　提示された図表から読み取れる学力傾向について述べ，その傾向を考慮した学校における子どもたちへの働きかけとして考えられることの具体例を複数あげて論述する。

(分析)

　まず，表1，図1それぞれの数値傾向に基づいて，事実としていえることを的確に説明する必要がある。表1からは，校種，科目，問題類種を問わず，家庭の社会経済的背景が低い児童生徒の方が，平均正答率も低い傾向が見られる。そこから，家庭の社会経済的背景の高低と学力の高低には相関性があるといえるだろう。また，図1からは，家庭の社会経済的背景の高低を問わず，子どもの学習時間が多いほど平均正答率も高いことが見られる。このことから，学校や家庭などすべての生活の場において学習時間の確保・向上が重要であると考えられる。

　次に，図表から読み取れたことをふまえて，学校における子どもたちへの働きかけの具体例を複数あげて説明する必要がある。日中の授業時間以外で学習時間を確保できる時間帯を考えたとき，放課後や帰宅後の自習がすぐ思いつくだろう。その時間帯で，どのように子どもたちを学習へと促し働きかけができるか具体的に提案しよう。平成24年11月に示された「みえの学力向上県民運動」などを参照し，三重県が子どもたち，教職員，保護者，地域の人々に向けてどのようなアクションプランを提案しているか理解しておきたい。

●作成のポイント

　資料読解問題ではしばしば，読み取れた事実だけを述べ，その読み取りの根拠となった数値傾向に言及しない答案が散見される。数値傾向も端的に摘示した上で，それにもとづいて読み取れた事実を説示するようにしよう。また，読み取りのポイントとして図1に注目したい。そこでは，たとえSESが低い児童生徒であっても，平日の学習時間を

確保・向上できれば，平均正答率を伸ばせるという事実が示されている。この学力向上のキーポイントを指摘しておくこと。また，具体例の提示においてもこの学力向上のキーポイントをふまえて，放課後や帰宅後の自習という時間帯それぞれで，具体的に子どもたちに学習を促し，充実させ，継続をはかるような働きかけをあげていく。たとえば，「宿題を出す」というだけでなく，子どもたちとの交換通信欄を設け，小さな疑問に答え学習のコツを教えていけるようにするなど，自分なりのプラスアルファを加えて提案しよう。

2014年度　論作文実施問題

【スポーツ特別選考・1次試験】

●テーマ

あなたは，自分がスポーツの分野であげた実績や経験を，保健体育科の教員として授業の中でどのように生かしたいと考えますか。保健体育科の教科指導における課題を明確にしながら，その方策を具体的に書きなさい。

全体を600字以上800字以内にまとめなさい。

●方針と分析

(方針)

自分がスポーツ分野であげた実績や経験を，保健体育科の教員として授業の中でどのように生かしたいと考えるか，保健体育科の教科指導における課題を明確にしながら，その方策を具体的に書く。

(分析)

地域のスポーツ振興は，多くの自治体の課題となっている。「三重県教育ビジョン」によると，体を動かす機会の減少や「地域スポーツの指導者が高齢化しており，後継者の養成が急務」であること，「競技力の向上は，指導者の資質に負うところが大きく，指導者を育てるにも良い指導者が必要となることから，優秀な指導者の養成・確保」に積極的に」取り組むことをあげている。特に，「三重県出身のスポーツ選手の活躍に胸を躍らせ，スポーツへの憧れを抱き，それがスポーツに主体的に取り組むきっかけとなる場合」も多くあるとしている。

さて，問題文にある「課題」には「与えられた演題」「解決しなければならない問題」の2つの意味があり，前者であれば体育の教科目

標が，後者では自身なりの授業における問題点を掲げることが考えられる。当然，「健康・安全に留意し，自己の最善を尽くして運動をする態度の育成」といった，双方に共通するテーマもあるので，自身の実績や経験を踏まえ，どう生かすのかを考えるとよい。

●作成のポイント

　序論は200字程度で，自分がスポーツ分野であげた実績や経験を踏まえて，何をどのように生かしたいか，教員を志望する動機と保健体育科の教科指導における課題を踏まえて書く。その場合，本論で書く工夫・改善の方策につないでいけることがポイントである。

　本論は450字程度で，序論で述べた保健体育科の教科指導における課題に対して，自身が考える教科指導の工夫・改善策について，その理由も含めて具体的に書く。

　結論は，自分がスポーツ分野であげた実績や経験を，保健体育科の教員として教科指導における課題を明確にして工夫・改善し，三重県の保健体育科の指導的役割を果たす教員として全力で取り組む決意を書く。

【社会人特別選考・1次試験】

●テーマ

> 　豊かな人間性を備えた子どもを育てるために，あなた自身の社会人としての経験を踏まえて実践したい教育活動を具体的に書きなさい。
> 　全体を600字以上800字以内にまとめなさい。

●方針と分析

(方針)

　豊かな人間性を備えた子どもを育てるために，社会人としての経験を踏まえて，実践したい教育活動を具体的に書く。

(分析)

　豊かな人間性について，「三重県教育ビジョン」(三重県教育委員会，平成23年)では，自主性や社会性などとしており，社会性は「子どもたちに育みたい力」の，共に生きる力の1つとしてあげられている。そして，社会性とは社会生活におけるマナー，人間関係を築く力などとしており，具体的な育成方法として，職業を体感すること，キャリア教育，体験交流の機会，ボランティア活動などをあげている。

　以上を踏まえ，自身の社会人としての経験を踏まえながら，まとめるとよい。

●作成のポイント

　序論は200字程度で，社会人としての経験を踏まえ，豊かな人間性の中でもどのような力を伸ばしたいか述べる。この部分は本論と直結させるように，意識しながら書くこと。

　本論は450字程度で，序論で書いた内容を踏まえ，実際にどういった内容にするか具体的に述べる。志望する学校種によっては，児童生徒の成長の度合いも考慮しながら，まとめるとよい。

　結論は，自身の考える「豊かな人間性を備えた子ども」の育成に向けて，三重県の教員として社会人としての経験を生かした具体的な教育活動について全力で取り組む決意を書く。

【全校種・2次試験】第1問

●テーマ

> 情報モラルについて，学校教育活動の中で指導する場面を想定し，指導する目的，方法，内容を具体的に述べ，250字以内でまとめなさい。

●方針と分析

(方針)

　情報モラルについて，学校教育活動の中で指導する場面を想定し，指導する目的，方法，内容を250字以内でまとめる。

(分析)

　今回の学習指導要領改訂では，情報教育の充実があげられており，それに伴って「情報モラル」教育が求められている。学習指導要領解説によると，情報モラルとは「情報社会で適正な活動を行うための基になる考え方と態度」であり，具体的内容として「他者への影響を考え，人権，知的財産権など自他の権利を尊重し情報社会での行動に責任をもつこと」等が示されている。したがって，情報モラルは主にインターネット等が想像でき，それに伴って著作権などの学習と関連させることが考えられる。

●作成のポイント

　小学校の社会科の授業において，調べ学習などにおける資料や情報を活用する学習活動の機会を通して，著作物等の正しい取り扱いについて学習する。具体的には，地域の様子や生活を調べ，その特色を理解する学習の中で，図書やインターネットで検索して調べた内容を整理して発表する際に，相手に許諾を得て内容を公開することや，著作物からの引用時には出典を明記することを約束として取り入れることで，著作物を取り扱う際にはどのようなことに注意が必要かを体験できる。また，その体験を通して著作権とは何かを学ぶことができる。

【全校種・2次試験】第2問

●テーマ

> 　校長及び教員が児童生徒に加えることのできる懲戒と体罰の違い
> は何か，具体的な例をあげて説明しなさい。また，児童生徒に懲戒
> を加える際，どのようなことに留意する必要があるか。250字以内で
> まとめなさい。

●方針と分析

(方針)

　校長及び教員が児童生徒に加えることのできる懲戒と体罰の違いは
何か，具体的な例をあげて説明する。また，児童生徒に懲戒を加える
際，どのようなことに留意する必要があるか，以上を250字以内でま
とめる。

(分析)

　体罰は学校教育法第11条で禁止されており，また児童生徒に深刻な
悪影響を与える，教員や学校に対する信頼の失墜につながるとされて
いる。日常の懲戒については注意，叱責，居残り，別室指導，起立，
宿題，清掃，学校当番の割当て，文書指導などが考えられるが，「児
童生徒に肉体的苦痛を与えるものでない」といった条件があること，
個々の事案で判断されることに注意したい。詳細については「体罰の
禁止及び児童生徒理解に基づく指導の徹底について」(文部科学省通知，
平成25年)を参照すること。

●作成のポイント

　体罰がどのような行為で，懲戒がどの程度まで認められるかについ
て，機械的に判定することは困難であるが，その懲戒の内容が身体的
性質のもの，すなわち，身体に対する侵害を内容とするもの(殴る，蹴
る等)，児童生徒に肉体的苦痛を与えるようなもの(正座・直立等特定

の姿勢を長時間にわたって保持させる等)に当たると判断された場合は体罰に該当する。また，懲戒は安易な判断のもとで行われることがないように留意し，家庭との十分な連携を通じて，日頃から教員等，児童生徒，保護者間での信頼関係を築いておくことが大切である。

【全校種・2次試験】第3問

●テーマ

「キャリア教育をデザインする『今ある教育活動を生かしたキャリア教育』」(国立教育政策研究所，平成24年8月発行)によると，日常の教育活動の中にはキャリア教育に活用できるものがたくさんあり，キャリア教育は学校の教育活動全体を通して行うとあります。
　同資料中にある基礎的・汎用的能力を構成する4つの能力(下表参照)のうち，特にキャリア教育を通して育成したい能力を1つ取り上げ，その理由と具体的な取組を述べ，250字以内でまとめなさい。

基礎的・汎用的能力

人間関係形成・社会形成能力
例)他者の個性を理解する力、コミュニケーション・スキル、リーダーシップなど

自己理解・自己管理能力
例)自己の役割の理解、自己の動機付け、忍耐力、主体的行動など

課題対応能力
例)情報の理解・選択・処理、課題発見、計画立案、実行力など

キャリアプランニング能力
例)学ぶこと・働くことの目的・意義の理解、生き方の多様性の理解、将来設計など

●方針と分析

(方針)

　基礎的・汎用的能力を構成する4つの能力のうち，特にキャリア教育を通して育成したい能力を1つ取り上げ，その理由と具体的な取組を述べ，250字以内でまとめる。

(分析)

　基礎的・汎用的能力は社会的・職業的自立に基盤となる能力であって，参考資料として「今後の学校におけるキャリア教育・職業教育の在り方について」(中央教育審議会，平成23年)があげられる。基礎的・汎用的能力として4つの能力があげられている理由として，就職段階で求められる能力が，一般的に「コミュニケーション能力」「熱意・意欲」「行動力・実行力」と考えられているからである。以上を踏まえ，教育現場におけるキャリア教育の育成に関する具体例を述べればよい。

●作成のポイント

　特にキャリア教育を通して育成することが必要と考える能力は，人間関係形成・社会形成能力である。社会において自立するためには，社会や他者との関わりをなくしては考えることができないからである。そのために私は，授業においてグループ学習を活用したい。グループ学習では，自分の意見を発信するだけでなく他者の意見に耳を傾け，一定の結論を導き出す作業が行われるからである。これらの作業を通して，コミュニケーション・スキルを身につけるきっかけをつくり，将来円滑な人間関係が形成できる人間に育てていきたい。

論作文実施問題

【特別選考・1次試験】

●テーマ

> あなたは，子どもたちにどのような力を育みたいですか。また，そのために，あなた自身の社会人としての経験を踏まえ，どのように取り組みたいと考えるのか，具体的に書きなさい。
>
> 全体を600字以上800字以内にまとめなさい。

●方針と分析

(方針)

子どもたちにどのような力を育みたいか，またそのために社会人としての経験を踏まえ，どのように取り組みたいと考えるかを具体的に書く。

(分析)

現代の子どもたちに育まねばならない課題は多くある。例えば，現在の新しい学習指導要領改訂の基本的な考え方を提起した平成20年1月の中央教育審議会の答申が冒頭に強調したのは，子どもたちの「生きる力」を育むことである。その「生きる力」を構成する要素の1つとして，中央教育審議会はすでに平成8年7月の答申で「基礎・基本を確実に身に付け，自ら学び，自ら考え，主体的に判断し，行動し，よりよく問題を解決する能力」であると提起した。したがって「生きる力」そのものを育むこと及びそのために必要な力(構成する要素)を育むことも今日の教育課題である。

また，中央教育審議会は平成20年1月の答申で「生きる力」のほかに，「思考力・判断力・表現力等の育成」や，教育内容に関する主な

改善事項の最初に「言語能力」を育む必要性を強調した。このような力を育むことは新しい学習指導要領全体に反映されており，重要な教育課題である。

●作成のポイント

　具体的なテーマが指示されておらず，育むための教育内容や指導方法は受験者にまかせていることから，①教員としてどのような力を育みたいのか，児童生徒に対する自分の十分な課題認識を基にして述べること，②社会人としての経験と「育みたい力」を身に付けさせるための自分の取組の方策に効果的に結びつけること，③具体的な取組を書く際には，自分の志望校種・職種の児童生徒の発達段階を踏まえることの3点に留意して作成する必要がある。かなりの課題認識の深さと具体的な取組の方策，文章力が求められる。

　序論は150字程度で，子どもたちに育みたい力の内容について，そのように考えた理由と社会人としての経験を踏まえて書く。

　本論は550字程度で，例えば序論で「『生きる力』を育みたい」とした場合，「生きる力」とはどのような「力」なのか，中央教育審議会の答申などを参考にして社会人としての経験を踏まえて書く。次に「生きる力」を育む教育や指導の方策について，教科や道徳など学習指導，学級活動などの特別活動及びクラブ活動・部活動などについて学校教育全体を通して取り組む視点を踏まえて書く。また「言語能力を育みたい」と考えた場合でも，上記の「生きる力」と同様の視点から書く。

　結論は，自分が考える子どもたちに育みたい力について，三重県の教員として学校の教育活動全体を通して全力で取り組む決意を書く。

【2次試験】〈第1問〉

●テーマ

　防犯・防災・交通安全等の安全教育の目標を2つ挙げたうえで，学校における安全教育の充実のために必要な取組を具体的に述べ，全体を250字以内でまとめなさい。

●方針と分析

(方針)

　「防犯・防災・交通安全等の安全教育の目標」を2点挙げ，その後に「学校における安全教育の充実のために必要な取組」を具体的に述べる。字数が限られているので，簡潔にまとめる必要がある。

(分析)

　自発的な態度というものは，何も学問に限ったものではない。日常生活全般に要求されているものである。当然に，安全教育においても要求されるものである。今，何が必要なのか，何をすれば事態は改善されるのかといったことを考える姿勢は，自分の意志によって動かされるものである。そして，その意志が地域の人との交流というものに結びつくのである。つまり，自ら考えるという意志と，それを具体化する行動の2点が必要ということである。具体化する行動としては，安全マップづくりや避難訓練の実施等が考えられる。

●作成のポイント

　250字以内で書かなければならないので，問題文で要求されているものを簡潔に書かなければならない。まず，「安全教育の目標」を2点挙げる。危険を予測し，危険な環境を改善することと，積極的に地域の安全活動に参加をすることが考えられる。その後に，具体的な取組を述べる。分析でも書いたが，地域の人と協力をする活動を考えてみること。安全マップづくりや避難訓練の実施，皆で安全教育について

171

話し合うといった活動も大切である。以上の点を踏まえて，まとめて
みるとよい。

●解答例

　学校における安全教育の目標は，子どもたち自身が日常生活の中に
潜むさまざまな危険を予測し，自他の安全に配慮して行動できるとと
もに，自ら危険な環境を改善できるようになることと，自他の生命を
尊重し，安全で安心な社会づくりの重要性を認識して，学校や地域社
会の安全活動に進んで参加・協力し，貢献できるようにすることであ
る。学校における安全教育の充実のためには，保護者や地域の人たち
と取り組む地域や校内の安全マップづくり，火災や地震，津波などを
想定した避難訓練や応急手当の実習などが必要で有効であると考えら
れる。

【2次試験】〈第2問〉

●テーマ

　いじめ問題を解決していくために，「未然に防ぐための対応」と
「子どもからいじめの訴えがあった場合の対応」をそれぞれ具体的に
述べ，全体を250字以内でまとめなさい。

●方針と分析

(方針)

　いじめ問題の解決策として，「未然に防ぐための対応」と「子ども
からいじめの訴えがあった場合の対応」について具体的に述べる。
250字であるので，125字で1つのテーマを書くという姿勢でよい。

(分析)

　未然に防ぐためには，当然のことだが，学校でいじめが起こってし
まう雰囲気を作らないようにしなければならない。グループ活動時だ

けではなく，いつもの授業のときにおいても，教師は常に子どもたちの様子の変化を意識しなければならない。気になった場合は，自分だけでなく，家庭や他の教師とも連携していく姿勢が必要である。実際に訴えがあった場合は，教師の目線で解決するのではなく，被害者の立場に立って聞くことが何よりも大切である。被害者にとって，教師が「自分のことを理解しようとしてくれている」のであれば，これほど心強いものはないからである。いじめは絶対にしてはいけないということは，実際に訴えがあってからだけではなく，日ごろから訴えていくものでもある。

●作成のポイント

　250字以内であるので，いじめを「未然に防ぐための対応」についてと「訴えがあった場合の対応」の2点について，それぞれ均等に書く必要がある。具体的とあるので，抽象的なことで終わらせず，未然に防ぐ対応については，どのような活動をしていくのか，教師としてどのように子どもたちと接するのかを書く必要がある。訴えがあった場合の対応についても，実際にどのような行動をするのかだけではなく，どのような姿勢で，いじめを訴えてきた子どもに接するのかを書くべきである。250字以内であるので，簡潔に書くことを忘れないでほしい。

●解答例

　いじめ問題を未然に防ぐ対応としては，普段の授業や学級活動，学校行事に仲間づくりの視点をもった活動を取り入れ，子どもたちの様子をよく観察して問題兆候の把握に努めることと，平素から保護者や職員と情報共有を密にしておくことが必要である。また，子どもからいじめの訴えがあった場合は，まず被害者の立場に立って訴えに耳を傾け，当事者だけでなく周りの子どもたちからも事実関係を早急に把握し，保護者や職員と連携をとりつつ，全ての子どもたちに，いじめは人間として絶対に許されない行為であることを徹底して伝えるべきだ。

【2次試験】〈第3問〉

●テーマ

　次のグラフは，日本経済団体連合会の調査による「採用選考にあたって特に重視した点」のまとめである。あなたが学校教育の中で子どもたちに育みたい力を，グラフに記載されている項目から3つ選び，それらの力を育むために実践したい取組を具体的に述べ，250字以内でまとめなさい。

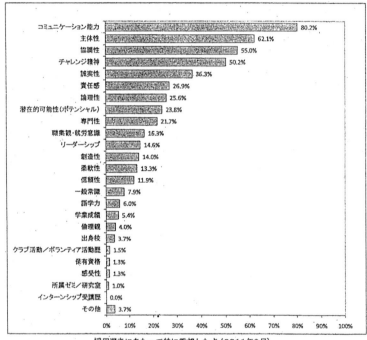

採用選考にあたって特に重視した点（2011年9月）

●方針と分析

(方針)

　グラフに記してある項目を3つ選び，それらに関連した実践したい

ことを具体的に述べる。3つで250字であるから，簡潔に書くように意識しなければならない。

(分析)

　ここで聞かれているのは，「学校教育の中で子どもたちに育みたい力」である。自分が教師として，特に子どもたちに身に付けてほしいというものを3つ取り上げるとよい。上位3つに限定する必要はないが，上位にあるものはまず子どもたちに身に付けてほしいものばかりであるということも忘れてはならない。「生きる力」を育む上で，まず必要な3つとは何かを考えながら，自分の考えをまとめてみてほしい。

●作成のポイント

　250字で3つ取り上げ，それらに関連する取組を書かなければならない。よって，それぞれを具体的に，簡潔にまとめる必要がある。ただ，3つがそれぞれ単独して実践されることは考えにくい。取り上げた3つが関連している取組を考えてみるとよいだろう。例えば，発表の場というのは，「論理性」，「コミュニケーション能力」，「協調性」だけでなく，「チャレンジ精神」や「創造性」にも絡んでくる。このように，1つの取組から，さまざまな力を養えるものに何があるかを，解答例を参考にしながら考えてみるとよいだろう。

●解答例

　学校教育においては確かな知識や技能の習得が重要であるが，単にそれにとどまらず，「生きる力」を育むことが必要とされる。私は学校教育の中で，知識や経験に基づいた自分の意見を他者に正しく伝える「論理性」や「コミュニケーション能力」，他者と意見の調整をしながら共に活動できる「協調性」を子どもたちに育みたいと考える。そのために，授業や総合的な学習の時間にグループによる調べ学習やプレゼンテーションの発表，相互評価などの活動を取り入れ，子どもたちが異世代の人とふれあい，異文化と出会う機会を積極的に設けたい。

2012年度　論作文実施問題

【全校種・2次試験】

●問1テーマ

近年，社会の中で，他者を思いやる心や善悪の判断といった子ど
もたちの規範意識が育まれにくくなっているとの指摘があります。
その背景，要因として考えられることを挙げたうえで，あなたが教
員として学校教育活動の中で子どもたちに規範意識を育むために取
り組みたいことを具体的に述べ，全体を250字以内でまとめなさい。

●方針と分析

(方針)

規範意識が育まれなくなっている背景，要因について自分の考えを
述べ，規範意識を育むためにどのように取り組んでいくか，その具体
策を示す。

(分析)

規範意識の低下の背景には，薄まる対人関係や情報化社会による価
値観の多様化などが考えられる。全体の価値判断よりも，個人の価値
判断が優先される世の中になってきたことも要因かもしれない。この
ような状況から具体策を考えてみる。

しかし，ルールを守ることの大切さを話し合うことや他者との関わ
り合いを増やす機会を，ただ教師が与えているだけでは，児童生徒は
受身になってしまい「規範意識の教育」は形式だけのものになってし
まうだろう。そうならないために，児童生徒が主体的に規範意識を守
る行動をするために，身近で分かりやすい例で実感させることから始
め，規範意識を持つことの大切さを徐々に身に付けさせることが，教

師に求められているといえよう。

●作成のポイント

250字以内という短い文字数設定がされているので，全体的に簡潔にまとめることを念頭におく。

序論では，テーマに対する背景と要因，そして自分の意見を述べる。分析に書いたような現状を自分はどのように考えているかを述べるとよい。文字数的には厳しいが，本論で書く取り組みに説得力を持たせるためにも，自分の意見は最初に表明すべきだろう。

本論では序論で示した考えから実際に取り組んでいくことを述べる。どのようなことに取り組んでいくかについては，書き手の個性が出せる部分であるが，この「規範意識の育成」というテーマは一朝一夕で身に付くものではないので，行動の「継続性」がポイントとなるであろう。

結論は，これまでのまとめと自分の決意を述べるところである。250字以内なので，わずかな文字数しか書けないので端的に的確な表現をしたい。三重県の課題については，言葉選びの慎重さがカギとなるだろう。

●論文執筆のプロセス例

> **序論**
> ・課題に対する背景と要因，そして自分の意見を述べる
> ・簡潔にまとめること

> **本論**
> ・実際に取り組んでいくことを述べる
> ・取り組むこと同士に関連性があるか考えること
> ・序論で示した自分の考えと合致しているかを確認

> **結論**
> ・まとめと決意を述べる
> ・新しい考えを提示しないこと

●問2テーマ

> 　新学習指導要領においては「言語活動の充実」が重視されていますが，言語活動を充実させることの意義と，言語活動の充実のために必要な取組を具体的に2つ挙げ，全体を250字以内でまとめなさい。

●方針と分析

(方針)

　言語活動を充実させることの意義を述べ，充実のために必要な取り組みを具体的に2つ挙げて説明するのがこの論作文の中心である。

(分析)

　「言語活動を充実させる」のは昨今の頻出キーワードである。しかしなぜ必要なのか。それは言語が論理や知性，そしてコミュニケーションなどの基盤であるからだ。さらに，豊かな心を育てていくためにも，言語能力を高めていくことが重要だからである(平成20年の中教審答申より)。

　この考えを踏まえて具体的な取り組みを考えてみるのだが，一方的に教師が与えるのではなく，体験から感じ取ったことを表現させたり，情報を分析・評価し，論述する(新聞などを与える)などの工夫が必要である。以上の事を踏まえて，具体例にどのようなことを取り組んでいきたいかを盛り込んでみると，書き手自身の個性が出る取り組みが書けるはずだ。

●作成のポイント

　問1同様に，250字以内という字数制限があるので簡潔に述べる必要がある。

　序論では言語活動の充実の意義についてコンパクトに説明する。さらに，言葉を的確に選び，その意義に対する自分の意見を述べる。考えを示すことで，本論で取り上げる具体的な取り組みに筋が通ってわかりやすくなるのである。

　本論では，序論で示した自分の考えに基づいた具体的に取り組んでいくことを述べる。さらにテーマ文の指示通りに「2つ」挙げることに注意する。日常的な取り組みとして振り返りカードやスピーチ活動などは好例である。

　結論では，まとめと自分の決意を書く。この部分をちゃんと書かないで終わらせてしまうと，尻切れな幕切れになってしまうので，文字数を残しながら，書きたいところだ。

●論文執筆のプロセス例

> ### 序論
> ・言語活動の充実の意義を書く
> ・自分の考えを簡潔に示す
> ・本論との関連性を意識して書くこと

> ### 本論
> ・実際に取り組むことを述べる
> ・2つ挙げることに注意
> ・序論の自分の意見と一致しているかを確認する

> **結論**
> ・まとめと決意を書く
> ・決意は課題に対する決意を書くこと

●問3テーマ

> 　以下のA，Bのグラフから読み取れる情報をそれぞれ1つずつ挙げた
> うえで，そのことをふまえ，学校における進路指導に対する具体的
> な提案を300字以内で述べなさい。

グラフA

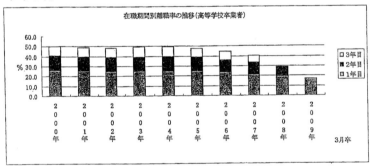

厚生労働省「新規学校卒業者の就職離職状況調査」より作成

グラフB

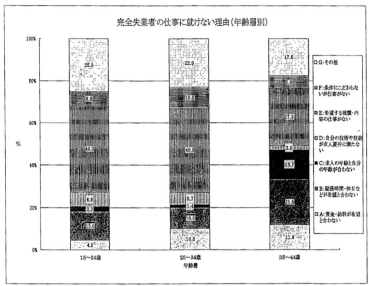

文部科学省「データから見る日本の教育(2008年)」より作成

●方針と分析

(方針)

　A，Bから読み取れる情報を1つずつ取り上げ，それらに対する自分の考えを明らかにした後，これらを踏まえて，学校における進路指導に対する具体的な提案を述べる。データを読み取る力とキャリア教育に対する認識が問われる。

(分析)

　Aのグラフは3年以内で離職する割合を表しており，Bのグラフは年齢層別に仕事に就けない理由を表している。これらのデータからどのように進路指導をしていけばいいかを考えるのがこの論文のポイントである。

　就職ミスマッチは社会で働くことや職業などに対する研究不足，過度の期待によって起こる。社会に出ると往々にして自分が思っている

通りには進まないもので，その中ででも人は努力をして何とか自分の理想に向かって進もうとしているのである。進路指導に関して，教師は人生の先輩として，社会に出ることの大変さをしっかりと話さなければならない。そして，自分のどのような仕事に就きたいのか，就くためには，そしてずっと働いていくためにはどのような資格や技術が必要なのかを生徒自身が理解するような指導をしていかなければならない。すなわち，キャリア教育の充実を図るということである。以上を参考にして，自分なら具体的にどのような進路指導をするかを考えてみるとよい。

●作成のポイント

　書かなければならないことは以下の点である。
　　①データから読み取ったこと
　　②自分の考え
　　③学校における進路指導に対する具体的な提案
　　④まとめと決意
　①と②に関しては序論でまとめるべきである。300字という限られた字数の中で，この部分を詳しく書いてしまうと本論で書くべき内容である③が薄くなってしまうので気を付けるべきである。1年目で2割前後が離職しているというのがAのグラフのポイントであり，Bは共通して割合が高いものを取り上げるとよい。
　③は本論で書く内容だが，もちろん，①と②と関連していなければならない。具体的にはキャリア教育の一環としてPDCAサイクルに沿った学習プログラムを実施する必要がある。また何でも思っている通りにはいかないということや辛抱して仕事をすることも大切であるというメンタル的な部分についても教師は日頃から伝えていく必要があるだろう。
　結論は④を書く。300字以内の課題なので多くは書けないが，これがないとまとまりのない小論文になってしまう。簡潔に書くように訓練をしておきたい。なお，ここは今までの内容を集約するところなの

で，矛盾を生じるような新しいトピックを出さないように気を付けること。

●論文執筆のプロセス例

序論

・グラフから読み取ったことを書く
・読み取ったことに対する自分の考えを述べる

本論

・取り組んでいくことを書く
・自分の考えとの関連性を考える

結論

・自分が最も伝えたいことをまとめとして書く
・自分の決意を書いて文章を仕上げる
・新しい話題を出さないこと

2011年度　論作文実施問題

【第1問】

●テーマ

> 　地震や津波をはじめ，豪雨，洪水などの災害の発生に備え，日頃から防災教育に取り組むことは重要である。学校における防災教育のねらいを3つあげたうえで，それぞれのねらいの達成につながるような，防災教育を効果的に行うための方法について具体的に述べ，全体を280字以内にまとめなさい。

●解答例

　防災教育のねらいは，災害に対する理解を深めること，災害に対応する能力を高めること，災害時に互いに協力し助け合う意識を持つことの3つであると考える。具体的方法としては，防災ボランティア等と連携して専門的知見を学習に活かしたり，防災マップづくり・地震体験車等の体験活動を取り入れたりすることにより，学習効果を高めるなどがあげられる。保護者や地域の方と一緒に行うことで，地域の防災力向上や，開かれた学校づくりにもつながる。また，防災教育の充実に向けて，校内研修の際に防災に関して，教職員の共通理解を深め，基礎的な知識を修得する機会を設けることも大切である。(274字)

●テーマの分析

　学習指導要領では学校等における防災体制の充実を目指して，以下の3つをねらいとしている。

(1)　災害時における危険を認識し，日常的な備えを行うとともに，状況に応じて，的確な判断の下に，自らの安全を確保するための行動ができるようにする。

(2)　災害発生時及び事後に，進んで他の人々や集団，地域の安全に役立つことができるようにする。

(3)　自然災害の発生メカニズムをはじめとして，地域の自然環境，災害や防災についての基礎的・基本的事項を理解できるようにする。

　　重要なのは，この「ねらい」を基に，どのような防災教育を行うか。下記のような事項を参考にして，できるだけ具体的な方法を述べるようにしたい。

①　児童生徒が，災害時に自他の生命を守るのに必要な事項について理解を深めさせ，とっさに適切な行動ができる防災リテラシーの育成を図る。

②　体験の機会等を工夫しながら，助け合いの心や思いやりの心を根づかせ，生きる力を育む。

③　地域の特性を踏まえた教材の発掘や作成，活用を図り，安全な都市づくりや地域の自然と災害について理解を深める。

●論点

　280字という限られた文字数なので，まずは学校での防災教育の重要性について，そしてそれにどのように尽力するか考えを簡潔に示す。そして「防災教育のねらい」として3点を挙げたい。さらにその3点の実践方法について具体的に述べる。文字数によっては，このテーマに対するあなた自身の課題を挙げ，課題解決にどのように取り組むかを述べるとよい。「子どもに切実感をどのように持たせ，それをどのようにして伝えるか」というのも課題としてはいいだろう。

【第2問】

●テーマ

　新学習指導要領では，体験活動を重視した教育活動を推進している。なぜ，体験活動を重視するのか，子どもたちの現状を踏まえてその必要性を250字以内で述べなさい。

●解答例

　生活環境や社会環境の変化から，子どもたちは日々の生活の中で，さまざまな人や社会，自然などと直接ふれあう機会が乏しくなっている。自ら課題を見つけ，自ら学び，自ら考え，主体的に判断し，行動し，よりよく問題を解決する資質や能力を育てる教育を重視する中で，子どもたちに直接経験の機会を設け，他人と協調し，他人を思いやる心，生命や人権を尊重する心など，豊かな人間性や社会性を育むことが必要である。そこで，教科・科目の学習の場だけでなく，学校教育活動全体の中で体験活動を取り入れていくことが重要であると考える。(249字)

●テーマの分析

　特に今日のように科学技術が発達した時代では，ボタンを押すと簡単に答えが出てきてしまうように，プロセスが省かれがちである。「習うより慣れよ」という先人の教えがあるように，人間形成にも体験活動は大きな意味を持っているのだ。

　今日的教育課題に「生きる力」の育成があり，すべての校種の新学習指導要領に記述されている。この力の育成に，実は「体験活動」が有効視されているのだ。これは指示があってその通りに「体験」するのではなく，あくまで主体的かつ能動的な「体験」である。

　また，ここでの「体験活動」はボランティア活動とか奉仕活動など，校外の老人施設等を訪問するなどの大きな行事とつい捉えがちだが，そうとは限らない。授業の中での実験や実習，また実技の学習もあるだろう。そこに小さいながらも「体験活動」があるのだ。

●論点

　まず，なぜ学校教育で「体験活動」が重要視されているかを簡潔に述べる。続いての本文では，前文で述べた内容について，どのように具現化するかについてあなたの考えを論じる。指定文量が少ないので，あいまいな表現を使うことや他人事の評論で文字数を費やさないよう

にしたい。

【第3問】

●テーマ

次のグラフは「中学生・高校生の生活と意識」に関する調査結果の一部をまとめたものである。両方のグラフから読み取れる，日本の中学生・高校生に関する課題をあげ，その課題に対する具体的な提案を280字以内で述べなさい。

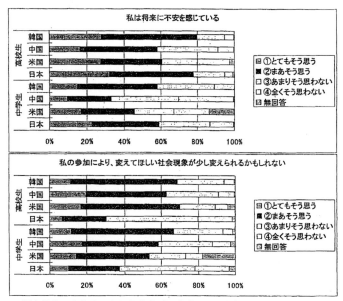

（「中学生・高校生の生活と意識（日本青少年研究所　2009.2発表）」より作成）

●解答例

　日本では，中学生の約6割，高校生の約8割が「将来に不安を感じている」としているが，一方，自分の参加で「社会現象が変えられる」と考える中高生は，他の3カ国に比べ日本は少なく，4割に満たない状況である。将来への展望や期待感が持てず，無気力になりがちな傾向を課題として読み取ることができる。こうした傾向に対して，私は子どもたちに「自信」を持たせる取組の積み重ねが大切であると考える。確かな学力を身につけるとともに，知識・技能を活用して解決していく中で，達成感や満足感を得て，次の意欲につなげていく地道な取組を日々の教育実践の中で，粘り強く重ねていきたいと考える。(278字)

●テーマの分析

改訂された学習指導要領には，小・中・高校を貫いて「言語活動の充実」という記述がある。これまでの言語活動は長文にしてもグラフにしても，意味を読み取ることが重要視された。それがPISA型「読解力」の影響も受けて，次のことも含むようになった。

① 　資料からの「情報の取り出し」だけでなく，「理解・評価」(解釈・熟考)も含む。

② 　資料を単に「読む」だけではなく，資料の利用や資料に基づいて自分の意見を論じたりするなどの「活用」も含む。

③ 　資料作りにおいては「内容」だけではなく，構造・形式や表現法も，評価すべき対象となる。

④ 　資料には，文学的文章や説明的文章などの連続型形態だけでなく，図，グラフ，表などの非連続型形態も含む。

　さて，今回のテーマからは，次のことを考えてまとめるとよい。

1 　グラフを読み取る

(1) 　国別のYES(グラフの①と②の合計)の比較をする。

(2) 　中学生と高校生の発達段階の違いを読み取る。

(3) 　グラフ2枚を読み比べて言えることをまとめる。

2 　グラフから読み取った課題

(1)　日本人の教育課題は何か。

(2)　日本の中学生と高校生に，特に必要な教育課題は何か。

●論点

　テーマ中の2枚のグラフから言えることは何だろうか。その結論から，これからの日本の中学校および高等学校での教育課題を挙げる。たとえば「自信喪失」や「自己の過少評価」への対応だ。これが結論であり，前文となる。

　本文では，その教育課題に対して，あなたはどうアクションするかを具体的に述べる。あなたの志望校種を示し，子どもの発達段階を踏まえつつ書くようにしたい。この本文には文量を割くようにしたい。最後に，あなた自身のこのテーマに関する課題と，その解決にどのように尽力するかを簡潔に述べて文章を締めておきたい。

2010年度　論作文実施問題

【第1問】

●テーマ

「生きる力」をはぐくむという学習指導要領の理念を実現するため，その具体的な手立てを確立する観点から学習指導要領が改訂された。この改訂は，平成20年1月に中央教育審議会から出された答申「幼稚園，小学校，中学校，高等学校及び特別支援学校の学習指導要領等の改善について」に述べられている学習指導要領改訂の基本的な考え方を踏まえ行われたが，改訂のポイントを3つあげ，250字以内で述べなさい。

●テーマの分析

　平成20年1月に中央教育審議会から出された答申に述べられている学習指導要領改訂の基本的な考え方は，次の7つの柱にまとめられている。

- ①　教育基本法等の教育関連法の改正を踏まえた改訂
- ②　「生きる力」という理念の共有
- ③　基礎的・基本的な知識・技能の習得
- ④　思考力・判断力・表現力等の育成
- ⑤　確かな学力を確立するために必要な授業時数の確保
- ⑥　学習意欲の向上や学習習慣の確立
- ⑦　豊かな心や健やかな体の育成のための指導の充実

　この中でも，特に，②を基盤とした③，⑤及び⑥が重要と考えられる。

●論点

　前文では，まず「生きる力」の定義づけをし，なぜ「生きる力」が必要かを述べる。学習指導要領にあるからではなく，志望校種の教師としてどのように取り組むか，筆者の基本的な考えを示す。

　本文では，3点をどのように実践するかを，可能な限り具体的に述べる。この字数は全体の3分の2をあてる。

　結文は，この設問に関する研修課題を挙げる。

【第2問】

●テーマ

> 　児童生徒の携帯電話の利用に関して，どのような課題があげられるか。また，それに対し，学校としてどのような対応をする必要があると考えるか。
>
> 　課題を2つあげ，それぞれの対応策について，250字以内で述べなさい。

●テーマの分析

　携帯電話の利用に関する課題(問題ではない)であるから弊害について問うているのではない。また，小・中学生には持たせていない家庭も多い。このことから志望校種が小学校や中学校である筆者は，この設問をどのように読み取るかである。教育は対症療法よりも予防策を重要とする。道徳の時間に，いかなる教材を使用して規範意識を高めるかである。

　高校では授業として取り上げることはまずないであろう。授業中に弊害が生じたときにどうするかである。またほとんど全員が持参し，しかも身に付けているのである。このことから学級担任としての指示伝達に有効利用が可能である。

191

●論点

　前文では，冒頭で志望校種を示し，この課題を筆者はどのように捉えているかを述べる。さらに，この課題に対する基本的な取り組み方を明らかにする。

　本文では，前文で挙げた課題を2つの視点で，具体的にどうするかを述べる。この本文の字数は全体の3分の2をあてる。

　結文で，このテーマに関係する筆者の研修課題を挙げ，その解明にどう取り組むかを簡潔に述べる。児童生徒の実態把握であろう。

【第3問】

●テーマ

> 　近年，取組が進められている「ワーク・ライフ・バランス(仕事と生活の調和)」とは何か。また，これを実現していくために何が必要であると考えるか。
> 　ワーク・ライフ・バランスについて説明したうえで，あなたの考えを250字以内で述べなさい。

●テーマの分析

　「ワーク・ライフ・バランス(仕事と生活の調和)」は，仕事と家庭を両立させることである。古い言葉で「仕事人間」がある。逆に，家庭に主軸を置くと出世が望めないという時代もあった。現在は2者の調和が進められ，大きく改善されてきている。

　この変容を更に推進するよう，筆者ならどうするかと問われている。学習課題をいくつか挙げる。

　　①　両親が仕事を持っている家庭の子どもはどのようなことを考えるか。

　　②　男は仕事，女は家庭という分業の考えもある。どのように考え

るか。

③　単身赴任という勤務形態がある。子どもは何を考えるか。

④　父子家庭や母子家庭の子どもは，どのようなことを考えるか。

これ以外にも多くの課題がある。発達段階の子どもの考えを踏まえ，何をどのように学習させるかである。

設問は「何が必要であると考えるか」と「あなたの考え」を問うている。志望校種の教師として子どもらに何をするかを述べることである。

●論点

前文で，今日のワーク・ライフ・バランスをどのように見ているか，筆者の考えを述べる。さらに，志望校種の教師として子どもらに何をどのように指導するか，その基本的な考えを述べる。

本文は基本的な考えの具現化である。小・中学校なら授業としての取り組みも可能であるが，高校では個人的な指導となる。この字数は全体の3分の2をあてる。

結文で，この設問に関する筆者の研修課題とその解明策を簡潔に述べる。

【第1問】

●テーマ

> 　文部科学省が定義する「確かな学力」とは何か，説明しなさい。また「確かな学力」を育む為の具体的な取組を3つあげ，250字以内で述べなさい。

●テーマの分析

　「確かな学力」とは，急速に進展する社会で必要とする「生きる力」を，知の側面からとらえた学力のことである。知識・技能に加え，思考力・判断力・表現力などを含む学ぶ意欲を重視し，これからの子ども達に求められる学力なのである。(平成15年10月中央教育審議会答申参照)。

　生徒にこの「確かな学力」を身につけさせるには，まず学ぶ意欲を育むことである。それが授業力の一つでもある。平成17年10月の中央教育審議会答申に，「優れた教師の条件」としての「教育の専門家としての確かな力量」がある。この力量の中に授業力があり，設問では「具体的な取り組みを3点」とある。中学校の理科の授業なら，①　予想を立てさせる　②　実験や観察で確かめさせる　③　結果から結論を導くよう考えさせるなどがある。またこれらは，個人としてもあればグループでもある。さらに学級全体での取り組みもある。

●論点

　250字であるから，前文に「確かな学力」の定義で60字と本文の具体的な取り組み3点を180字程度になる。この3点はあなたが授業で，「確

かな学力」をどのように育むかを具体的に述べるのである。字数が少ないので，簡潔に表現することである。

【第2問】

●テーマ

次のグラフは，中学，高校，大学を卒業後，就職した人が離職した割合を表したものである。このように3年までに離職する割合が比較的高い要因は，企業，社会，離職者それぞれに考えがあるが，離職者である若者にある要因として考えられることを1つあげ，それに対して，学校教育において有効と考えられる具体的な取組について250字以内で述べなさい。

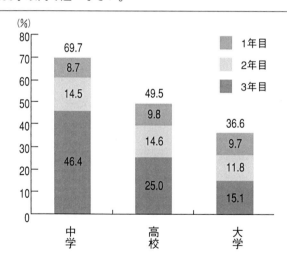

●テーマの分析

若者にあると思われる要因を挙げる。

①　親や社会への甘えがあり，「何とかなる」や「何とかしてくれ

る」と思っている。
② 今までに自立した生活経験がなく，自立心が欠如している。
③ 若者の生活が，過程より結果を重視してきたきらいがある。努力することを知らない。
④ 生活が豊かで恵まれ，常に選択肢が多くあった。そのため耐えることを知らない。

「有効な学校教育」としては，「奉仕活動の徹底」がある。まず「何のために奉仕をするのか」を徹底討議させる。奉仕活動が他人のためではなく，自分自身を鍛えるためであるという認識を持たせることである。

●論点

志望校種の児童生徒の要因を簡潔に述べ，具体的な方策であなたらしさを示すとよい。

【第3問】

●テーマ

児童生徒の自殺予防については「子どもの自殺予防のための取り組みに向けて」(第1次報告)がまとめられ，現在，教員向けの手引き書等の作成について調査報告が進められているところであるが，自殺予防に向けて学校や教員が果たすべき内容を3つあげ，250字以内で述べなさい。

●テーマの分析

自殺防止には「なぜ生きなければならないか」の徹底認識が必要である。誰かのために生きているのだという考えでは，「役に立たない私がいたって」となる。設問は「学校や教員が果たすべき内容」であ

るが，教員採用試験論文であるから教師としてどうするかを述べることである。

授業で取り上げる内容は，①　事例分析…自殺事例を教材化して授業で原因を究明させる。　②　本人や親の感情分析…自殺者やその親は何を思ったかを話し合わせる。　③　クラスメイトの支援…同じクラスの仲間としてすべきことはなかったかを話し合わせる，などである。

●論点

自殺者がなくなるようどのような授業行うか，目的をはっきりさせる。その授業の内容を3点挙げる。志望校種の児童生徒にあった授業を行う。

【第4問】

●テーマ

安全安心な学校づくりを推進していくためには，日頃から危機管理に取り組むことが必要である。学校において発生が予想される児童生徒に関わる「危機」を3例あげなさい。また，その中の1つを取り上げ，未然防止の具体策および，発生時の具体的な対応についてそれぞれ2つあげ，300字以内で述べなさい。

●テーマの分析

校長でないあなたにできる「安全安心な学校づくり」とは，授業をとおしてきちんと教えることである。今日の児童生徒に備えさせなければならないこと，それは「安全安心に関する自己管理能力の育成」である。これは「生きる力」の育成ともいえよう。

児童生徒が「危機」の状態にあるのは何であろうか。「危機」をど

う解釈するかである。安全安心につながらないこととして，「自分を大切にしない」がある。すなわち，①　自分の尊さを知らない　②自分の素晴らしさを知らない　③　自分は唯一であるという認識が十分ではない，などである。これらを授業でどう展開するかである。

●論点

　一人の教師としてできる「安全安心な学校づくり」は，授業での「安全安心に関する自己管理能力の育成」である。志望校種の子が「危機」状態にある理由として「自分を大切にしない」がある。そこでの3点を挙げる。

2008年度　論作文実施問題

【第1問】

●テーマ

> 　問題行動を繰り返す児童生徒に対して，どのようなことに留意し
> て指導を行うか，具体的に留意事項を4点あげて，250字以内で述べ
> なさい。

●テーマの分析

　序論に於いて，列挙すべき内容は問題行動を繰り返す児童生徒に対
する内容であり，各教諭の問題認識に違いが生じれば，改善は図れな
い。大人が考える常識と年齢を増していく児童生徒の問題とには，お
のずと，悪質性の強弱があり，学年相応の対処の必然性は，学校自体
の横の繋がりを持った，それぞれの方針が絶対不可欠であり，それを
書き出しで明記し，2～3例の中で，250字以内という短文でまとめる
には，孔子の論語等を用い，簡潔に論じることが要求されている。

●論点

　児童・生徒に対する体罰はもってのほか，暴言に関しても禁じられ
ている。憲法に人権・平等・自由が謳われている。我々，教育者は，
教諭のごとき，時間をかけ，教え諭してこそ指導者であり，理解がで
きた児童・生徒は，その後時間の経過と共に自ら過ちに対し謝罪し，
成長していくものである。指導の際，集団の前での見せしめ的指導は
絶対してはならない。ここに私の例をあげよう。担任として，生徒に
指導する前に自ら正座をし，先生と同じ目線になるよう示唆をする。
強要ではない。まず，事の内容何処に係わらず，君に過ちを繰り返え

させた指導不足責任は先生にある。先生の何が不足し，この様な問題の繰り返しを起こしたのか，話しにくいなら，文章にまとめるよう諭す。必ず，文章に反省の言葉が出てくる。ここで必要なのは，生徒と，教師が，同じ目線で1対1で話し合いの場を持つことに意義がある。集団的な問題も同様である。時間をかけ，1人でもあの先生は信頼できると思ってくれたなら，その他の生徒達とも信頼関係が築きあげられ，良い学級運営ができることと，自らの体験で断言できる。問題を抱える生徒こそ，愛情に餓えているのである。

【第2問】

●テーマ

> 学校での個人情報の漏洩・流出が問題になっているが，学校における個人情報の内容と個人情報の漏洩・流出の原因として考えられること及びその防止策について，250字以内で述べなさい。

●テーマの分析

ここ，5年の間に，個人情報保護法なるものが，施行された。学校現場として，受験時の願書の取り扱いを含め，入学後の家庭環境の調査・欠席生徒の理由の未公表・その他，国籍に関する件等の調査要求等ができなくなった。また，緊急電話連絡網・生徒住所録の作成も担任教師のみ知っておけば良いことであり，それらが，心ないものの為に，外部ダイレクトメール関係に利用されたり，流出している事実も現実にある。訃報の知らせや，緊急連絡時に大変困る現実もあるが，ここではその流出原因を設問されている事に注意すべきである。

●論点

250字以内の限定より，簡潔に設問のみに解答するよう心掛けるこ

と。

①その個人情報保護法なるものの設定理由。(悪用例を付け加える。)

②学校現場での，個人情報なるものの認識不足と，問題点。

③現在考えられる流出経路と防止策

序論では①を50字程度で簡潔に論じ，②では学校現場での対策の不備等の例を100字程度で本論として展開し，結論では，本題の部分にあたるので，100字程度でまとめるのが分かり易い。限定数である文字数のオーバーは論外であり，200字以内で論じるのは説得力に欠ける論文になることが多い為，注意が必要である。

【第3問】

●テーマ

> キャリア教育において，キャリア発達を促すために，「人間関係形成能力」「情報活用能力」「将来設計能力」「意思決定能力」を育成することが期待されている。これら4つの能力のうちから1つ選び，その能力の育成のために学校教育で行う取り組み，その能力の育成により期待される児童生徒の変容(「○○ができるようになる」)を，自らの体験を交えて250字以内で述べなさい。
>
> キャリア教育について，それぞれの課題ごとにテーマの分析・論点を論じる。

【人間関係形成能力について】

●テーマの分析

ここでは，児童・生徒の個人の発達段階における社会性の中での順応性や，周囲との協調性等を視野に入れ，教育指導をしていく。大きく自営業・一般会社の2点に絞られるが，最近では，我が国日本の経

済不況の約20年続いた中での社会現象として，その弊害ともとれるフリーターと呼ばれる職の定着が問題化されている。教職希望の新卒者達は，まさしく，その環境の中で，何のわだかまりも無く過ごしてこられた方がその大半を占めるのではと思う。東京オリンピック以降の高度成長時代からバブル経済崩壊の間に定着していた意識とは大きな隔たりがあり，フリーターという言葉さえその時代には存在しなかった。フリーターという言葉の存在する直前には，無職や，雇用体制の無い仕事に就いている者達の呼称はぷー太郎であったかのように記憶している。フリーターという言葉が定着する前には一般にパートタイマーを略しパートとか，それ以前にはアルバイト(バイト)が主流であったが，現在のフリーターの意味とはやや異なる呼称であった。そのアルバイトに就く者達の大半は学生で，学費の足しにしたり，地方から出てきて都心の大学に通い，親の仕送りの足しの生活費や，小遣い稼ぎの短期的なものが大半であった。このフリーター志向の現象の一部には，高校・大学の中途退学者の急増が原因とも考えられる。所謂，成長期に将来の夢や定職に対する意識対策教育に欠けていた結果であろう。将来や，未来より，現代志向型の若者が一般化してきている。雇用者側も，時給，日給で最低限の保障のみで雇用できるメリットを活用している。雇用対策の見直しを抜本的に国レベルで考え直さなければ，進路指導教育にも多大な悪影響を与え，経済自体の向上にも期待が持てない。したがって，その基本となる教育現場の進路指導こそが，児童期より将来に対しての潜在的意識に定着させる集団生活の統一的意識を指導し，ボランティア等を通し，国家に寄与する一国民として，人間関係の形成能力の向上に務めるよう努力をしなければならない。

●論点

　①集団生活に於ける，尊さや，奉仕活動に対する前向きの姿勢を培う指導に，具体的に，如何なる方法で教授指導をしていかねばならぬかが，最大のポイントである。②それには，積極的に集団生活ができ

るような機会を多く与え，世のため，人のために自ら貢献した児童・生徒に教育者として③褒める教育に徹することが今現在強く求められている。序論では，①の集団生活の概念の定義を学年に応じた内容で，時には租借し説明し，例えば，猿の集団でも，ボスは子猿や，怪我した猿を守る習性があり，人間社会でも猿を見習うべく，弱者を擁護し共に共通理解を図り責任感育成の必要性を論じる。本論では②その活動方法の例をあげ，生徒各自に他の例を考えさせる機会を与え，話し合いの場を設ける。その結果，応答予想が考えられる内容を多角的に論じ本論展開とする。結論として，教師は叱ることに眼が向きがちであるが，学級の中で褒められる喜びを教え，その中で集団生活に自ら溶け込んでいく力を養わせる間接的指導に力を入れるまとめで締めくくる。250字以内を念頭に置き書き始めなくてはならない。

【情報活用能力について】

●テーマの分析

　教科指導中の情報活用能力の育成は，どの教科にも共通していえることは児童・生徒の自主性を伸ばすことを目標に，各研究テーマを与え考えさせ，発表させ，それに対する意見を他の児童・生徒に意見を求め，各自が自分の考えとして積極的に発言させる場を求めることが重要性である。それらの授業展開の中で，各自のコミュニケーションがもっとも必要である。また，どの様な手段で情報を得るかも大きなポイントとなる。

●論点

　序論部分として，研究課題に沿った情報の収集(パソコンのインターネット等での情報収集等)・個人としての判断・個人としての発表表現・各自の意見をとり入れた発表表現・的確な教師としての意見処理・児童・生徒の創造力を高め，多種多様な意見の認識をさせる。例

として，帰国子女がいれば，民族の定義の中の共通の言語(公用語)，共通の宗教(多数派の宗教)，共通の習慣等，我が国の文化との違いについて学習させる格好のテーマになり異文化に興味を持ち，将来の国際交流につながる絶好のチャンスといっても過言ではない。本論として，如何にコミュニケーションの大切さを学習させるかがポイントとなるよう展開させ，結論として，その中で集団生活での多角的意見が多数存在することに目覚めさせ，自己中心的考えの抑止にも繋がる重要事項であることを，間接的に認識理解させることにつとめる。250字以内を念頭に置き書き始めなくてはならない。

【将来設計能力について】

●テーマの分析

　児童・生徒が将来の展望に向け，今後如何に設計をたて，それに向けどのように進路計画を組み立てていくかがこのテーマの主たる重要事項であると考える。各自が多種多様の夢を持っているだろうから，学級で将来の展望という課題で問いかけるのも効果が期待できる。但し，現実問題として，高等学校の2年生でも，将来どのような進路を選択するか迷っている子ども達もいることを無視できない。

●論点

　序論部分で担任教師である場合を想定提起し，如何に進路指導に力を入れ，全員の意見から，1人でも「わからない」といった回答に迷う事が無いような手段で書き始めなくては，教師として，適正の有無の判断材料とされてしまう。本論では，提起した例に沿う形で展開し，偏った意見は絶対に避けるよう努めなくてはならない。結論においては，各自に将来の展望に向け，小論文などを書かせ，三者面談等の際の保護者に対する進路相談に役立てる旨を論じると良い。250字以内を念頭に置き書き始めなくてはならない。

【意思決定能力について】

●テーマの分析

　キャリア教育を意識した場合，計画的に，また，継続的に維持でき
なければ，意味が無い。そのため，小学校でも実際に企業の協力を得
て，社会見学なる体験実習により，将来の職業に興味を持たせる校外
学習に取り組む学校も増えてきている。高等学校でも，専門学校に協
力してもらい，自己の興味ある体験学習を2年生に行い，卒業後の将
来への目的意識の向上をねらいとして学科の選択をして，学習させて
いるのが実情である。その学年にあった進路指導としての意識付けが
必要不可欠である。

●論点

　体験学習を通し，児童・生徒の勤労観や，職業観を身に付けさせ，
将来の展望を実践現場で見学・体験を通し，より具体性を持った取組
を行っている。序論では自己の体験を基礎に，その時得た感想を率直
に論じる。本論ではそれが将来の職業に繋がるケースとそうではない
ケースに分類し，後者において，どのような指導の必要性が求められ
ているかを論じ展開していく。結論では本論に矛盾が生じないよう心
がけ，自己の体験で得た課題の内容に沿ったまとめになるよう心掛け
る。250字以内を念頭に置き書き始めなくてはならない。

【第4問】

●テーマ

　三重県人権教育基本方針(平成11年2月策定，平成19年2月一部改正)では，人権が尊重される学校づくりの実現をめざし，「人権尊重の教育環境づくり」，「自分たちから出発する人権学習」，「教育関係者のあり方」を重点に位置づけて取り組んでいくこととされている。その中の「人権尊重の教育環境づくり」の具体的な内容について，2点あげて250字以内で述べなさい。

●テーマの分析

　このテーマは，憲法で保障されている基本的人権の尊重の精神を学校現場で高める事を序論に掲げ，その必要性の例を人権尊重の精神の向上を意識させる為，次の3点が重要視されている。本論では，先ず，人権意識に関すること・人権が尊重された環境の中での集団生活の在り方・人権意識に関する基本概念であり，特に学校教育では，いじめ撲滅の為にも人権尊重の教育環境づくりが担任教師に課せられた重要要素である。生徒各自から自然と生まれてくる他人を思いやる優しい心の育成等，教育現場での教師間の共通理解を図りながら，児童・生徒の能力を伸ばす環境づくりの場の提供が与えられた義務である。教師の指導で動く学級ではなく，児童・生徒の中で，リーダーシップのとれる者が多く存在するべく児童・生徒を1人でも多く育成していく事が大切である。結論では学級に取り組む思案が教師に求められ，児童・生徒各自がグローバルな考えも含め，主体的に進路選択に一歩でも近づいていける判断能力の育成が望まれる。250字以内の限定文字数の中で注意すべき点は，内容の似かよった事は削除し，簡潔に論点を絞る事が必要である。

●論点

　ここで，人権のテーマを論文課題として取り上げてきた背景には，
昨今の少年事件や，教育現場でのいじめを含める校内暴力等，様々な
問題が勃発している現在，如何に教育の必要性が不可欠であるかとい
う事を論点として掲げている。論文を作成する際，その課題の出題者
側の意図を読み取り，その背景を前提に論じることである。

2007年度　論作文実施問題

【第1問】

●テーマ

　現行の小学校，中学校，高等学校学習指導要領総則の中では，「学校の教育活動をすすめるに当たっては，各学校において，児童(生徒)に生きる力をはぐくむことを目指す」こととされている。この「生きる力」を知の側面からとらえた「確かな学力」を向上させるために，文部科学省は，「学びのすすめ」の中で，指導に当たっての重点等を明らかにした5つの方策を示している。これら5つの方策を200字以内で説明しなさい。

●テーマの分析

　平成14年1月に，文部科学省は「学びのすすめ」を発表している。その中で「確かな学力の向上のための具体的方策」として5点挙げている。

①きめ細かな指導で，基礎・基本や自ら学び自ら考える力を身に付ける。

②発展的な学習で，一人一人の個性等に応じて子どもの力をより伸ばす。

③学ぶことの楽しさを体験させ，学習意欲を高める。

④学ぶ機会を充実し，学ぶ習慣を身に付ける。

⑤確かな学力の向上のための特色ある学校づくりを推進する。

　この5項目それぞれについての簡単な説明文が記載されている。テーマの求めは「5つの方策を説明しなさい」である。その説明とは書き手(受験者)の志望校種及び担当教科科目の関連づけて「私なら具体

的にこうする」と述べるのである。

●論点

　冒頭に「中学生を対象に，理科担当教員としての取り組み方を述べる」と明示し，つぎのようなことを具体的に述べていく。

第1項　可能な限り一人1実験を行い，すべての生徒に成就感を抱かせる。

第2項　観察や実験を通して創造する機会を与え，新地開拓への悦びを味あわせる。

第3項　班単位や学級全体で，探究的な学習や活発な討議をさせ，仲間意識を醸成させる。

第4項　学校では学び方を学ばせて学習習慣を身に付け，生涯学習につなげる。

第5項　目前の生徒を直視しての教育が，特色ある学校につながる。常に生徒と向き合っていく。

【第2問】

●テーマ

　児童・生徒の規範意識を育むためには，あらゆる機会を通じて，学校の活動に対して保護者等の理解を得るとともに，家庭の中での教育の重要性についても伝えていくことが大切である。学校として，家庭に対してどのような事項について働きかけることが必要であるか，4つ挙げ，それぞれ50字以内で説明しなさい。(ただし，箇条書きで記入すること。)

　例・季節や時間，自宅や友だちの家等，時と場所に応じた服装やマナーがあることを教えること。

●テーマの分析

　児童・生徒の規範意識を育むには，学校教育は大きな役割を持っている。と同時に家庭教育や社会教育の充実と連携が不可欠である。だが，小学生と高校生とを同一視することはできない。高校生は，教師が生徒の頭越しに保護者に何かを働きかけるようなことをすると不信感をいだく。生徒は「言いたいことがあれば直接言って欲しい」との立場をとる。高校生という発達段階を理解していれば，このような本人無視の行為はとらないはずである。

　もう1点は，テーマが「家庭の中での教育の重要性についても伝えていく」とある。何をどう伝えるのかである。保護者の多くは書き手(受験者)より年輩であり，社会人としての経験もある。さらに子育ての経験も豊富である。その先輩格である保護者に何を伝えるというのか。むしろ書き手の方が教えられることが多いはずである。

●論点

　テーマは，学校から家庭へ何を「働きかけるか」を問うている。その働きかけとは「要望」であり，学校とは書き手自身である。箇条書きにとあるが，その前に志望校種を明らかにする。働きかける内容は，校種によって大きく異なるからである。小学校高学年であるなら，次の諸点がある。

　①始業及び終業時刻を伝え，規則正しい生活をさせる。
　②持ち物の確認を自分でさせ，自立心を養う。
　③体調不良や気力異状等が認められたら，正確に連絡する。
　④その他，気づいたことがあれば連絡して欲しい。

【第3問】

●テーマ

平成18年1月に国の人権教育の指導法等に関する調査研究会議から公表された「人権教育の指導方法等の在り方について［第二次とりまとめ］」では，学校教育において人権教育を進めるに当たって，児童・生徒が人権感覚を身につけるための指導を一層充実することが求められている。人権感覚の育成を目指す取組では，教員が児童・生徒にどのような能力や技能を培うことが求められているか，250字以内で説明しなさい。

●テーマの分析

「第二次とりまとめ」第1章に「3．人権感覚の育成を目指す取組」がある。そこには，「学級をはじめ学校生活全体の中で，自らの大切さや他の人の大切さが認められていることを児童生徒自身が実感できるような状況を生み出すことが肝要である」としている。

この人権感覚の育成には，教育課程の体系的整備と共に，「隠れたカリキュラム」が重要であるとされている。「隠れたカリキュラム」とは，いじめは許さないという雰囲気や組織づくりである。

また，児童生徒が人権問題を解決しようとする実践的な行動力を身に付けるよう，次のような力や技能をバランスよく培うことが求められている。

①他の人の立場に立って，その人に必要なことやその人の考えや気持ちなどが分かるような想像力や共感的に理解する力

②考えや気持ちを適切かつ豊かに表現し，また，的確に理解することができるような，伝え合い，分かり合うためのコミュニケーションの能力やそのための技能

③自分の要求を一方的に主張するのではなく，建設的な手法により他の人との人間関係を調整する能力，及び自他の要求を共に満たせる

解決方法を見いだして，それを実現させる能力やそのための技能

●論点

　テーマが求めているのは，「児童・生徒にどのような能力や技能を培うことが求められているか」である。まず能力や技能とは，上記の①〜③である。これらをまとめると，他人の考えや気持ちが分かる能力やコミュニケーションの能力，人間関係を調整する能力などである。これらをどのように培うかである。

　制限字数が250字であるから，序文で求められる能力や技能を述べ，本文で書き手(受験者)はどのようにこの能力や技能を身に付けさせるかを述べる。3点を網羅しる必要はない。

【第4問】

●テーマ

> 　現在少子高齢化が大きな社会問題となっており，三重県としても「子育て支援アクションプラン」を策定したところであるが，教員として果たすことのできる次世代育成(子育て)支援について200字以内で説明しなさい。

●テーマの分析

　三重県の「子育て支援アクションプラン」の第3章に「次世代育成支援の取組」が記載されている。テーマは「教員として果たす」とある。これは学校教育としての取組を問うているのである。小中高校とも保健体育の授業で，「男と女の体のちがい」から，妊娠・出産・育児を学ぶ。その間に人間社会は男女の協働参画によって成り立っていうという認識を深めていく。「次世代育成支援」の学校版である。

●論点

　制限字数が200字である。簡単な序文を入れて，大半は本文になる。上記の授業を通しての学習もあるが，妊娠している教員に対する思いやり等は，校種に関係なく貴重な教育課題である。どこでどのようには，書き手(受験者)の主体的判断で決まる。どこにでもあるような，ありふれた論文であってはならない。

面接試験 実施問題

2024年度

〈変更点〉

※1次試験及び2次試験において，集団面接(集団討論)は実施しない。

※小学校教諭・特支(小学校)の2次試験の技能・実技試験においては，「英語リスニング」のみとし，「音楽」「体育」は実施しない。「音楽」「体育」については，第2次選考試験における模擬授業の課題の一つとして取り扱う。

◆技能・実技試験(2次選考)

〈配点〉100点

＜評価の観点＞それぞれの校種等，教科・科目に応じて求められる指導上の専門的知識，専門技能などを見ます。

＜全校種共通持ち物＞受験票，筆記用具，上履き(会場備え付けの上履き等は使用しない)，シューズバッグ(靴入れ)

▼小学校・特支小学部

【英語課題】30分

□リスニングテスト

　ただ今から英語のリスニングテストを行います。メモをとってもかまいません。解答は，すべてマークシートに記入しなさい。

問題1　これから英文を読みます。各英文に対する応答として最も適切なものを①〜⑤の中からそれぞれ一つ選びなさい。英文は2回繰り返します。

[No.1]　I made some mistakes during my flute concert.

①　Please bring your ticket.

②　Sorry. I haven't seen it.

③　You'll do better next time.

④　I'll go later.

⑤　Don't forget your ticket.　　　　　　　　　　　　　　(解答③)

[No.2]　Hi, Meg. Why don't we go out for lunch around 12 o'clock ?

①　It's not far from here.

②　Let me look at another one.

③　Me, too.

④　The one on 5th avenue.

⑤　That's fine with me.　　　　　　　　　　　　　　　　(解答⑤)

[No.3]　Excuse me. Would you take our picture in front of this building?

①　No problem.

②　Over there.

③　Yes, it is.

④　Me, neither.

⑤　That's what I need.　　　　　　　　　　　　　　　　(解答①)

問題2　これから英文を読みます。そのあとの質問に対する応答とし
　　て最も適切なものを①～⑤の中からそれぞれ1つ選びなさい。英文
　　と質問は2回繰り返します。

[No.4]　Hana is a university student in England. She studies math, science,
　　and music. She likes music the most because her favorite subject is music.
　　She thinks math and science are difficult.

Question : Which subject does Hana like the best?

①　English.

②　Math.

③　Science.

④　Music.

⑤　Japanese.　　　　　　　　　　　　　　　　　　　　(解答④)

[No.5]　Mark had his first surgery 2 years ago. He had a snowboarding
　　accident and had to stay in hospital for two months. Afterwards he was able

to fully recover after 6 months at home.

Question : How long did it take Mark to be completely well after staying in hospital ?

① Half a year.

② Two months.

③ Six weeks.

④ Two years.

⑤ Six days. (解答①)

問題3 これから対話文を読みます。そのあとの質問に対する応答として最も適切なものを①～⑤の中からそれぞれ1つ選びなさい。対話文と質問は2回繰り返します。

[No.6]

A(Man) : How was the speech contest, Maria ?

B(Woman) : I didn't win, but it was interesting. Kate won the first prize.

A(Man) : Wow! How did your other friends do?

B(Woman) : Josh was third, and Brian was fourth. Andy was absent.

Question : Who won the first prize in the speech contest?

① Maria did.

② Kate did.

③ Josh did.

④ Brian did.

⑤ Andy did. (解答②)

[No.7]

A(Woman) : I'd like a single room with a bath, please.

B(Man) : I'm sorry all the single rooms are booked, except the one without a bath.

A(Woman) : OK. I'll take it.

B(Man) : May I have your name, please ?

Question : What kind of room will this woman stay in ?

① A single room with a bath.

② A double room with a bath.

③ A single room without a bath.

④ A double room without a bath.

⑤ A single room with many books.　　　　　　(解答③)

[No.8]

A(Man)　　: What do you take for a bad cold, Helen?

B(Woman) : Orange juice. It contains a lot of vitamin C. Do you have a good cold remedy?

A(Man)　　: Sure. I usually make some hot tea with a little bit of brandy. I feel better after that.

B(Woman) : I'm sure you do.

Question : What are they talking about ?

① About their business.

② About their favorite drinks.

③ About the drink they are going to order.

④ About remedies for a cold.

⑤ About the weather.　　　　　　(解答④)

▼中高英語

【課題】

□インタビューテスト

＜インタビューテスト実施上の注意事項＞

①　インタビューテストは，6会場で実施します。それぞれの時間と会場を確認し，指示がありましたら荷物を持って入室してください。ノックは不要です。

②　テスト時間は，一人15分を予定しています。

③　入室しましたら，課題となるトピックを入れた封筒を渡します。1枚の紙に課題は2種類記載してありますので，2つの中から自分で1つ選んでください。まず初めの4分間(電子音が鳴ります)で，自分が

選んだトピックについて，自分の考えをまとめてください。次の3〜4分間で，まとめた自分の考えを英語で述べてください。なお，自分の考えを述べる際には最初に自分が選んだトピックのタイトルを述べてからそれについて自分の考えを述べるようにしてください。3分経過後，試験官は「One minute left」のパネルを提示しますが，スピーチを中断せず話し続けてください。

④ テスト終了後，トピック，封筒，メモは持ち帰らず，机の上に置いて退室してください。

⑤ 退室後は，この部屋に戻らずに，帰路の表示にしたがってそのまま帰ってください。

⑥ 自分の番が来るまで，この部屋で待機してください。

⑦ 携帯電話はスイッチを切っておいてください。会場敷地外に出るまで，スイッチを入れてはいけません。

⑧ 会場敷地内は禁煙です。

＜英語　トピック＞

1　How to get rid of the fear of making mistakes in English class
　Important life lessons I have learned

2　My opinion about making use of ICT at school
　A first step I can take for world peace

3　Necessity of examination
　A weakness I have and how I plan to overcome it

4　Some of the difficulties that teachers have had in recent times
　How I refresh myself

5　How to deal with advanced students who are bored easily in class
　Life in a city vs. life in a rural area

6　What I do to brush up my English skills
　Impacts of social media on mental health

7　How to support foreign students who have difficulty acquiring the Japanese language
　Good ways to motivate others

8　My opinion about learning English in early childhood

　　Advantages and disadvantages of online meetings

9　How to motivate students to keep on studying English after graduation

　　The roles of music in society

10　What I would do if I could be a junior/senior high school student again

　　My opinion on using technology to prevent crimes

11　Pros and cons of giving students homework

　　My life motto

12　How to improve students' learning motivation

　　The importance of reading books

13　Some tips for maintaining discipline in the classroom

　　The best place I would recommend in Mie

14　How to develop trusting relationships between teachers and students

　　The most impressive person I have ever met

15　My opinion about school regulations

　　The importance of time management

16　My opinion about studying abroad

　　Pros and cons of hosting international sporting events

17　How to evaluate English language skills

　　An unforgettable moment in my life

18　The way to make a good class

　　The importance of work-life balance

▼中学音楽

【課題1】

□自由曲を暗譜で演奏する。(3分程度)

・当日，楽譜(ピアノ伴奏する場合は伴奏つきの楽譜)を提出すること。
　(2部)

・ピアノ，声楽以外で受験する場合は，各自楽器を持参すること。

・伴奏者が必要な場合は，各自で同伴すること。(A＝442hz)

【課題2】

□課題曲をピアノで「弾き歌い」する。

・次に示す2曲を演奏する。

　　「夏の思い出」　　江間 章子 作詞，中田 喜直 作曲

　　※1・2番すべて

　　「夢の世界を」　　芙龍 明子 作詞，橋本 祥路 作曲

　　※1・2番すべて

　　※合唱部分は，どの声部でも可

・演奏用の楽譜は，教科書に掲載されているものを各自で用意すること。また，伴奏楽譜も各自で用意すること。

・教科書に掲載されている調で歌うこと。

▼中学美術

【課題1】

□素描…硬式テニスボールを含む自画像を鉛筆でデッサンする。

　　　　　　　(自画像はマスクを外した状態のものとする。)

【課題2】

□デザイン…「リズム」をテーマに平面構成する。

＜持参物＞

鉛筆(H〜4Bを各2〜3本)，消しゴム等(ネリ消しゴムを含む)

デザイン用具一式(ポスターカラーまたはアクリルガッシュ，デザイン用筆，定規，水入れ，消しゴム等)

※マスキングテープの使用は禁止する。

▼中高保体・特支中高保体

【課題1】

□球技(1種目選択)

①　バスケットボール

②　バレーボール

③　サッカー

＜内容＞

① バスケットボール…ドリブルシュート，(ゴール下)ジャンプシュート

② バレーボール…レセプション，トス，スパイク，サーブ

③ サッカー…リフティング，ドリブルスラローム，コントロールからシュート

【課題2】

□陸上競技(1種目選択)

① 砲丸投

② 走幅跳

＜内容＞

① 砲丸投…記録測定2回(男子：4.0kg，女子：2.72kg)

② 走幅跳…記録測定2回(全天候型スパイク使用可)

【課題3】

□武道(1種目選択)

① 柔道

② 剣道

＜内容＞

① 柔道…礼法，受身，約束練習 投げ技

② 剣道…礼法，素振り，仕掛技，応じ技，地稽古

【課題4】

□器械運動(マット運動)

＜男子＞

側方倒立回転2回連続→倒立前転→伸身ジャンプ$\frac{1}{2}$ひねり→伸膝後転→前方倒立回転跳び

＜女子＞

側方倒立回転2回連続→倒立前転→伸身ジャンプ$\frac{1}{2}$ひねり→伸膝後転→伸膝前転

※全員必須

【課題5】

□ダンス

　課題曲に，ボックスステップ，ターン，ツーステップ，ジャンプ，ポップコーンの5種類のステップを全て組み込み，曲の始まりから1分程度の小作品を踊る。なお，次の3点に留意する。

① 全身を大きく使って踊れているか。

② 指定された5種類のステップを入れ，1つの作品にまとめ，動けているか。

③ 踊り込まれているか。

※全員必須

＜注意点＞

・申込の際に，球技，陸上競技，武道からそれぞれ1種目ずつ選択し，申請すること。

・雨天等により屋外で実施できない場合，陸上競技の①走幅跳と②砲丸投を，体育館での反復横とびまたは立幅とびに変更することがある。

＜服装等＞

○球技，陸上競技，器械運動，ダンス

・実技に適した服装(縦15cm横20cmの白布に受験番号を記入したゼッケンを胸の前に縫いつけること)，シューズ(体育館用，屋外用)

○武道

・柔道着

・剣道着，防具，竹刀

※ゼッケン(球技等と同様のもの)を背に縫いつけること。

▼中学技術

【試験1】

□「材料と加工に関する技術」

【課題1】「木取り」8：50〜9：30(40分)

　示された構想図をもとに与えられた板材(1枚)に鉛筆でけがきをしなさい。

提出物：木取りした板材

【課題2】「製作」「指導構想」9：50～11：50(60分)

　【課題1】の構想図どおりに木製品を製作しなさい。

　この製作で生徒に対して指導すべき点について，指導構想案を作成しなさい。

　構想案は製作工程順に「作業内容」「指導の留意点」を表にまとめなさい。

＜内容＞

・道具の使用方法

・安全面への配慮事項 など

提出物：製作物・指導構想案(A4用紙)

＜条件＞

①　試験1の【課題1】【課題2】はそれぞれ制限時間内に仕上げる。【課題2】は11：50分までに終わる。

②　木取りは，1枚板全体を有効に使用し，仕上がり寸法線のみで記入する。また，部品番号も記入する。

③　製作は，示された構想図どおりに仕上げる。

④　製作では安全への配慮を十分に行う。

⑤　作業手順や時間配分を考え，材料や作業内容にあった工具を選び作業する。

⑥　接着剤は使用しない。また塗装はせず，素地磨きをして完成とする。

⑦　試験終了後は，使用したもの(受験者が持参したものを除く)をすべて机上に置いて退席する。

＜会場準備物＞

・板材(杉材)

・釘(N38)

・木工やすり(平・半丸)

・サンドペーパー(120番)

・作業机，作業イス

構想図

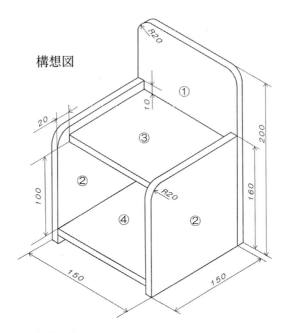

▼中学技術(午後の部)

【試験2】

□「情報に関する技術」 13：00〜14：30(90分)

【課題】 Scratch で植物に水をやるプログラムを作りなさい。

ただし，以下の要件を満たすこと

① 「土の水分」の値が「30未満」になったら，スプライト「じょう
   ろ」のコスチュームを「じょうろ放水」に切り替え「土の水分」の
   値を増やし，「土の水分の値が99より多く」なったら「土の水分」
   の値を増やすのを止める。

② 「土の水分」の値によってスプライト「植物」のコスチュームを
   切り替える。「40以下」のときはコスチューム「枯れ」を，「40より
   も大きい」ときはコスチューム「正常」が表示されるようにする。

③ スプライト「水やりボタン」にマウスポインタで触れると強制的
   に水やりを行うようにしなさい。ただし「土の水分」の値が「50よ

り大きい」場合には「土は潤っている」と表示するだけで水やりは行わない(土の水分の値を増やさない)。

④　中学生の興味を引くような機能を付け加える。

＜条件＞

①　画面の緑の旗をクリックするとプログラムが開始される。

②　「背景」やスプライトやそのコスチュームに対して変更・追加・削除をしないこと。

③　「背景」のコードと，スプライト「水やりボタン」のコードはどちらも変更しない(コードを見ることはかまわない)。

＜会場準備物＞

・パソコン

・「Scratch 3.0」

＜持参物＞

・筆記用具(HB，Bの鉛筆を含む)，直定規，三角定規，さしがね，のこぎり，かんな，四つ目ぎり，げんのう，くぎぬき，ラジオペンチ，ニッパ，プラスドライバー，マイナスドライバー，カッターナイフ，はさみ，実技に適した服装等

※パソコン及びその他の必要なものは当日，試験会場に準備する。

▼中高家庭

【調理課題】

□下記の指示に従い，調理しなさい。

1　調理時間50分(後片付けを含む)

2　熱源3個

3　既定の食材は必ず使用する。

4　自由材料は適量を使用する。(使用しないものがあってもよい)

5　裏面の配置図のとおりに提出する。

6　調理台に用意してある道具類のみ使用する。

調 理 名		材 料	分 量	方 　 法
鮭のムニエル ＜付け合わせ＞ 人参のグラッセ いんげんのソテー	規定	鮭（生） 人参 いんげん	８０ｇ ４０ｇ ３本	・人参は、グラッセとコンソメスープに使用する。余った分は指定の器に入れて提出する。
	自由	塩 こしょう サラダ油 小麦粉 バター レモン汁 砂糖	適量 適量 適量 適量 適量 適量 適量	・人参の切り方は、グラッセに適した切り方にする。 ・いんげんは、３本のうち適量をコンソメスープにも使用する。
コンソメスープ	規定	人参 たまねぎ いんげん	１０ｇ ２５ｇ 適量	・人参といんげんについては、上記参照。 ・たまねぎは、せん切りにする。余った分は指定の器に入れて提出する。
	自由	ブイヨン 塩 こしょう	適量 適量 適量	・人参の切り方は、自由。
フルーツゼリー（２個分） （寒天使用）	規定	果汁 粉寒天	５０ｇ ２ｇ	・１個分は皿に盛り付け、もう１個分は型に入れたまま提出する。
	自由	水 砂糖	適量 適量	

提出用トレイ：提出物配置

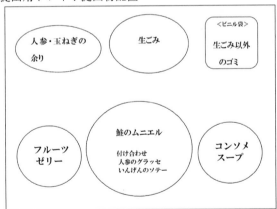

【被服課題】

□下記の指示に従い，ショートパンツを制作しなさい。型紙は，配布されたものを使用すること。手縫いについては，すべて手縫い糸を

使用する。

・縫い代寸法は型紙に記入されたとおりとする。

・縫い代の始末は不要とするが，三つ折りと重なる部分のみ割ること。

・裾は三つ折りとする。

　片方の裾の半分を半返し縫い(針目は裏目0.6cm程度，表返し目0.2cmから0.3cm程度)とする。

　もう半分を普通まつり縫い(針目の間隔は0.8cm程度)とする。

　もう片方の裾はミシン縫いとする。

・ウエスト部分は1.5cmのゴムを通すことを想定する。前ズボンにゴム通し口を作る。

＜提出について＞

・受験番号札を安全ピンでショートパンツ本体にとめ，ビニール袋に入れる。

・型紙，布の残り等すべてをもう一つのビニール袋に入れる。

【　出来上がり図　】

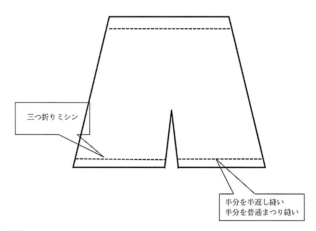

三つ折りミシン

半分を半返し縫い
半分を普通まつり縫い

＜持参物＞

・裁縫用具一式(縫針，待針，針山，指ぬき，糸きりバサミ，ヘラ，し

つけ糸，裁ちバサミ，リッパー，チャコ〈チャコペン，チャコペンシル可〉，定規)，調理用かっぽう着または白衣，三角きん，ふきん4枚，手拭きタオル，包丁，不織布マスク

▼養護教諭

【課題1】(2分30秒)

□エピペンを携帯する児童が入学してきました。教職員対象に，エピペンの打ち方と，エピペン使用後の児童の観察と留意点について説明してください。

※練習用トレーナーを使って，声を出して説明してください。

【課題2】(2分)

□中学2年生の男子生徒が，持久走の最中に右足首を痛めました。歩いて移動させることを想定し，三角巾を用いて，応急処置をしてください。

※靴を履いたまま固定してください。

※観察は，声に出してください。

＜服装等＞

実技に適した服装(スーツ等は不要)

＜持参物＞

不織布マスク

◆模擬授業(2次試験)

＜配点＞面(模擬授業・個人面接あわせて)150点

＜評価の観点＞教育に対する情熱と使命感，課題解決能力，豊かな人間性等を中心とした資質などを見ます。

＜当日の流れ＞

(1) 当日控室にて，模擬授業開始約5分前に，受験番号ごとに模擬授業の課題①〜③(小学校教諭・特別支援学校小学部教諭は①〜④)を指定します。

(2)　各面接会場には3人1組で入り，個人面接順に1人ずつ模擬授業を行います。

　授業者以外の受験者は児童生徒役として参加します。

　それぞれ1時間の授業の冒頭4分間を行ってください。

　養護教諭及び栄養教諭は，学級担任とのチーム・ティーチングにて授業を行う際の自身が主担当として行う場面の4分間を行ってください。

　授業者が児童生徒役の受験者に発言を求めてもかまいません。児童・生徒役が発問に対して間違えた答えを言ったり答えられなかったとしても，問題ありません。ただし，児童・生徒役から授業者に質問をしたり，意見を言ったりすることはできません。

　児童生徒役の受験者以外にも児童生徒が目の前にいるものと想定して進めてください。ただし，面接委員に発言を求めたりすることはやめてください。

(3)　3人目の授業が終わった後，模擬授業の内容について受験者同士で話し合います。話し合う時間は約6分間とします。

　最後に1人1分以内で授業や話し合いの感想を発表します。

※面接会場にある黒板やホワイトボードは使用しても構いませんが，教科書やノート，教材・教具の持込は不可とします。

※体育など座学ではない課題もありますが，更衣は必要ありません。

校種・教科・科目		日付	課題
小学校教諭		8月22日	① （社会 第5学年） さまざまな土地のくらし
			② （算数 第3学年） C 測定 「重さのたんいとはかり方」
			③ （音楽 第1学年） A 表現 音楽づくり 「ほしぞらのおんがく」
			④ （体育 第4学年） C 走・跳の運動 『小型ハードル走』
		8月23日	① （国語 第6学年） B 書くこと 「提案する文章を書こう」
			② （理科 第4学年） B 生命・地球 「動物の体のつくりとしくみ」
			③ （音楽 第5学年） A 表現 歌唱 「子もり歌」
			④ （体育 第2学年） B 器械・器具を使っての運動遊び 「固定施設を使った運動遊び」
		8月24日	① （社会 第3学年） 店ではたらく人びとの仕事
			② （算数 第1学年） D データの活用 「わかりやすくせいりしよう」
			③ （音楽 第4学年） B 鑑賞 「歌劇『魔笛』」
			④ （体育 第6学年） F 表現運動 「フォークダンス」
		8月25日	① （国語 第2学年） A 話すこと・聞くこと 「聞きたいことをおとさず聞く」
			② （理科 第6学年） A 物質・エネルギー 「水よう液の性質」
			③ （音楽 第3学年） A 表現 器楽 「パフ」
			④ （体育 第5学年） E ボール運動 「ネット型ゲーム」
中学校教諭	国語	8月28日	① A 話すこと・聞くこと 「スピーチ」
			② B 書くこと 「案内文を書く」
			③ C 読むこと 「万葉・古今・新古今」
	社会	8月28日	① 歴史的分野 B 近世までの日本とアジア 「江戸幕府の成立」
			② 地理的分野 C 日本の様々な地域 「中部地方」
			③ 公民的分野 B 私たちと経済 「金融のしくみ」
	数学	8月27日	① A 数と式 「連立方程式」
			② B 図形 「三平方の定理」
			③ D データの活用 「確率」
	理科	8月28日	① 第1分野 身のまわりの物質
			② 第2分野 地球と宇宙
			③ 第2分野 生命の連続性
	音楽	8月29日	① A 表現 歌唱 「曲想を味わいながら合わせて歌おう」
			② A 表現 創作 「言葉のリズムや抑揚を生かして表現してみよう」
			③ B 鑑賞 「アジア各地の音楽を聴こう 」
	美術	8月29日	① A 表現 「墨の表現」
			② A 表現 「印象に残るシンボルマーク」
			③ B 鑑賞 「仏像」
	保健体育	8月27日	① 体育分野 G ダンス 「現代的なリズムのダンス」
			② 保健分野 健康な生活と疾病の予防 「生活習慣病」
			③ 保健分野 心身の機能の発達と心の健康 「自己形成」
	技術	8月28日	① A 材料と加工の技術 「身の回りの材料と加工の技術」
			② C エネルギー変換の技術 「電気機器の安全な利用」
			③ D 情報の技術 「これからの情報の技術」
	家庭	8月29日	① A 家族・家庭生活 「幼児の体の発達」
			② B 衣食住の生活 「日本の衣文化」
			③ C 消費生活・環境 「消費者トラブルとその対策」
	英語	8月29日	① 話すこと（発表） 「to 不定詞」
			② 話すこと（やり取り） 「現在完了形/現在完了進行形」
			③ 書くこと 「自分の気持ちを伝える手紙」

校種・教科・科目		日付	課　題
高等学校教諭	国語	8月26日	①（現代の国語）　B　書くこと
			②（論理国語）　B　読むこと
			③（古典探究）　A　読むこと
	地理歴史	8月27日	①（日本史探究）　A　原始・古代の日本と東アジア　「弥生文化の成立」
			②（日本史探究）　C　近世の日本と世界　「織豊政権の政治・経済政策」
			③（日本史探究）　D　近現代の地域・日本と世界　「大日本帝国憲法の制定」
			①（世界史探究）　B　諸地域の歴史的特質の形成　「仏教の成立」
			②（世界史探究）　C　諸地域の交流・再編　「ヨーロッパ封建社会とその展開」
			③（世界史探究）　D　諸地域の結合・変容　「世界恐慌とファシズムの動向」
	数学	8月27日	①（数学Ⅰ）　データの分析「データの分析」
			②（数学A）　場合の数と確率　「場合の数」
			③（数学Ⅲ）　極限　「数列の極限」
	理科	8月26日	①（物理）　円運動と単振動　「円運動」
			②（物理）　音　「音の干渉と回折」
			③（物理）　電気と電流　「電気容量」
			①（化学）　溶液と平衡　「溶解平衡」
			②（化学）　無機物質　「典型元素」
			③（化学）　高分子化合物　「合成高分子化合物」
			①（生物）　植物の環境応答　「植物の環境応答」
			②（生物）　生態系　「生態系の物質生産と物質循環」
			③（生物）　代謝　「呼吸」
	保健体育	8月27日	①（体育）　D　水泳　「平泳ぎ」
			②（体育）　F　武道　「柔道」
			③（保健）　生涯を通じる健康　「生涯の各段階における健康」
	家庭	8月26日	①（家庭基礎）　B　衣食住の生活の自立と設計「衣生活と健康」
			②（家庭基礎）　C　持続可能な消費生活・環境「消費行動と意思決定」
			③（家庭総合）　A　人の一生と家族・家庭及び福祉「高齢者との関わりと福祉」
	工業（機械系）	8月26日	①（機械工作）　機械材料「新素材の加工性と活用」
			②（原動機）　流体機械「水車とポンプ」
			③（機械設計）　機械に働く力「エネルギーと仕事及び動力との関係」
	工業（電気・電子系）	8月26日	①（電子機械）　コンピュータによる電子機械の制御「制御用コンピュータの構成」
			②（電気回路）　直流回路「直流回路の電流・電圧」
			③（電子計測制御）　電子計測制御の概要「電子計測制御の仕組み」
	工業（土木系）	8月27日	①（土木基礎力学）　水理学「静水の性質」
			②（土木施工）　土木材料「土木材料の概要」
			③（社会基盤工学）　社会基盤システム「都市計画」
	商業	8月26日	①（ビジネス基礎）　商業の学習とビジネス　「商業を学ぶ重要性と学び方」
			②（マーケティング）　プロモーション政策　「プロモーションの方法」
			③（簿記）　決算　「財務諸表作成の基礎」
	英語	8月26日	①（英語コミュニケーションⅠ）英語の特徴やきまりに関する事項「文法事項」
			②（英語コミュニケーションⅠ）言語活動及び言語の働きに関する事項「言語活動に関する事項」
			③（論理・表現Ⅰ）英語の特徴や決まりに関する事項「論理の構成や展開及び表現などに関する事項」

校種・教科・科目		日付	課題
高等学校教諭	水産（海洋）	8月26日	①（水産海洋基礎）　海のあらまし　「海と食生活・文化・社会」
			②（航海・計器）　航海の概要　「航海と航法」
			③（漁業）　漁業と海洋環境　「漁業の役割と変遷」
特別支援学校教諭	小学部	8月26日	①（国語　1段階（知的））　B　書くこと　「文字に興味をもち、書こうとすること。」
			②（図画工作　2段階（知的））　A　表現　「身近な材料や用具を使い、かいたり、形をつくったりすること。」
			③（音楽　3段階（肢体））　B　鑑賞　「曲想や楽器の音色、リズムや速度、旋律の特徴に気付くこと。」
			④（体育　3段階（肢体））　D　水の中での運動　「水の中での基本的な運動の楽しさを感じ、その行い方を知り、基本的な動きを身に付けること。」
	中・高保健体育	8月26日	①（中学部　1段階（肢体））　B　器械運動　「器械・器具を使った運動の楽しさや喜びに触れ、その行い方が分かり、基本的な動きや技を身に付けること。」
			②（高等部　2段階（知的））　G　ダンス　「ダンスについての自他の課題を発見し、よりよい解決のために仲間と思考し判断したことを目的や状況に応じて他者に伝えること。」
			③（高等部　1段階（知的））　I　保健　「健康・安全に関わる自他の課題を発見し、その解決のための方策を工夫したり、仲間と考えたりしたことを他者に伝えること。」
	養護教諭※	8月25日	①（小学校　体育　第3学年）　G　保健　「けんこうな生活」
			②（小学校　体育　第5学年）　G　保健　「けがの防止」
			③（中学校　学級活動）　「思春期の不安や悩みの解決に関する指導」
	栄養教諭※	8月25日	①（小学校　第1学年　生活）　「がっこうたんけんでみつけたことをしょうかいしよう（給食室）」
			②（小学校　第6学年　家庭）　B　衣食住の生活　「1食分のこんだてを立てよう」
			③（中学校　学級活動）　「食育の観点を踏まえた望ましい食習慣の形成に関する指導」

※　養護教諭及び栄養教諭は、学級担任とのチーム・ティーチングにて授業を行う際の自身が主担当として行う場面について、模擬授業を行う。

▼小学校　面接官3人　受験者3人　10分

【質問内容】

□お互いの授業の参考になった点は。

□導入を行う際に意識をしていることは何か。

□子どもと関わる際に意識をしていることは何か。

・横並びで一列に並んでいたために話をしにくかったという情報を聞いていたので，どのようにすると良いか考えていましたが，私たちのグループでは，面接官の方が「椅子を動かしても良いですよ」と言ってくださったので，半円のような位置で話し合いができた(ほかの受験生の話を聞く限り，面接官によって違うようだった)。

・受験者控室では，一緒のグループの受験者同士で横並びに座れるので，少しだけでも先に話をしておくとよい。

◆個人面接(2次選考)

※場面指導含む

＜配点＞面接(模擬授業・個人面接あわせて)150点

＜評価の観点＞教育に対する情熱と使命感，課題解決能力，豊かな人間性等を中心とした資質などを見ます。

▼小学校　面接官3人　20分

【質問内容】

□希望校種，受験番号，名前の確認。

□模擬授業の自己採点は何点か。

　→どのように分析したか。

□賞罰の有無。

□志望動機と，理想とする教師像について，具体的に。

　→「笑顔が絶えない学級を作りたい」とあるが，具体的に。

　→現場に出ても，そのようなことに取り組んでいけるか。

□「誰一人取り残さない教育」を進めるために，スモールステップや見通しのもてる授業をすると書いてある。模擬授業の中で，スモールステップで進める様子は見られたが，見通しのもちやすさは，なかったように思われる。見通しのもてる授業について，具体的にどのように考えているのか。

□理想の教師像について，もっと詳しく。

□「誰一人取り残さない教育」を進めるために，「適切な子どもの把握」とあるが，どのように進めていくのか，具体的に。

□「チームとして活動した経験」について，あなたが書いてあることは現実的に難しくないか。

□「困難や失敗からの挽回・克服」について，もっと詳しく。

　→実際にそれが活かされた場面はあったか。

□なぜ大変と分かっていて教員を目指すのか。

□担任に対して反抗的な態度をとる児童がいるが，どのように対応するか。

　→それでも児童が反抗的であれば，どうするか。

　→保護者にはどのように説明するか。

→保護者に学校に問題があるのではないかと言われたら，どうするか。

▼小学校　面接官3人
【質問内容】
□自己申告所を中心，または自己申告書のみ聞かれる。そのため，自己申告書をしっかりと書くとよいと感じた。
【場面指導】
□保護者からSNSで子どもがいじめられていると電話が来た。どう対応するか。
　　→情報を確認した後，相手の保護者から「侵害なので裁判する」と言われた。どう対応するか。
　　→管理職に伝え，対応したところ，「あなたの問題だから一人で取り組め」と保護者に言われた。どう対応するか。

▼中学国語　面接官3人　20分
【質問内容】
□スクールサポートスタッフとして何をしたか。
　　→配属校はどのような学校か。
□働き方改革について，どう思うか。
　　→学校にどのような課題があるか。
□志望動機について。
□困難に直面した経験について。
□コロナ禍で得たこと。
□理想の教師像は。
　　→そのきっかけは。
　　→嫌だった先生の対応について。
　　→理想のためにどのようなことが必要か。
　　→相談を受けた経験は。
□中学生のときにチームとして活動した経験について。

□個別最適化の留意点は。

□強み，弱み，どのように改善していくか。

【場面指導】

□子どもが相談をしてきた。あなたには「他の人には伝えないで」と伝えてきた。どうするか。

・言葉で説明「～する」→「子どもはこう言いました」と付け加えられていく形式

・追質問(保護者にはどう説明するか等)が4つ程度あった。

▼中学理科　面接官3人　15分

【質問内容】

□ボランティア色々されているが，その中で 1 番教育現場に活かせそうな経験は。

□実習は行ったか。

　→いつどこに行ったか。

□問題解決能力とはどのようなものだと考えているか。

□理科への興味関心はなぜ中学で低下すると考えるか。

□理科への興味関心を持たせ続けるためにあなたは何をするか。

□中学になって理科の興味関心が低下しているとあるが，なぜ小学校での対策ではなく，中学校での対策を重視しているのか。

□そもそも理科が嫌いな子にはどうしていこうと考えているか。

□いじめや暴力のない学びの場をつくるために，あなたの担当のクラス(学級経営)ではどのような事を行っていきたいと考えているか。

□「生徒が共通で取り組める課題」とは具体的にどういった課題設定をしていくか。

□授業のユニバーサルデザインとはどういうものだと考えているか。

　→具体的にどういったものを想定しているか。

□授業に出られないなど，不登校の生徒にはどういった事をしていくか。

□最近の不祥事では，SNS 上での問題も多くある。それに対してはど

うしていきたいと考えているか。

□チームの大切さをこの経験を通じて感じたと思うが，学校現場では
どのように活かしていけると考えているか。

2023年度

※集団面接(集団討論)は，新型コロナウイルス感染症拡大防止のため
中止であった。

◆技能・実技試験(2次選考)

　＜配点＞100点

　＜評価の観点＞それぞれの校種等，教科・科目に応じて求められる指
　　導上の専門的知識，専門技能などを見ます。

　＜全校種共通持ち物＞受験票，筆記用具，上履き(会場備え付けの上履
　　き等は使用しない)，シューズバッグ(靴入れ)，不織布マスク

▼小学校・特支小学部

【英語課題】30分

□リスニングテスト

　ただ今から英語のリスニングテストを行います。メモをとってもか
まいません。解答は，すべてマークシートに記入しなさい。

問題1　これから英文を読みます。各英文に対する応答として最も適
　　切なものを①〜⑤の中からそれぞれ一つ選びなさい。英文は2回繰
　　り返します。

[No.1]　Sorry, I can't go out tonight. I have a lot of homework to do.

　①　How about you?

　②　Why not?

　③　How do you do?

　④　That's too bad.

　⑤　That's right.　　　　　　　　　　　　　　　　　(解答④)

[No.2]　Show me your passport, please.

① Here you are.

② For two weeks.

③ Sightseeing.

④ You're welcome.

⑤ Speaking.　　　　　　　　　　　　　　　　(解答①)

問題2　これから英文を読みます。各英文が説明しているものとして最も適切なものを①～⑤の中からそれぞれ一つ選びなさい。英文は2回繰り返します。

[No.3]　This is a thing used in the bedroom. It's put under your head when you sleep.

What is it?

① It's a yard.

② It's shampoo.

③ It's an alarm clock.

④ It's a windmill.

⑤ It's a pillow.　　　　　　　　　　　　　　(解答⑤)

[No.4]　This is a disease caused by an uncontrolled division of abnormal cells in a part of the body. What is it?

① It's a cavity.

② It's influenza.

③ It's cancer.

④ It's alcohol.

⑤ It's smoking.　　　　　　　　　　　　　　(解答③)

問題3　これから英文を読みます。その後の質問に対する応答として最も適切なものを①～⑤の中からそれぞれ一つ選びなさい。英文と質問は2回繰り返します。

[No.5] Meg started taking Korean classes three years ago. This year, she is going to study at a university in Korea for six months.

Question: How long is Meg going to study in Korea ?

① For three years.

② For six years.

③ For three months.

④ For six months.

⑤ For three years and six months.　　　　　　　　　(解答④)

[No.6] Jack(Man)

My name is Jack. My favorite season is winter because I love skiing. My dad and brother both like winter the best. My mom likes going to see cherry blossoms, so her favorite season is spring.

Question : Who likes spring the best in Jack's family?

① Jack does.

② Both Jack's father and brother do.

③ Only Jack's brother does.

④ Only Jack's father does.

⑤ Jack's mother does.　　　　　　　　　　　　　(解答⑤)

問題4　これから対話文を読みます。その後の質問に対する応答とし
　　　て最も適切なものを①～⑤の中からそれぞれ一つ選びなさい。対話
　　　文と質問は2回繰り返します。

[No.7]

A(boy):Excuse me. I want to read these three books. Can I borrow them until Tuesday?

B(woman): Of course. Actually, you can borrow five books during the winter vacation.

A(boy): Really? I didn't know that. There is another book I want to read, so can I go and get it?

B(woman): Sure.

A(boy): Thank you. I'll come back here soon.

Question: How many books is the boy going to borrow today?

(解答④)

[No.8]

A(woman): Have you seen the new whale movie yet?

B(man): Yeah. It was really exciting.

A(woman): Are you interested in whales?

B(man): Actually, no. But my favorite actor was in it.

Question: Why did the man see the movie?

① He hasn't seen it yet.

② His favorite actor was in it.

③ He likes whales.

④ His friend gave him a ticket.

⑤ He has to draw a picture of whales. (解答②)

[No.9]

A(woman): Are you from Hiroshima?

B(man): I was born in Tokyo, but I lived in Hiroshima when I was a child.

A(woman): Well, where did you go to university? Here in Mie?

B(man): No, I went to a university in Aichi.

Question: Where was the man born ?

① When he was small.

② He was bom in Tokyo.

③ He was bom in Hiroshima.

④ He was bom in Mie.

⑤ He was bom in Aichi. (解答②)

[No.10]

A(woman): How far is it from here to the stadium?

B(man): About thirteen minutes. It's nine o'clock now.

A(woman): Oh, we need to leave right now.

B(man): Yes. The game starts in thirty minutes.

Question: How soon will they leave?

① It's ten o'clock.

② In thirteen minutes.

③ In thirty minutes.

④ In forty minutes.

⑤ Now.　　　　　　　　　　　　　　　(解答⑤)

【音楽課題】

※当日は，新型コロナウイルス感染症拡大防止のため中止であった。

□「かたつむり」を令和5年度三重県公立学校教員採用選考試験実施要
　項13頁の楽譜どおりに，電子ピアノで前奏を弾いて「弾き歌い」す
　る。

※楽譜は準備するので持参不要

【体育課題】

※当日は，新型コロナウイルス感染症拡大防止のため中止であった。

□器械運動(マット運動)

　側方倒立回転－伸膝後転－後転－(折り返し)開脚前転を連続して行
う。

＜服装等＞

　実技に適した服装(縦15cm横20cmの白布に受験番号を記入したゼッ
ケンを胸の前に縫いつけること，スーツ等は不要)，シューズ(体育館
用)

▼中高英語

【課題】

□インタビューテスト

＜インタビューテスト実施上の注意事項＞

① インタビューテストは，6会場で実施します。それぞれの時間と会場を確認し，指示がありましたら荷物を持って入室してください。ノックは不要です。

② テスト時間は，一人15分を予定しています。

③ 入室しましたら，課題となるトピックを入れた封筒を渡します。1枚の紙に課題は2種類記載してありますので，2つの中から自分で1つ選んでください。まず初めの4分間(電子音が鳴ります)で，自分が選んだトピックについて，自分の考えをまとめてください。次の3〜4分間で，まとめた自分の考えを英語で述べてください。なお，自分の考えを述べる際には最初に自分が選んだトピックのタイトルを述べてからそれについて自分の考えを述べるようにしてください。3分経過後，試験官は「One minute left」のパネルを提示しますが，スピーチを中断せず話し続けてください。

④ テスト終了後，トピック，封筒，メモは持ち帰らず，机の上に置いて退室してください。

⑤ 退室後は，この部屋に戻らずに，帰路の表示にしたがってそのまま帰ってください。

⑥ 自分の番が来るまで，この部屋で待機してください。

⑦ 携帯電話はスイッチを切っておいてください。会場敷地外に出るまで，スイッチを入れてはいけません。

⑧ 会場敷地内は禁煙です。

＜英語 トピック＞

1 My opinion about club activities at school
  What "Work" means to me

2 Why I want to be a teacher
  The importance of anger management

3 What I learn from communicating with people from foreign countries
  My opinion about the age of adulthood being reduced to 18 years old

4　The most important thing as a teacher

　　How to promote tourism in Mie

5　What I want students to acquire through English education

　　My views on SNS

6　The role of school in society

　　A good memory with my friends

7　How to make a good atmosphere for speaking English

　　My opinion about stores staying open 24 hours a day

8　How to motivate students to read books

　　A social issue I have been interested in recently

9　The importance of giving feedback to students

　　My opinion about having a pet

10　My opinion on career education

　　My strong points

11　Positive influence that a teacher had on me

　　My opinion about e-sports

12　What I would do when a student says, "I don't want to come to school."

　　My advice to my 15-year-old self

13　How to make good relationships with other teachers

　　What I can do to slow down global warming

▼中学音楽

【課題1】

□自由曲を暗譜で演奏する。(3分程度)

・当日，楽譜(ピアノ伴奏する場合は伴奏つきの楽譜)を提出すること。
　(2部)

・ピアノ，声楽以外で受験する場合は，各自楽器を持参すること。

・伴奏者が必要な場合は，各自で同伴すること。(A＝442hz)

【課題2】

□課題曲をピアノで「弾き歌い」する。

・次に示す2曲を演奏する。

「花」　武島　羽衣　作詞，滝　廉太郎　作曲

※1〜3番すべて

「夢の世界を」　芙龍 明子 作詞，橋本 祥路 作曲

※1・2番すべて

※合唱部分は，どの声部でも可

・演奏用の楽譜は，教科書に掲載されているものを各自で用意すること。また，伴奏楽譜も各自で用意すること。

・教科書に掲載されている調で歌うこと。

▼中学美術

【課題1】

□素描…ステンレスカップを含む自画像を鉛筆でデッサンする。

　　　　　(自画像はマスクを外した状態のものとする。)

【課題2】

□デザイン…「友情」をテーマに平面構成する。

＜持参物＞

鉛筆(H〜4Bを各2〜3本)，消しゴム等(ネリ消しゴムを含む)

デザイン用具一式(ポスターカラーまたはアクリルガッシュ，デザイン用筆，定規，水入れ，消しゴム等)

※マスキングテープの使用は禁止する。

▼高校美術

【課題1】

□素描…手を入れた自画像を制作しなさい。

(条件)

・各自持参した鉛筆で描くこと。

・手と顔を画面に入れること。(一部切れるのは構わない)。

・作品の縦横は自由とする。

(配布物)

243

・鏡

・B3イラストボード(画用紙張り)

(その他)

・スケッチに用紙が必要な場合は，適宜配布するので申し出ること。

【課題2】

□平面構成…「つながり」をテーマに，与えられた条件に従い，美し
い色彩構成作品を制作しなさい。

(条件)

・B3イラストボード中央に300mm×400mm の枠を作図し，枠内に平
面構成すること。

・作品の縦横は自由とする。

・作品の制作意図をコンセプトシートに100字程度にまとめること。

(配布物)

・B3イラストボード(ケント紙張り)

・草案用シート 1枚

・作品コンセプトシート 1枚

※ 草案用シート，作品コンセプトシートは評価の参考とします。

【課題3】

□立体構成…「わ」をテーマに，与えられた素材と条件に従い，美し
い立体構成作品を制作しなさい。

(条件)

・台座は白ケント紙の張ってあるB3パネルを使用し，制作された立体
構成が運搬等により移動，変形しないように台座に固定すること。

・制作する立体構成は，幅，奥行きは台座のB3パネル内となるように
すること。

・素材は，与えられた2種類を必ず使用し，予め与えられた分量内と
する。

・作品の制作意図をコンセプトシートに100字程度にまとめること。

(台座)

・白ケント紙水張り済B3パネル

(配布物)
・カッター用マット 1枚
・B3スチレンボード 2枚
・B3ケント紙 2枚
・草案用シート 1枚
・作品コンセプトシート 1枚
※ 草案用シート，作品コンセプトシートは評価の参考とします。
(その他)
・制作時間中に，事前に提出された「参考作品」，「ポートフォリオ」
　について，5分程度
の簡単な聞き取りを個別に行う。
＜持参物＞
鉛筆，消しゴム等(ネリ消しゴムを含む)
平面構成に必要な道具一式(ポスターカラーまたはアクリルガッシュ，
デザイン用筆，定規，水入れ，消しゴム等)
立体構成に必要な道具一式(定規，コンパス，カッター，はさみ，接着
剤，
両面テープ等)
※参考作品1～2点程度 150号までの平面作品，もしくは縦・横・高さ
　が各2m以内の立体作品(一人で手動可能なもの)
※これまでに制作した作品のポートフォリオ

▼中高保体・特支中高保体
【課題1】
□球技(1種目選択)
① バスケットボール
② バレーボール
③ サッカー
＜内容＞
① バスケットボール…ドリブルシュート，(ゴール下)ジャンプシュ

245

ート

② バレーボール…レセプション，トス，スパイク，サーブ

③ サッカー…リフティング，ドリブルスラローム，コントロールからシュート

【課題2】

□陸上競技(1種目選択)

① 走幅跳

② 砲丸投

※試験当日は雨天等により屋外で実施ができなかったため，立幅跳び(記録測定 2回)を実施

【課題3】

□武道(1種目選択)

① 柔道

② 剣道

＜内容＞

① 柔道…礼法，受身，一人打ち込み

② 剣道…礼法，素振り，仕掛技，応じ技，地稽古

【課題4】

□器械運動(マット運動)

＜男子＞

側方倒立回転2回連続→倒立前転→伸身ジャンプ$\frac{1}{2}$ひねり→伸膝後転→前方倒立回転跳び

＜女子＞

側方倒立回転2回連続→倒立前転→伸身ジャンプ$\frac{1}{2}$ひねり→伸膝後転→伸膝前転

※全員必須

【課題5】

□ダンス

課題曲(3曲)の中から1曲を選択し，作品のテーマを考えて，曲の始まりから1分程度の小作品を踊る。なお，次の3点に留意する。

① 全身を大きく使って踊れているか。
② 1つの作品としてまとまりのある構成となっているか。
③ テーマを表現するために動きや場の工夫があり，踊り込まれているか。
※技能・実技試験当日は，次の2点についてシートを提出してからダンスを踊る。
① 作品のテーマ
② 表現したい内容
※全員必須
【課題6】
□水泳
　クロール25m，平泳ぎ25m
　記録測定
※全員必須
＜注意点＞
・申込の際に，球技，陸上競技，武道からそれぞれ1種目ずつ選択し，申請すること。
＜服装等＞
○球技，陸上競技，器械運動，ダンス
・実技に適した服装(縦15cm横20cmの白布に受験番号を記入したゼッケンを胸の前に縫いつけること)，シューズ(体育館用，屋外用)
○武道
・柔道着
・剣道着，防具，竹刀
※ゼッケン(球技等と同様のもの)を背に縫いつけること。
○水泳
・水泳着，水泳帽
※水泳着にゼッケンは不要，水泳用ゴーグルは使用可

▼中学技術(午前の部)

【試験1】

□「材料と加工に関する技術」

【課題1】「木取り」8：50〜9：30(40分)

　示された構想図をもとに与えられた板材(1枚)に鉛筆でけがきをしなさい。

　提出物：木取りした板材

【課題2】「製作」「指導構想」9：50〜11：50(60分)

　【課題1】の構想図どおりに木製品を製作しなさい。この製作で生徒に対して指導すべき点について，使用する工具の調整や扱い方を例に挙げながら自由に記述しなさい。

　提出物：製作物・指導構想案(A4用紙)

＜条件＞

① 試験1の【課題1】【課題2】はそれぞれ制限時間内に仕上げる。

　【課題2】は11：50分までに終わる。

② 木取りは，1枚板全体を有効に使用し，仕上がり寸法線のみで記入する。また，部品番号も記入する。

③ 製作は，示された構想図どおりに仕上げる。

④ 製作では安全への配慮を十分に行う。

⑤ 作業手順や時間配分を考え，材料や作業内容にあった工具を選び作業する。

⑥ 接着剤は使用しない。また塗装はせず，素地磨きをして完成とする。

⑦ 試験終了後は，使用したもの(受験者が持参したものを除く)をすべて机上に置いて退席する。

＜会場準備物＞

・板材(杉材)

・釘(N38)

・真鍮釘

・木工やすり(平・半丸)

・サンドペーパー(120番)
・作業机，作業イス

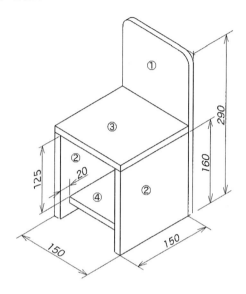

構想図

＜持参物＞(午前・午後共通)
・筆記用具(HB，Bの鉛筆を含む)，直定規，三角定規，さしがね，の
　こぎり，かんな，四つ目ぎり，げんのう，くぎぬき，ラジオペンチ，
　ニッパ，プラスドライバー，マイナスドライバー，カッターナイフ，
　はさみ，実技に適した服装等
※パソコン及びその他の必要なものは当日，試験会場に準備する。

▼中学技術(午後の部)
【試験2】
□「情報に関する技術」13：00〜14：30(90分)

【課題3】「情報処理」

　Scratch で「電車」を走らせるプログラムを作りなさい。

　ただし，以下の要件を満たすこと。

① 灰色の路線を脱線せずに走る。

② 信号が赤のときに線路上の黄色の線で止まる。

③ キーボードのスペースキーを押すと緊急停止する。

④ 画面の速ボタンにマウスポインタで触れると高速で電車が走り，遅ボタンにマウスポインタで触れると低速で電車が走る。

⑤ 中学生の興味を引くような機能を付け加える。

＜条件＞

① 画面上の緑の旗をクリックするとプログラムが実行される。

② 線路1，線路2の画像は変更しないこと。

③ ボタンの画像は変更しないこと。

④ 信号の画像は変更しないこと。

⑤ 背景(線路)のコードは変更しないこと。(コードを見ることは構わない。)

⑥ 信号のコードは変更しないこと。(コードを見ることは構わない。)

＜会場準備物＞

・パソコン，プリンタ

・「Scratch 3.0」

▼中高家庭

【調理課題】

□下記の指示に従い，調理しなさい。

1 調理時間50分(後片付けを含む)

2 熱源2個

3 既定の食材は必ず使用する。

4 自由材料は適量を使用する。(使用しないものがあってもよい)

5 裏面の配置図のとおりに提出する。

調　理　名		材　　料	分　量	方　　　法
ハンバーグステーキ <付け合わせ> 人参とさやいんげんの塩 ゆで	規定	合いびき肉	８０ｇ	・玉ねぎはすべてみじん切りにする。 　使用しなかった玉ねぎは指定の器に入れ 　提出する。 ・人参は厚さ１㎝に２枚切り、花型で抜い 　て２枚とも片面にねじりを加える。
		玉ねぎ	３０ｇ	
		パン粉	５ｇ	
		牛乳	１０ｇ	
		卵	１５ｇ	
		人参	２０ｇ	
		さやいんげん	２本	
	自由	塩	適量	
		こしょう	適量	
		サラダ油	適量	
茶碗蒸し	規定	卵	３０ｇ	・三つ葉は結び三つ葉にする。 ・鶏ささみは、そぎ切りにしたものを２切 　れ茶碗蒸しに加える。使用しなかったさ 　さみは指定の器に入れ提出する。 ・器にラップをかけて蒸す。
		鶏ささみ	１本	
		海老	１尾	
		三つ葉	２本	
		ぎんなん	１個	
	自由	塩	適量	
		だし汁	適量	
		しょうゆ	適量	
		酒	適量	
		みりん	適量	
コールスローサラダ	規定	キャベツ	４０ｇ	・キャベツ、きゅうり、人参は千切りにし 　て、塩もみをする。 ・自由材料を使いドレッシングを作り、和 　えずに指定の器に入れる。
		きゅうり	３０ｇ	
		人参	３０ｇ	
	自由	塩	適量	
		マヨネーズ	適量	
		砂糖	適量	
		レモン汁	適量	

提出用トレイ　：　提出物配置図

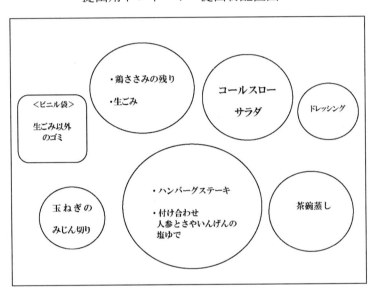

【被服課題】

□下記の指示に従い，エプロンを制作しなさい。型紙は，配布された
　ものを使用すること。手縫いについては，すべて手縫い糸を使用す
　る。

・縫い代寸法は型紙に記入されたとおりとする。

・ポケットを機能的な位置につける。

・ポケット口を三つ折り(出来上がり幅2cm程度)とし，並縫い(縫い目
　の幅は0.5cm程度)とする。

・胸見返しは普通まつり縫い(針目の間隔は0.8cm程度)とする。

・型紙に従い，裾の切り替えを作り，縫い代は上に折り，押さえミシ
　ンをする。(縫い代の始末は不要とする。)

・そでぐり，わき(できあがり幅1cm程度)は，三つ折りとし，端ミシン
　をする。

・裾は(できあがり幅2cm程度)三つ折りとし，端ミシンをする。

＜提出について＞

・受験番号札を安全ピンでエプロン本体にとめ，ビニール袋に入れる。

【 できあがり図 】

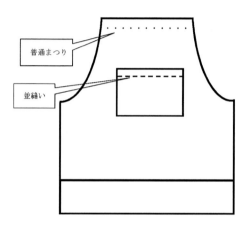

＜持参物＞

・裁縫用具一式(縫針，待針，針山，指ぬき，糸きりバサミ，ヘラ，し
  つけ糸，裁ちバサミ，リッパー，チャコ〈チャコペン，チャコペン
  シル可〉，定規)，調理用かっぽう着または白衣，三角きん，ふきん
  4枚，手拭きタオル，包丁

▼養護教諭

【課題1】(1分30秒)

□Cさんの身長を測定してください。

※測定の準備と方法のポイントについて，Cさんに触れずに声に出し
  て説明しながら測定してください。

※測定値も声に出してください。

【課題2】(3分)

□ICT機器(タブレット・スマートフォン等)を使用する機会が増えてき

ました。そこで，目の健康を守るための保健指導を中学校1年生1ク
ラスを対象に行ってください。

＜服装等＞

実技に適した服装(スーツ等は不要)

◆模擬授業(2次試験)

＜配点＞面接(模擬授業・個人面接あわせて)150点

＜評価の観点＞教育に対する情熱と使命感，課題解決能力，豊かな人
間性等を中心とした資質などを見ます。

1　面接試験における模擬授業の課題は以下のとおりです。

2　面接日までに，自分の受験する校種・教科(小学校受験者は面接日)
の課題①②について，単元全体の指導計画を構想したうえで，模擬
授業の内容を考えてください。〈高等学校地理歴史，理科受験者に
ついては第1次選考試験筆答試験(専門)で選択した科目〉

3　個人面接試験開始約5分前に，模擬授業の課題(①または②)を指定
します。併せて授業で指導する学習集団の状況を設定し指示します。
指示内容を踏まえ，課題の授業の構成を考え，1時間の授業の冒頭4
分間を行ってください。〈学習集団の状況とは，児童生徒の学習へ
の意欲，学習の理解度等の状況〉

4　模擬授業では，児童生徒が目の前にいるものと想定し，進めてく
ださい。ただし，面接委員を当てたりすることはやめてください。

5　面接会場にある黒板やホワイトボードは使用しても構いませんが，
教科書やノート，教材・教具の持込は不可とします。

校種・教科・科目	日付	課題
小学校教諭	8月24日	① 国語 第1学年 C 読むこと 「おはなしのすきなところを見つける」
		② 理科 第3学年 B 生命・地球 「太陽と地面の様子」
	8月25日	① 社会 第4学年 自然災害から人々を守る活動
		② 算数 第6学年 A 数と計算 「文字と式」
	8月26日	① 国語 第3学年 B 書くこと 「物語を書く」
		② 理科 第5学年 A 物質・エネルギー 「振り子の運動」
	8月27日	① 社会 第6学年 世界の中の日本
		② 算数 第2学年 C 測定 「水のかさ」
	8月28日	① 国語 第5学年 A 話すこと・聞くこと 「インタビューをする」
		② 算数 第4学年 B 図形 「垂直、平行と四角形」

▼小学校教諭　面接官3人　5分

【課題】

□国語「お話の好きなところを見つける」

※(条件)「お互いに協力し合えるクラス」

・準備4分，授業4分，追加質問1分程度。

・工夫したところ，伝えたかったことを聞かれた。

校種・教科・科目		日付	課題
中学校教諭	国語	8月22日	① A 話すこと・聞くこと 「グループディスカッション」
			② B 書くこと 「お礼状を書く」
	社会	8月23日	① 歴史的分野 B 近世までの日本とアジア 「鎌倉幕府の成立」
			② 公民的分野 D 私たちと国際社会の諸課題 「現代の戦争と平和」
	数学	8月23日	① A 数と式 「平方根」
			② C 関数 「比例・反比例」
	理科	8月23日	① 第1分野 化学変化とイオン
			② 第2分野 いろいろな生物とその共通点
	音楽	8月24日	① A 表現 「歌唱」
			② A 表現 「創作」
	美術	8月24日	① A 表現 「木版画」
			② B 鑑賞 「みんなのためのデザイン」
	保健体育	8月22日	① 体育分野 B 器械運動 「マット」
			② 保健分野 健康な生活と疾病の予防 「休養・睡眠と健康」
	技術	8月24日	① A 材料と加工の技術 「問題の発見と課題の設定」
			② C エネルギー変換の技術 「これからのエネルギー変換の技術」
	家庭	8月24日	① B 衣食住の生活 「食品の選択と購入」
			② C 消費生活・環境 「消費者の権利と責任」
	英語	8月22日	① 話すこと（発表）「接続詞」
			② 話すこと（やり取り）「現在進行形」

▼中学社会

【課題】

□「現代の戦争と平和」

※(設定)「仲間と協力をよくするクラス」

・はじめにクラス状況，タイトル，本日の流れの説明があり，3分で
　導入の模擬授業を行う。

・課題は事前に2つ与えられ，5分前にどちらを扱うか言われる。

▼中学数学

【課題】

□中学1年「比例・反比例」

※(設定)「何を言っても否定的なクラス」

・個人面接の初めに行われる。

・課題は事前に2分野知らされているので，準備しておくことができ
　る。

・学級の状況は当日知らされるため，準備した内容に少しだけ学級の
　状況を加味したアレンジをしないといけない。

校種・教科・科目		日付	課題
高等学校教諭	国語	8月28日	① （文学国語） A 書くこと
			② （国語表現） A 話すこと・聞くこと
	地理歴史	8月29日	① （地理総合） C 持続可能な地域づくりと私たち 「自然環境と防災」
			② （地理探究） A 現代世界の系統地理的考察 「資源、産業」
			① （日本史探究） B 中世の日本と世界 「武家政権の成立」
			② （日本史探究） C 近世の日本と世界 「貿易の統制と対外関係」
			① （世界史探究） C 諸地域の交流・再編 「宗教改革」
			② （世界史探究） D 諸地域の結合・変容 「アメリカ合衆国の台頭」
	公民	8月29日	① （倫理） B 現代の諸課題と倫理 「社会と文化に関わる諸課題と倫理」
			② （政治・経済） B グローバル化する国際社会の諸課題 「現代の国際政治・経済」
	数学	8月29日	① （数学Ⅲ） 微分法 「合成関数の導関数」
			② （数学B） 数列 「等差数列と等比数列」
	理科	8月28日	① （物理） 運動量 「運動量の保存」
			② （物理） 波の伝わり方 「波の伝わり方とその表し方」
			① （化学） 化学反応とエネルギー 「電気分解」
			② （化学） 有機化合物 「炭化水素」
			① （生物） 遺伝子の変化と進化の仕組み 「遺伝子の変化」
			② （生物） 生態系 「生態系の物質生産と物質循環」
	美術（デザイン含む）	8月28日	① （美術Ⅰ） B 鑑賞 「日本の美術と文化」
			② （美術Ⅱ） A 表現 「デザイン」
	保健体育	8月29日	① （体育） C 陸上競技 「短距離走」
			② （保健） 健康を支える環境づくり 「環境と健康」
	看護	8月29日	① （基礎看護） 日常生活の援助 「食事と栄養」
			② （在宅看護） 在宅看護の特徴 「在宅看護の役割と機能」
	家庭	8月28日	① （家庭基礎） A 人の一生と家族・家庭及び福祉 「生涯の生活設計」
			② （家庭総合） B 衣食住の生活の科学と文化 「食生活の科学と文化」
	農業	8月29日	① （農業と環境） 農業生産の基礎 「農業生産と工程管理・評価」
			② （農業と情報） 農業に関する情報手段 「農業の各分野における情報の役割」
	工業（機械系）	8月28日	① （機械工作） 生産の管理 「生産計画と管理」
			② （機械設計） 材料の強さ 「機械部分に生じる応力とひずみの関係」
	工業（電気・電子系）	8月28日	① （電力技術） 発電 「発電方式」
			② （電子回路） 各種の電子回路 「電源回路」
	工業（工業化学系）	8月28日	① （工業化学） 生活と化学工業製品「食品と生活の化学」
			② （地球環境化学） 資源とエネルギー 「地球と資源」
	英語	8月29日	① （英語コミュニケーションⅠ） 英語の特徴やきまりに関する事項 「語、連語及び慣用表現」
			② （論理・表現Ⅱ） 言語活動及び言語の働きに関する事項 「言語の働きに関する事項」
	情報	8月28日	① （情報Ⅰ） コンピュータとプログラミング 「アルゴリズムによる表現」
			② （情報Ⅱ） 情報社会の進展と情報技術 「情報技術の発展による人の知的活動への影響」
	福祉	8月29日	① （コミュニケーション技術） サービス利用者や家族とのコミュニケーション 「サービス利用者や家族との関係づくり」
			② （こころとからだの理解） 認知症の理解 「認知症の基礎的理解」

校種・教科・科目		日付	課題
特別支援学校教諭	小学部	8月29日	① 小学部 国語 3段階（知的） B 書くこと 「見聞きしたり、経験したりしたことについて、簡単な語句や短い文を書くこと。」
			② 小学部 音楽 1段階（知的） A 表現 「表現をする音や音楽に気づくこと。」
	中・高 保健体育	8月29日	① 中学部 1段階（知的） C 陸上運動 「陸上運動についての自分の課題を見付け、その解決のための活動を考える。」
			② 高等部 2段階（知的） Ⅰ 保健 「傷害の防止及び疾病の予防等の理解を深める。」

校種・教科・科目	日付	課　題
養護教諭	8月28日	① 小学校　学級活動　「病気の予防」
		② 中学校　学級活動　「喫煙・飲酒・薬物乱用などの害」

校種・教科・科目	日付	課　題
栄養教諭	8月28日	① 小学校　学級活動　「食育の観点を踏まえた望ましい食習慣の形成に関する指導」
		② 中学校　学級活動　「食育の観点を踏まえた学校給食に関する指導」

◆集団面接(2次選考)

※新型コロナウイルス感染症拡大防止のため未実施であった。

◆個人面接(2次選考)

※場面指導含む

＜配点＞面接(模擬授業・個人面接あわせて)150点

＜評価の観点＞教育に対する情熱と使命感，課題解決能力，豊かな人

間性等を中心とした資質などを見ます。

▼小学校　面接官3人　25分(個人面接＋模擬授業＋場面指導)

【質問内容】

□志望動機について

→なぜ小学校なのか。

→サポートしたいと言っていたが，支援と指導の違いは何か。

□ボランティアについて

→具体的な活動，参加日時，学年は。

→1番学んだことは何か。

→授業中に落ち着きがなくなってしまう児童の理由は何か。そのよ

うな子たちを授業に参加させるにはどうすればよいか。

→子どもによって興味関心が異なると思うがどう対応するか。

□長所短所について

→短所を克服していくには。

→長所を教育に生かすには。
□コンプライアンスについて
　→不祥事の原因。対策について。
　→研修などを行なっているのになぜなくならないのか。
□ICTについて
　→どのように使うか。
　→学習以外にどのように活用するか。
　→注意するところは何か。

【場面指導】面接官3人　5分
□教室で泣いている子と，その周りに2人の児童がいる。泣いている
　子は，泣いていて事情を話してくれない。周りの2人に話を聞くと，
　泣いている児童が悪口を言ってきたから叩いたと言った。それぞれ
　にどう対応するか。また，当事者以外にも周りに児童がいたらどう
　対応するか。

▼中学社会　面接官3人　25分(個人面接＋模擬授業＋場面指導)
【質問内容】
□志願書の内容について
　→志願動機。
　→理想の教師像。
　→自分の強みとそれを生かした教育活動。
　→ICTの活用。
　→コンプライアンス意識について。
　→誰かとともに成し遂げた経験とそこから得たもの。
　→現在の自分の課題。
□どのようにして生徒をつなぐか。
□教育実習で印象に残ったことは。
□高校生活は充実していたか。
□いつごろ教師になろうと思ったか。

□生徒に一番伝えたいことは。

【場面指導】

□あなたはあるクラスの担任である。修学旅行に行くことになり，グループを作っていたが，グループの中に車いす(A)の子がいるグループがあった。後日，そのグループのBくんからAがいると行きたいところを回れないからイヤだと言われた。Bをどう指導するか。

▼中学数学　面接官3人　20分(個人面接＋模擬授業＋場面指導)

【質問内容】

□事前に作成した自己申告書の内容について

　　→志願動機について。

　　→理想の教師像とは。

　　→ICTをどう活用していくか。

　　→コンプライアンス意識について。

□自身の経歴(ボランティアなど)について。

※自己申告書に書いたことについてあらかじめ質問を予想し，考えを持っておくことが重要である。

【場面指導】

□生徒からある先生に肩を触られ嫌な思いをしたという相談をうけたらどう対応するか。

※個人面接の最後に行う。

※実演ではなく，動きを説明する。

▼中高特支保体　面接官3人　25分(個人面接＋模擬授業＋場面指導)

【質問内容】

□経歴について。

□模擬授業の感想，ねらいについて。

□志望動機。

□今，力を入れていること。

□(申告書に)強みは探究心と書いてあるが，現場で生かせる場面はあ

るか。

□ICTについて，今の現場でどのような取り組みをしているか。

　→そのことについての課題は何か。

※主に事前に提出する自己申告書から聞かれる。

※記入した内容について，より詳細に聞かれる。

【場面指導】

□最近SNSでBに悪口を書かれ落ち込んでいるAがいる。どう対応するか。

□Bに話を聞いたところ，実はAもBの悪口を書いていた。どう対応するか。

□Aの保護者から，Bに厳しく指導して欲しいと言われた。どう対応するか。

2022年度

◆技能・実技試験(2次選考)

＜配点＞100点

＜評価の観点＞それぞれの校種等，教科・科目に応じて求められる指導上の専門的知識，専門技能などを見ます。

＜全校種共通持ち物＞受験票，筆記用具，上履き(会場備え付けの上履き等は使用しない)，シューズバッグ(靴入れ)，マスク

▼小学校・特支小学部

【英語課題】20分

□リスニングテスト

　ただ今から英語のリスニングテストを行います。メモをとってもかまいません。解答は，すべてマークシートに記入しなさい。

問題1　これから英文を読みます。各英文に対する応答として最も適切なものを①～⑤の中からそれぞれ一つ選びなさい。英文は2回繰り返します。

[No.1]　I hear you got a fever last week. How do you feel now?

① Cheer up.

② I'd love to.

③ Not long ago.

④ Sincerely yours.

⑤ Much better. (解答⑤)

[No.2] Let's go bowling.

① Five times.

② You're welcome.

③ How do you do?

④ Why not?

⑤ Here you are. (解答④)

問題2 これから英文を読みます。各英文が説明しているものとして最も適切なものを①〜⑤の中からそれぞれ一つ選びなさい。英文は2回繰り返します。

[No.3] This is an instrument for finding direction, with a needle that always points to the north. What is it?

① It's a signal

② It's a compass.

③ It's a road.

④ It's a sewing machine.

⑤ It's a thread. (解答②)

[No.4] This is a type of food made from flour and water that is mixed together and then baked. What is it?

① It's spaghetti.

② It's a sunflower.

③ It's bread.

④ It's ice cream.

⑤ It's a pan. (解答③)

問題3 これから英文を読みます。その後の質問に対する応答として最も適切なものを①〜⑤の中からそれぞれ一つ選びなさい。英文と

質問は2回繰り返します。

[No.5]　It's ten past five now. The next bus will come in fifteen minutes.

Question: What time will the next bus come?

① At 5:25.

② At 6:00.

③ At 10:15.

④ At 10:20.

⑤ At 10:55.　　　　　　　　　　　　　　　　　　　（解答①）

[No.6]　(speaker : man)

　　This is a book my sister got for me in the UK. It has many pictures of the natural landscapes there.

Question: What is the boy talking about?

① A book his sister wrote.

② A book given by his sister.

③ His trip to the UK.

④ Nature in Japan.

⑤ His speech.　　　　　　　　　　　　　　　　　　（解答②）

[No.7]　(speaker : woman)

　　I'm 40 years old. My brother is 4 years younger than me, and his wife is 2 years older than him.

Question: How old is the woman's sister-in-law?

① 36 years old.

② 38 years old.

③ 40 years old.

④ 42 years old.

⑤ 44 years old.　　　　　　　　　　　　　　　　　（解答②）

[No.8]　(speaker: man)

　　My sister stopped working as a baker two months ago. She's just got a job as a dog trainer. She has wanted to be one since she was a junior high school student. She has worked at a pet shop and a zoo before. Now she lives a full life every day.

Question: What does the man's sister do?

① A baker.

② A dog trainer.

③ A junior high school teacher.

④ A pet shop clerk.

⑤ A zookeeper. (解答②)

問題4 これから対話文を読みます。その後の質問に対する応答とし
て最も適切なものを①～⑤の中からそれぞれ一つ選びなさい。対話
文と質問は2回繰り返します。

[No.9]

Man: Do you have any plans for the summer vacation, Cathy?

Cathy (Woman): Yes. I'm going on a trip to Hokkaido.

Man: Sounds great.

Cathy (Woman): I wanted to leave on August 12th, but it was hard to get a plane ticket. I didn't know lots of people travel around that time. So I'm leaving on August 6th.

Man: I see. How long are you going to stay there?

Cathy(Woman): For 5 days. I'm going to come back on the 10th because we have to attend the meeting the next day, right?

Man: Absolutely.

Question: When is Cathy going to take part in the meeting?

① On August 5.

② On August 6.

③ On August 10.

④ On August 11.

⑤ On August 12. (解答④)

[No.10]

Jim(Man): Hi, Erika. What are you doing?

Erika (Woman): Hi, Jim. I'm waiting for Mary. She's going to pick me up here at Minami Park. She says it's convenient for us to meet here because her house and the supermarket are both near here.

Jim(Man):　　　What are you going to do with her?

Erika(Woman):　We're going to the supermarket to buy some ingredients for making pizza at her house. Would you like to join us?

Jim (Man):　　 I'd love to, but I can't. I have to go to the library to return some books.

Erika(Woman):　How about meeting here in an hour if you like? After going to the supermarket, I can come back here with Mary. It would be great if you could join us.

Jim(Man):　　　Thanks. I'd be glad to.

Question: What is Erika going to do first?

① 　She is going to the supermarket.

② 　She is going to the library.

③ 　She is going to meet Mary.

④ 　She is going to make pizza.

⑤ 　She is going to pick up Tom.　　　　　　　　　　(解答③)

・基礎的な内容。今年は昨年より難化しているように感じた。

・何年分か問題を見て，形式は似ているので覚えておくと当日楽だと思う。

・論文のあと，続けて行われた。

・戻る時間はないので，問題一つ一つに集中しなければならない。

・英検準2級レベルくらいか。

・最後の2問が5点配点。

・1〜3分程度選択肢に目を通せる時間がある。

【音楽課題】

□「はるがきた」を令和4年度三重県公立学校教員採用選考試験実施要項13頁の楽譜どおりに，電子ピアノで前奏を弾いて「弾き歌い」する。

※楽譜は準備するので持参不要

・「はるがきた」を楽譜どおりに両手で演奏する。

・歌詞1番〜3番までを前奏付きで弾き歌いする。

・個別試験。試験官2名。電子ピアノ。事前練習なし。

・失敗しても2回までやり直し可能。

・自分のタイミングで始められる。

・間違っても弾き直しできる。(事前に説明あり)

・最後まで弾き切ること。

⟵こういう配置

【体育課題】

□器械運動(マット運動)

　側方倒立回転−伸膝後転−後転−(折り返し)開脚前転を連続して行う。

<服装等>

　実技に適した服装(縦15cm横20cmの白布に受験番号を記入したゼッケンを胸の前に縫いつけること，スーツ等は不要)，シューズ(体育館用)

・体育館に集められ，他の受験者も見ている中での実施で緊張する。

・マットは一度練習できる。ピアノは時間が決められていて，2回までは弾き直すことができる。どちらも苦手な人は1次前から練習すると，当日安心して行うことができると思う。

・技ができなくても，始まり，終わり，つなぎをきれいにすれば合格。

・練習時間がある。

・初めに準備体操，一回の練習がある。

・技のつなぎを丁寧にするときれいに見える。

・5つマットが並んでおり，5人が同時に演技スタート。

・1回目練習，2回目本番。

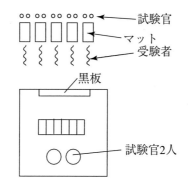

▼中高英語

【課題】

□インタビューテスト

＜インタビューテスト実施上の注意事項＞

① インタビューテストは，6会場で実施します。それぞれの時間と会場を確認し，指示がありましたら荷物を持って入室してください。ノックは不要です。

② テスト時間は，一人15分を予定しています。

③ 入室しましたら，課題となるトピックを入れた封筒を渡します。1枚の紙に課題は2種類記載してありますので，2つの中から自分で1つ選んでください。

　まず初めの4分間(電子音が鳴ります)で，自分が選んだトピックについて，自分の考えをまとめてください。

　次の3〜4分間で，まとめた自分の考えを英語で述べてください。なお，自分の考えを述べる際には最初に自分が選んだトピックのタイトルを述べてからそれについて自分の考えを述べるようにしてください。3分及び4分に電子音が鳴ります。3分目の電子音ではスピーチを中断せず，話し続けてください。

④ テスト終了後，トピック，封筒，メモは持ち帰らず，机の上に置いて退室してください。

⑤ 退室後は，この部屋に戻らずに，帰路の表示にしたがってそのま

ま帰ってください。

⑥　自分の番が来るまで，この部屋で待機してください。

⑦　携帯電話はスイッチを切っておいてください。会場敷地外に出る
まで，スイッチを入れてはいけません。

⑧　会場敷地内は禁煙です。

＜英語トピック＞

1　My opinion about school uniforms

　　What changes do I think 5G will bring

2　The ideal teacher I want to be

　　What I think about local production for local consumption

3　Advice for students who want to improve their English writing skills

　　What I think about outdoor activities

4　The importance of talking with students individually

　　What I'm addicted to now

5　My opinion about visual aids in English teaching

　　The importance of learning about my hometown

6　The ideal team-teaching with ALTs

　　My biggest failure in life

7　My best memory of school

　　The best season to travel to Japan

8　My opinion about pair and group work in teaching English

　　How to promote washoku to foreigners

9　Why I want students to learn English

　　What to prepare for a disaster

10　Advice for a student who says: "I don't know what I want to do in the future"

　　What I learned from overcoming a difficulty

11　How I motivate students who are not interested in English

　　What I do when I'm feeling down

12　My recommended school trip destination and why

What issue Japan should give priority to solve

13　The importance of school events

　　What changed our lives the most in the last 10 years

▼中学音楽・特支中高音楽

【課題1】

□自由曲を暗譜で演奏する。(3分程度)

・当日，楽譜(ピアノ伴奏する場合は伴奏つきの楽譜)を提出すること。
　(2部)

・ピアノ，声楽以外で受験する場合は，各自楽器を持参すること。

・伴奏者が必要な場合は，各自で同伴すること。(A＝442hz)

【課題2】

□課題曲をピアノで「弾き歌い」する。

・次に示す2曲を演奏する。

　「花」(ト長調)　武島羽衣作詞，滝廉太郎作曲

※1～3番すべて

　「大切なもの」(変ニ長調)　山崎朋子作詞，作曲

※すべて

※合唱部分は，どの声部でも可

・演奏用の楽譜は，教科書に掲載されているものを各自で用意すること。また，伴奏楽譜も各自で用意すること。

・教科書に掲載されている調で歌うこと。

▼中学美術

【課題1】

□素描…透明な箱を含む自画像を鉛筆でデッサンする。
　(自画像はマスクを外した状態のものとする。)

【課題2】

□デザイン…「希望」をテーマに平面構成する。

＜持参物＞

鉛筆(H～4Bを各2～3本)，消しゴム等(ネリ消しゴムを含む)

デザイン用具一式，ポスターカラーまたはアクリルガッシュ，デザイン用筆，定規，水入れ，消しゴム等

▼中高保体・特支中高保体

【課題1】

□球技(1種目選択)

① バスケットボール

② バレーボール

③ サッカー

＜内容＞

① バスケットボール…ドリブルシュート，(ゴール下)ジャンプシュート

② バレーボール…レセプション，トス，スパイク，サーブ

③ サッカー…リフティング，ドリブルスラローム，コントロールからシュート

【課題2】

□武道(1種目選択)

① 柔道

② 剣道

＜内容＞

① 柔道…礼法，受身，一人打ち込み

② 剣道…礼法，素振り，仕掛技，応じ技

【課題3】

□ダンス

課題曲(3曲)の中から1曲を選択し，作品のテーマを考えて，曲の始まりから1分程度の小作品を踊る。なお，次の3点に留意する。

① 全身を大きく使って踊れているか。

② 1つの作品としてまとまりのある構成となっているか。

③ テーマを表現するために動きや場の工夫があり，踊り込まれてい

るか。

※技能・実技試験当日は，次の2点についてシートを提出してからダンスを踊る。

① 作品のテーマ，またはダンスのタイトル

② 表現したい内容

※全員必須

【課題4】

□器械運動(マット運動)

＜男子＞

　側方倒立回転2回連続→倒立前転→伸身ジャンプ1/2ひねり→伸膝後転→前方倒立回転跳び

＜女子＞

　側方倒立回転2回連続→倒立前転→伸身ジャンプ1/2ひねり→伸膝後転→伸膝前転

※全員必須

【課題5】

□陸上競技(立ち幅跳び)

　記録測定2回

※全員必須

【課題6】

□水泳

　クロール25m，平泳ぎ25m

　記録測定

※全員必須

＜注意点＞

・申込の際に，球技，武道からそれぞれ1種目ずつ選択し，申請すること。

＜服装等＞

○球技，陸上競技，器械運動，ダンス

・実技に適した服装(縦15cm横20cmの白布に受験番号を記入したゼッ

　ケンを胸の前に縫いつけること)，シューズ(体育館用，屋外用)

○武道

・柔道着，剣道着，防具，竹刀。ゼッケン(球技等と同様のもの)を背
　に縫いつけること。

○水泳

・水泳着，水泳帽

※水泳着にゼッケンは不要，水泳用ゴーグルは使用可

▼特支保体

＜剣道＞

・礼法，防具を着けるところも見られている。

・上下振り10回，前進後退正面打ち10回

・仕掛け技と応じ技…面，胴，小手からそれぞれ1種類ずつ2回行う。

＜水泳＞

・クロール→平泳ぎ

・タイムの計測と泳法を見ている。飛び込みは可能。しかし，スター
　トとターンの技術に関しては評価の対象外。

・1人25mアップができる。

・雨天でも実施する。雷が鳴った場合は，そこから25分以上空ける決
　まりがあるため，かなり待たされることがある。

＜器械運動＞

・5分間練習時間がある。マットに乗ったところから演技としてカウ
　ントされる。

＜立ち幅跳び＞

・陸上の選択種目に関わらず立ち幅跳びになった。1人1回練習。

・2回測定する。

・マットのずれ防止のため，次とその次の試技者がマットを押さえて
　おく。

＜球技＞バスケットボール

・ゴール下とレイアップをそれぞれ30秒。ゴール下は2回できる。

・シュートを外した場合も逆側に移動してシュートを打たなければならない。(右側からシュートを打ったが外れ，再び右側から打ち直してゴールに入った場合は，ノーカウントになる。)

・ブザーが鳴っても手からボールが離れており，それがゴールに入った場合は有効。

・レイアップ

→制限区域の角，一歩手前にコーンが置いてある。それを内側から周りシュートする。

→▲を内側から回る。外側から回ってシュートが入ってもノーカウント。

→シュートが外れた場合，反対側のコーンを周り直してシュートする。打ち直して入ってもノーカウントとなる。

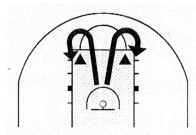

▼中学技術(午前の部)

【試験1】

□「材料と加工に関する技術」

【課題1】「木取り」40分

示された構想図をもとに与えられた板材(1枚)に鉛筆でけがきをしなさい。

提出物：木取りした板材

【課題2】製作　60分

【課題1】の構想図どおりに木製品を製作しなさい。この製作で生徒に対して指導すべき点について，使用する工具の調整や扱い方を例に

273

挙げながら自由に記述しなさい。

　提出物：製作物・指導構想案(A4用紙)

＜条件＞

①　試験1の【課題1】【課題2】はそれぞれ制限時間内に仕上げる。
　　【課題②】は11：50分までに終わる。

②　木取りは，1枚板全体を有効に使用し，仕上がり寸法線のみで記
　　入する。また，部品番号も記入する。

③　製作は，示された構想図どおりに仕上げる。

④　製作では安全への配慮を十分に行う。

⑤　作業手順や時間配分を考え，材料や作業内容にあった工具を選び
　　作業する。

⑥　接着剤は使用しない。また塗装はせず，素地磨きをして完成とす
　　る。

⑦　試験終了後は，使用したもの(受験者が持参したものを除く)をす
　　べて机上に置いて退席する。

＜会場準備物＞

・板材(杉材)

・真鍮釘(N25)

・木工やすり(平・半丸)

・サンドペーパー(120番)

・作業机，作業イス

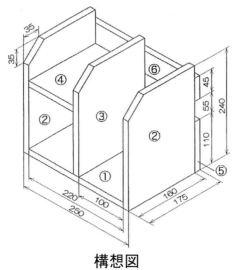

構想図

＜持参物＞(午前・午後共通)

・筆記用具(HB，Bの鉛筆を含む)，直定規，三角定規，さしがね，両
刃のこぎり，かんな，四つ目ぎり，げんのう，くぎぬき，ラジオペ
ンチ，ニッパ，プラスドライバー，マイナスドライバー，カッター
ナイフ，はさみ，実技に適した服装等

※当日，パソコンおよびその他の必要なものは試験会場に準備する。

▼中学技術(午後の部)

【試験2】

□「情報に関する技術」90分

【課題③】「情報処理」

　Scratchでロボット掃除機のプログラムを作りなさい。

　ただし，以下の要件を満たすこと。

①　ロボット掃除機がセンサを使い，家具(いす，テーブル)と壁をよ
ける。

②　スペースキーを押すと，「Win」の音を鳴らした後，ロボット掃除

　機がスタートする。

③　時間が60を超えたら，充電ドックへ戻りプログラムが停止する。

④　上向きのカーソルキーを押すと緊急停止する。

⑤　①～④以外の機能が付け加えられている。

＜条件＞

①　画面上の緑の旗をクリックするとプログラムが実行される。

②　椅子，テーブル，充電ドック，ロボット掃除機の絵は変更しないこと。

③　画面のロボット掃除機の青色の部分と黄色の部分をセンサとする。移動したときに引く水色の太い線が掃除をした部分とする。

④　ロボット掃除機のスピードは変更しないこと。

＜会場準備物＞

・パソコン，プリンタ

・「Scratch 3.0」

▼中高家庭

【調理課題】

□下記の指示に従い，調理しなさい。

1　調理時間50分(後片付けを含む)

2　熱源2個

3　既定の食材は必ず使用し，お弁当にふさわしい調理をする。

4　自由材料は適量を使用する。(使用しないものがあってもよい)

5　調理したものは指示通りお弁当箱に詰める。(アルミカップとバランは自由に使用してもよい)

6　提出は，裏面の配置図のとおりとする。残った卵焼きとうさぎりんご(1個)は紙皿，その他のゴミ(キッチンペーパー，ラップ等)はビニール袋に入れて提出する。生ゴミは紙皿に置いて提出する。

調 理 名		材 料	分 量	方 法
野菜の肉巻き	規定	豚肉	3枚	・さやいんげんと人参を下ゆでする。
		さやいんげん	3本	・野菜を豚肉で巻いて焼く。
		人参	30g	
	自由	塩	適量	
		上白糖	適量	
		みりん	適量	
		しょうゆ	適量	
		酒	適量	
		サラダ油	適量	
卵焼き	規定	卵	2個	・卵は2個使用して卵焼きを作り、1／2
	自由	塩	適量	をお弁当箱に詰める。残りの1／2は紙
		上白糖	適量	皿に提出する。
		だし汁	適量	
		しょうゆ	適量	
		サラダ油	適量	
さつまいものレモン煮	規定	さつまいも	40g	・さつまいもは皮付きのまま約1cmの輪切
		レモン汁	適量	りもしくは半月切りにする。
	自由	砂糖	適量	
		塩	適量	
人参のきんぴら	規定	人参	40g	・人参は約4cmの千切りにする。
	自由	塩	適量	
		上白糖	適量	
		みりん	適量	
		しょうゆ	適量	
		酒	適量	
		サラダ油	適量	

ブロッコリーの塩ゆで	規定	ブロッコリー	30g	・食べやすい大きさの小房に分けて塩ゆで
		塩	適量	する。
りんごの飾り切り	規定	りんご	50g	・うさぎりんごを2個作り、1個はお弁当
	自由	塩	適量	箱に詰める。残りの1個は卵焼きと一緒
		水	適量	に紙皿に提出する。

```
┌─────────────────────────────────┐
│  机上   ：   提出物配置図        │
└─────────────────────────────────┘
```

提出用トレイ　：　提出物配置図

【被服課題】

□下記の指示に従い，巾着を作成しなさい。

1　下図1，2を見て布を裁断しなさい。(縫い代寸法を加えること。)

2　縫い方は次のとおりとする。

　(1)　ポケットつけ

　　　・図1の寸法のポケットを適切な位置に縫いつける。

　　　・ポケット口は三つ折りとする。

　　　・図1のように適切な位置にボタンをつける。

　(2)　脇

　　　・袋口は両側にあきを作る。(あきは，できあがりから10cmとする)

　(3)　袋口

　　　・図2の通りに三つ折にし，できあがりから2cmのところはミシン縫いとする。

・さらに2.5cmの部分については，表側(ポケットをつけた方)は半分を普通まつり縫い(手縫い糸を使用，針目の間隔は0.8cm)とする。残り半分を並み縫い(手縫い糸を使用，縫い目の幅は0.4cm)とする。
・裏側は，ミシン縫いとする。

(4) まち
・袋の底に5cmのまちを作る。

(5) ひも通し
・2本のひもを通す。

(6) 提出
・受験番号札を，ポケットに安全ピンでとめる。

【できあがり図1】

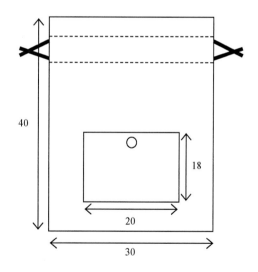

【できあがり図２】

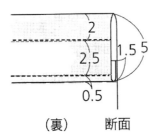

（裏）　　断面

＜持参物＞

・裁縫用具一式(縫針，待針，針山，指ぬき，糸きりバサミ，ヘラ，し
つけ糸，裁ちバサミ，リッパー，チャコ〈チャコペン，チャコペン
シル可〉，定規)，調理用かっぽう着または白衣，三角きん，ふきん
4枚，手拭きタオル，包丁

▼養護教諭

【課題1】

□体育の持久走の時間に中学校3年男子生徒が突然倒れました。感染
症の流行を踏まえた心肺蘇生法を行ってください。(人工呼吸は実
施しない)

※観察及び処置の内容は，簡潔に説明してください。

【課題2】

□令和3年5月20日に小学校5年生の歯科検診を実施しました。

当該児童の歯及び口腔の状態を読み上げますので，「児童生徒健康
診断票(歯・口腔)」を完成させてください。

※昨年度までの歯科検診の結果は省略しています。

＜読み上げ事項＞

歯式を右上から左上，続いて左下から右下へと読み上げます。

健全な現在歯は「あり」と読み上げます。

それでは始めます。

歯列1　咬合1　顎関節0　歯垢の状態2　歯肉の状態1　GO

6あり，Eあり，D(デー)がC，3あり，2あり，1がC(シー)，

1あり，2あり，3あり，D(デー)がC，E○，6CO(シーオー)

下にいって

6○，EがC，D(デー)あり，2あり，1あり，

1あり，2あり，CがC，D(デー)あり，E×(バツ)，5あり，6CO(シーオー)，

以上です。

健康診断票を完成させてください。

(所要時間後)

終了です。

＜服装等＞

実技に適した服装(スーツ等は不要)

児 童 生 徒 健 康 診 断 票 （歯・口腔）

小・中学校用

| 名 前 | 三重 沙保里 | | 性別 | 男 ⓦ | 生年月日 | 平成22年10月5日 |

年齢	年度	歯列	咬合	顎関節	歯垢の状態	歯肉の状態	歯 式	歯の状態							その他の疾病及び異常	学校歯科医		事後措置

・現在歯
・う歯 ── 主処置歯 ─ 二、八
　　　── 処置歯 ── C
・喪失歯（永久歯） ── ○
・要注意乳歯 ── △
・要観察歯 ── × ── CO

歯の状態 乳歯：現在歯数／未処置歯数／処置歯数　永久歯：現在歯数／未処置歯数／処置歯数／喪失歯数

その他の疾病及び異常　学校歯科医：所見／月日

6歳 年度	0 1 2 / 0 1 2 / 0 1 2 / 0 1 2 / 0 1 2
7歳 年度	0 1 2 / 0 1 2 / 0 1 2 / 0 1 2 / 0 1 2
8歳 年度	0 1 2 / 0 1 2 / 0 1 2 / 0 1 2 / 0 1 2
9歳 年度	0 1 2 / 0 1 2 / 0 1 2 / 0 1 2 / 0 1 2
10歳 年度	0 1 2 / 0 1 2 / 0 1 2 / 0 1 2 / 0 1 2
11歳 年度	0 1 2 / 0 1 2 / 0 1 2 / 0 1 2 / 0 1 2
12歳 年度	0 1 2 / 0 1 2 / 0 1 2 / 0 1 2 / 0 1 2
13歳 年度	0 1 2 / 0 1 2 / 0 1 2 / 0 1 2 / 0 1 2
14歳 年度	0 1 2 / 0 1 2 / 0 1 2 / 0 1 2 / 0 1 2

◆模擬授業(2次試験)

＜配点＞面接(模擬授業・個人面接あわせて)150点

＜評価の観点＞教育に対する情熱と使命感，課題解決能力，豊かな人間性等を中心とした資質などを見ます。

1　面接試験における模擬授業の課題は以下のとおりです。

2　面接日までに，自分の受験する校種・教科(小学校受験者は面接日)の課題①②(特別支援学校自立活動受験者は①のみ)について，単元全体の指導計画を構想したうえで，模擬授業の内容を考えてください。

　＜高等学校地理歴史，理科受験者については第1次選考試験筆答試験(専門)で選択した科目＞

3　個人面接試験開始約5分前に，模擬授業の課題(①または②)を指定します。併せて授業で指導する学習集団の状況を設定し指示します。指示内容を踏まえ，課題の授業の構成を考え，1時間の授業の冒頭4分間を行ってください。

　＜学習集団の状況とは，児童生徒の学習への意欲，学習の理解度等の状況＞

4　模擬授業では，児童生徒が目の前にいるものと想定し，進めてください。ただし，面接委員を当てたりすることはやめてください。

5　面接会場にある黒板やホワイトボードは使用しても構いませんが，教科書やノート，教材・教具の持込は不可とします。

校種・教科・科目	日付		課　題
小学校教諭	8月23日	①	国語　第2学年　B　書くこと　「組み立てを考えて書く」
		②	理科　第4学年　A　物質・エネルギー　「空気と水の性質」
	8月24日	①	社会　第3学年　市の様子の移り変わり
		②	算数　第5学年　D　データの活用　「帯グラフと円グラフ」
	8月25日	①	国語　第4学年　A　話すこと・聞くこと　「役割を考えながら話し合う」
		②	理科　第6学年　B　生命・地球　「植物の養分と水の通り道」
	8月26日	①	社会　第5学年　我が国の工業生産
		②	算数　第1学年　B　図形　「いろいろなかたち」
	8月27日	①	国語　第6学年　C　読むこと　「論の進め方について考える」
		②	算数　第3学年　A　数と計算　「小数」

▼小学校教諭　面接官3人　4分

【課題】

□第4学年国語「役割を考えながら話し合う」

※(条件)「仲間の話をうまく聞くことができないクラス」

・開始5分前に条件が提示される。

・8月25日は小4国語か小6理科との指定はあり。

・私が指定された教科は，国語

・4分以内に，授業の内容を説明してから冒頭部分を行う。起立・礼はなし。

・黒板使用可。教具，教科書の持ち込み使用不可。

▼小学校教諭　面接官3人　4分

【課題】

□第4学年国語「役割を考えながら話し合う」

※(設定)「学力差の大きいクラス」

・1時間目(自分で選べる)。

・「学力差の大きいクラス」という題が当日15分前くらいに渡された。

・その後授業の反省，追質問があった。

▼小学校教諭　面接官3人　4分

・個人面接の前に行われる。

・今年から形式が変わり，1次の合格発表とともに日付により内容が発表される。

・当日，発表された2つから1つ選ばれた紙と学習状況を試験の10分前に渡される。

・面接の前に移動しながらと，着いてからほんの少し考える時間はあったが，事前にある程度想定しておくと良いと思う。

・学習状況が模擬授業の中でやりにくいときは，後から質問してもらえるので焦って詰め込みすぎないほうが良いと思う。

▼小学校教諭　面接官3人　4分

【課題】

□第5学年算数「帯グラフと円グラフ」

※(設定)「集団で話し合うことが難しいクラス」

・日にちごとに2つの単元(教科バラバラ)が指定されており，当日，どちらをするのかと，集団の学習状況等が，開始5分前に紙で伝えられ，各教室へ移動。

・いくら単元等が指定されていたとしても，5分前にいろいろと考えるのは難しい。教態を見ているのかもしれない。

・開始5分前に紙を渡されますが，移動を含め5分なので考える時間は1，2分程度。

▼小学校教諭　面接官3人　4分

【課題】

□第5学年社会「我が国の工業生産」

※(設定)「集団で話し合いをすることが苦手な児童が多いクラスで，それを改善するための授業をせよ。」

▼小学校教諭　面接官3人　4分

【課題】

・内容は事前に2パターン指定される。

・授業の10分前に，2つの課題のうちのどちらかを言われる。

　→移動もあるので実質5分くらいしか時間はない。

・とにかくハキハキと笑顔で元気にすると良いと思う。

・内容も面接で詳しく質問されるので，きちんと考える必要がある。

▼小学校教諭　面接官3人　4分

【課題】

□第5学年算数「帯グラフと円グラフ」

※(設定)「クラス内での意見交換が積極的に行えるクラス

・部屋に入って受験番号を言う。「始めてください」と言われてすぐにストップウォッチを4分間で押されるので自分のタイミングでは始められない。

▼小学校教諭　面接官3人　4分

・個人面接に含まれている。

・4分間のうち，最初に全体の流れを説明し，説明し終えたらすぐに

模擬授業スタート。

・試験日ごとに教科が2教科指定され，当日にどちらか指定され，面接の5分目に学習集団の状況が提示される。

・〇時間目かは自分で決めていいので，作りこめる。

▼小学校教諭　面接官3人　4分

【課題】

□第5学年社会「我が国の工業生産」

・今年度はこれまでの模擬授業と実施方法が変わり，試験当日までに課題の内容が示された。(子供の実態は当日示される)なので，どれだけ準備できるかが大切になってくると考える。

・まず初めに，授業全体の流れを説明してから模擬授業に入る形式で，説明と模擬授業を含め4分間行う。

・試験官を当てたりすることは禁止されている。

・とにかく教室をイメージして遠くの子供たちにも目をやり，語りかけるイメージを持つことが大切であると考える。

校種・教科・科目		日付	課　題
中学校教諭	国語	8月21日	① B 書くこと　「詩や歌の創作」
			② A 話すこと・聞くこと　「プレゼンテーション」
	社会	8月22日	① 地理的分野　A 世界と日本の地域構成　「日本の領域の特色」
			② 公民的分野　D 私たちと国際社会の諸課題　「持続可能な社会」
	数学	8月22日	① A 数と式　「一元一次方程式」
			② B 図形　「図形の相似」
	理科	8月21日	① 第1分野　運動とエネルギー　「力のつり合いと合成・分解」
			② 第2分野　気象とその変化　「天気の変化」
	音楽	8月21日	① A 表現　「歌唱」
			② B 鑑賞　「郷土の伝統音楽」
	美術	8月21日	① A 表現　「文字のデザイン」
			② B 鑑賞　「ジャポニスム」
	保健体育	8月22日	① 体育分野　G ダンス　「フォークダンス」
			② 保健分野　心身の機能の発達と心の健康　「ストレスへの対処」
	技術	8月21日	① A 材料と加工の技術　「これからの材料と加工の技術」
			② D 情報の技術　「情報モラル」
	家庭	8月21日	① B 衣食住の生活　「衣服の選択と手入れ」
			② C 消費生活・環境　「金銭の管理と購入」
	英語	8月23日	① 話すこと（発表）　「比較表現」
			② 話すこと（やり取り）　「関係代名詞」

▼中学保体
【課題】
□保健分野「ストレスへの対処」
※(設定)「集団での意見交換が苦手なクラス」

校種・教科・科目		日付	課題
高等学校教諭	国語	8月27日	① （現代の国語）　Ａ　話すこと・聞くこと
			② （古典探究）　Ａ　読むこと
	地理歴史	8月27日	① （地理探究）　Ａ　現代世界の系統地理的考察　「自然環境」
			② （地理探究）　Ｂ　現代世界の地誌的考察　「現代世界の諸地域」
			① （日本史探究）　Ａ　原始・古代の日本と東アジア　「律令国家の形成」
			② （日本史探究）　Ｃ　近世の日本と世界　「幕藩体制の確立」
			① （世界史探究）　Ｂ　諸地域の歴史的特質の形成　「オリエント文明」
			② （世界史探究）　Ｄ　諸地域の結合・変容　「帝国主義」
	数学	8月28日	① （数学Ⅰ）　二次関数「二次関数の最大値・最小値」
			② （数学Ⅲ）　微分法　「三角関数の導関数」
	理科	8月28日	① （物理）　気体分子の運動　「気体の状態変化」
			② （物理）　電子と光　「粒子性と波動性」
			① （化学）　化学反応と化学平衡　「電離平衡」
			② （化学）　有機化合物　「芳香族化合物」
			① （生物）　細胞と分子　「生命現象とタンパク質」
			② （生物）　動物の反応と行動　「刺激の受容と反応」
	保健体育	8月28日	① （体育）　Ｅ　球技　「テニス」
			② （保健）　現代社会と健康　「現代の感染症とその予防」
	家庭	8月27日	① （家庭基礎）　Ｂ　衣食住の生活の自立と設計　「食生活と健康」
			② （家庭総合）　Ｃ　持続可能な消費生活・環境　「持続可能なライフスタイルと環境」
	農業	8月28日	① （農業と環境）　暮らしと農業　「自然環境と農業」
			② （地域資源活用）　農山村社会の変化と地域振興　「地域活性化に向けた施策・取組」
	工業（機械系）	8月28日	① （機械設計）　機械に働く力　「機械に働く力と運動」
			② （原動機）　内燃機関　「熱力学」
	工業（電気・電子系）	8月28日	① （電気機器）　電気材料　「導電材料」
			② （電子回路）　増幅回路　「低周波増幅回路」
	商業	8月28日	① （ビジネス基礎）　身近な地域のビジネス　「身近な地域の課題」
			② （財務会計Ⅱ）財務会計の基本概念と会計基準　「財務諸表の作成と表示の考え方」
	英語	8月28日	① （英語コミュニケーションⅠ）　英語の特徴やきまりに関する事項　「文構造及び文法事項」
			② （論理・表現Ⅲ）　言語活動及び言語の働きに関する事項　「言語活動に関する事項」
特別支援学校教諭	小学部	8月28日	① 小学部　算数　１段階（知的）　Ｃ　図形 「身の回りのものの上下や前後、形の違いに気付けるようにする」
			② 小学部　生活　２段階（知的）　オ　人との関わり 「身近な人との接し方などについて知ること」
	中・高音楽	8月28日	① 中学部　１段階（知的）　Ａ　表現 「友達の楽器の音や伴奏を聴いて、音を合わせて演奏する」
			② 高等部　２段階（知的）　Ｂ　鑑賞 「音楽の特徴とその背景となる文化や歴史などとの関わり」
	中・高保健体育	8月28日	① 中学部　１段階（知的）　Ａ　体つくり運動 「体ほぐしの運動や体の動きを高める運動に進んで取り組み、きまりを守り、友達と協力したりする」
			② 高等部　２段階（知的）　Ｅ　球技　「球技についての自他の課題を発見する」
	自立活動	8月28日	児童生徒に対する医療的ケア（喀痰吸引又は経管栄養）の実施部分最初の４分間
養護教諭		8月27日	① 小学校　学級活動　「心身ともに健康で安全な生活態度の形成に関する指導」
			② 中学校　学級活動　「思春期の不安や悩みの解決に関する指導」
栄養教諭		8月27日	① 小学校　学級活動　「食育の観点を踏まえた学校給食に関する指導」
			② 中学校　学級活動　「食育の観点を踏まえた望ましい食習慣の形成に関する指導」

校種・教科・科目		日付	課　題
高等学校教諭	保健体育	8月28日	① （体育）　E　球技　「テニス」
			② （保健）　現代社会と健康　「現代の感染症とその予防」
	家庭	8月27日	① （家庭基礎）　B　衣食住の生活の自立と設計　「食生活と健康」
			② （家庭総合）　C　持続可能な消費生活・環境　「持続可能なライフスタイルと環境」
	農業	8月28日	① （農業と環境）　暮らしと農業　「自然環境と農業」
			② （地域資源活用）　農山村社会の変化と地域振興　「地域活性化に向けた施策・取組」
	工業（機械系）	8月28日	① （機械設計）　機械に働く力　「機械に働く力と運動」
			② （原動機）　内燃機関　「熱力学」
	工業（電気・電子系）	8月28日	① （電気機器）　電気材料　「導電材料」
			② （電子回路）　増幅回路　「低周波増幅回路」
	商業	8月28日	① （ビジネス基礎）　身近な地域のビジネス　「身近な地域の課題」
			② （財務会計Ⅱ）財務会計の基本概念と会計基準　「財務諸表の作成と表示の考え方」
	英語	8月28日	① （英語コミュニケーションⅠ）　英語の特徴やきまりに関する事項　「文構造及び文法事項」
			② （論理・表現Ⅲ）　言語活動及び言語の働きに関する事項　「言語活動に関する事項」

▼高校数学　面接官3人　4分

【課題】

□数学Ⅰ「二次関数の最大値・最小値」

※(設定)「生徒は学力差の大きいクラス」

・1次試験の合格の発表後，お題が2つ知らされていて，当日にどちらのお題をするか，生徒の学習状況はどうかを指定される。2次試験までにある程度授業を考えておくべきだと思う。

・授業の構成などを説明する時間も含めて4分なので，グダグダしていたら黒板に向かう時間が減ってしまう。たった4分しかできないので，いかにして相手(面接官)に自分の授業力をアピールできるかが重要だと思う。

▼高校理科　面接官3人　受験者1人　4分

【課題】

□生物「刺激の受容と反応」

・面接の最初に行われた。

校種・教科・科目		日付	課題
特別支援学校教諭	小学部	8月28日	① 小学部 算数 Ⅰ段階（知的） C 図形「身の回りのものの上下や前後、形の違いに気付けるようにする」 ② 小学部 生活 2段階（知的） オ 人との関わり「身近な人との接し方などについて知ること」
	中・高音楽	8月28日	① 中学部 Ⅰ段階（知的） A 表現「友達の楽器の音や伴奏を聴いて、音を合わせて演奏する」 ② 高等部 2段階（知的） B 鑑賞「音楽の特徴とその背景となる文化や歴史などとの関わり」
	中・高保健体育	8月28日	① 中学部 Ⅰ段階（知的） A 体つくり運動「体ほぐしの運動や体の動きを高める運動に進んで取り組み、きまりを守り、友達と協力したりする」 ② 高等部 2段階（知的） E 球技 「球技についての自他の課題を発見する」
	自立活動	8月28日	① 児童生徒に対する医療的ケア（喀痰吸引又は経管栄養）の実施部分最初の4分間
養護教諭		8月27日	① 小学校 学級活動 「心身ともに健康で安全な生活態度の形成に関する指導」 ② 中学校 学級活動 「思春期の不安や悩みの解決に関する指導」
栄養教諭		8月27日	① 小学校 学級活動 「食育の観点を踏まえた学校給食に関する指導」 ② 中学校 学級活動 「食育の観点を踏まえた望ましい食習慣の形成に関する指導」

◆集団面接(2次選考)

令和4年度 第2次選考試験 集団面接（討論）課題

月日	曜日	午前課題	午後課題
8月21日	土	夫婦別姓について、賛成・反対の立場に分かれて話し合ってください。	男性職員に育児休業の取得を義務づけることについて、賛成・反対の立場に分かれて話し合ってください。
8月22日	日	教科書はデジタル教科書に統一して授業を行うことについて、賛成・反対の立場に分かれて話し合ってください。	中学校における制服の着用について、賛成・反対の立場に分かれて話し合ってください。
8月23日	月	宿題をやってこない児童生徒を、放課後、学校に残して宿題をさせることについて、賛成・反対の立場に分かれて話し合ってください。	授業用に児童生徒が自費で購入したタブレットにインストールできるアプリを制限することについて、賛成・反対の立場に分かれて話し合ってください。
8月24日	火	ＰＴＡ活動への参加を保護者の意思で任意に登録できるようにすることについて、賛成・反対の立場に分かれて話し合ってください。	ＡＩに単元ごとのテストの採点をさせることについて、賛成・反対の立場に分かれて話し合ってください。
8月25日	水	小学校の宿題において、問題のプリントと一緒に解答も配布することについて、賛成・反対の立場に分かれて話し合ってください。	教室にビデオカメラを設置し、欠席者や保護者がいつでもオンラインで授業の様子を見られるようにすることについて、賛成・反対の立場に分かれて話し合ってください。

8月26日	木	家庭訪問を、希望者に対してオンラインの面談で置き換えることについて、賛成・反対の立場に分かれて話し合ってください。	学級通信を毎日発行することについて、賛成・反対の立場に分かれて話し合ってください。
8月27日	金	保護者に教員個人の携帯電話番号を知らせることについて、賛成・反対の立場に分かれて話し合ってください。	盗難やいじめなどの防止のため、校舎の中に防犯カメラを設置することについて、賛成・反対の立場に分かれて話し合ってください。
8月28日	土	性犯罪などにより失職となった者に対して教員免許の再授与を永久に認めないことについて、賛成・反対の立場に分かれて話し合ってください。	フレックスタイム制や在宅勤務など、勤務の形態を教職員が自由に選択できることについて、賛成・反対の立場に分かれて話し合ってください。

▼小学校教諭　面接官3人　受験者6人　25分

【課題】

□授業をオンラインで配信することについて。

※子ども・保護者の立場も考える。

・課題を提示後，1分考える時間が与えられ，スタートする(司会は立てなかった。)

・賛成3人対反対3人で建設的な議論をする。

・16分討論した後，1人1人自由に内容，振り返り，自己評価を述べる。各発言は1分以内厳守。

・結論は出さなくてよい。

▼小学校教諭　面接官3人　受験者5人　約20分

【課題】

□宿題のプリントに答えをつけることに賛成・反対に分かれて討論せよ。

・1人3回～4回発言。

・最後に1分程度，感想を述べる。

▼小学校教諭　面接官3人　受験者6人　約20分

【課題】

□PTA参加を任意にすべきか。

・3対3のディベート形式。

・16分間議論。その後意見がまとまった人から挙手し，1分間で自分の考えを述べる。(この際は賛成・反対のどちらでもよい。)
・基本現役生3人が賛成，講師3人が反対の立場。
・講師の方々は現場のことから具体的に話されるので賛成側は苦しいときもあるが，そこから学びを得ながら自分の立場を明確にして議論をすればよいと思う。ただしここで喧嘩腰にならないように注意しよう。
・あくまで互いに学校をよりよい場にしたいという思いをもって議論していることを忘れずに。相手に意見も取り入れながら。
・発言は，私は4回した。多い人で6回，少ない人でも3回はしていた。
▼小学校教諭　面接官3人　受験者6人　約20分
【課題】
□AIに単元のテストを採点させることについて，賛成か反対か。
・ディベートで，賛成，反対は決められている。
・元気に笑顔で。聞く姿勢。結論ファースト。
・最後に1人1分程度で感想・自己評価等(挙手制)。

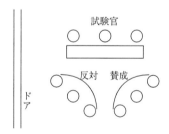

▼小学校教諭　面接官3人　受験者6人　約20分
【課題】
□オンラインで家庭訪問を行うことについて賛成・反対に分かれて話し合いなさい。
・賛成・反対は面接官に決められる。
・最後に1人1分感想を言う時間が与えられる。

▼小学校教諭　面接官3人　受験者6人　約30分
【課題】
□ロボットがテストの採点をすることについて。
・1人教育委員会，2人校長。
・ディベート形式だった。
・内容よりもうなずき(聞く姿勢)話し方(テンポ，声の大きさ)を見られ
　ていると思う。
▼小学校教諭　面接官3人　受験者6人　16分
【課題】
□テストの採点を全てAIに任せることについて賛成・反対に分かれて
　話し合う。(ディベート)
・賛成→大学生受験者
・反対→現役の講師の受験者
▼小学校教諭　面接官3人　受験者6人　20〜30分
【課題】
□PTAの活動の保護者の参加を任意登録することについて，賛成か反
　対か。
・賛成と反対は勝手に決められる。
・発言のたびに1分計られる。
・1分構想，16分討議，1人1分まとめて話す。
・様々な視点から物事を述べられると評価が得られる。
▼小学校教諭　面接官3人　受験者6人　20〜30分
【課題】
□オンラインで家庭訪問をすることについて賛成・反対の立場に分か
　れて討論する。
・面接官により賛成・反対のグループに分けられる。(自分は賛成グル
　ープ)
・特に順番を決められる事はなく，自由に手を挙げて発言する方式。
　しかし全員に発表する機会があるように意見は1人1分までと決めら
　れている。1分を超えると面接官から声をかけられる。

・相手グループを説き伏せるのではなく，いかにして納得させられる論を展開できるかが大切になる。
・討議が終わった後，1人1分感想を述べる時間がある。
・順番に当てられるのではなく，考えがまとまった人から挙手をして発表する方式。なるべく早く考えをまとめ手をあげておくと良いと思われる。

▼中学保体　面接官3人　受験者6人　16分
【課題】
□デジタル教科書の使用を統一した授業を行うことについて，賛成と反対に分かれて討論。
・自分の意見は1分以内にまとめる。

▼高校数学　面接官3人　受験者5人　16分
【課題】
□学校の教員が，フレックス制度や在宅勤務を選択できるようにすることについて。
・賛成2人，反対3人で行った。
・相手が話しているときもうなずくことを忘れないようにするべきだと思った。
・また，講師経験のある方は，経験談も入れてくるので，現役生としてはフレッシュさをアピールしないと負けてしまうと感じた。
・また，役割は決まっているので話し出すときに，「私は賛成の立場で意見します」というセリフは必要ないと思うので，気を付けたほうがよい。

▼高校理科　面接官3人　受験者6人　30分
【課題】
□フレックスタイムや在宅勤務は是か非かについてのディベート形式。

・受験番号によって肯定側か否定側かを決められる。

▼特支保体　面接官3人　受験者6人　20分
□夫婦別姓について，賛成・反対の立場に分かれて話し合う。
・右側3人が賛成派，左3人が反対派という指示があった。

◆個人面接(2次選考)
※場面指導含む
<配点>面接(模擬授業・個人面接あわせて)150点
<評価の観点>教育に対する情熱と使命感，課題解決能力，豊かな人
　間性等を中心とした資質などを見る。
▼小学校　面接官3人　25分(個人面接＋模擬授業＋場面指導)
【質問内容】
□自己肯定感をつける指導とは。
□コンプライアンス意識に関して，特に自分が気を付けたいことを一
　つ述べ，どのように気を付けたら良いか述べる。
□これまでの職場は，教員としてどのように生かせるか。
【場面指導】面接官3人　2〜3分
□「読書感想文の書き方がわからないので，家にきてうちの子に教え
　てあげて欲しい」と保護者に言われた。どう対応するか。
・社会人経験があるため，より実務的な質問，追質問で，圧迫的な空
　間もあった。知識だけではなく，きちんと自分の経験を踏まえ，具
　体的な言葉で伝える必要がある。
・二次試験は，マスク＋フェイスシールド着用で，かなり息苦しい。
▼小学校　面接官3人　25分(個人面接＋模擬授業＋場面指導)
【質問内容】
□子供たちに人権感覚を身に付けさせるとは。
□差別や偏見はなくなると思うか。
　→LGBTQをよしとしない風潮に対してどう思うか。

□コミュニケーション能力を身に付けるとは。

□ICTで本来のコミュニケーション力が阻害されてしまう懸念はないか。

□自分自身でコミュニケーション力が上がったと感じた瞬間とは。

□吹奏楽部の経験。

【場面指導】

□スマホが授業中に鳴ったらどうするか。

　　→他の人への対応。

　　→スマホが鳴ったことで他の人に言い寄られている場合。

▼小学校　面接官3人　20分(個人面接＋模擬授業＋場面指導)

【質問内容】

□志望動機(なぜ小学校か。実習はどうだったか。小学校と中学校しか行っていないのに高校はなぜないのか。学ぶことの面白さとは。それをどう子どもに伝えるか。)

□不登校児童(どう対応するか。なぜそのようにするか。保護者との連携はどのようにするのか。その他そのような学級づくりについてなど。)

・模擬授業の後，そのまま行われる。

・私はあまり自己申告書から聞かれなかったが，周りで受けた人は自己申告書からほとんど聞かれたらしい。

・追質問がすごく多いが，自信を持ってハキハキと答えると良いと思う。

【場面指導】

□あなたは2年生の担任である。担任のクラスの保護者の方から「うちの子どもが3年生の〇〇君に怪我を負わされた」と連絡があった。どのように対応するか。

□3年生の子どもには誰が話を聞くか。

　　→それはなぜか。

・個人面接の最後に質疑応答の形で実施される。

・この場面指導では，誰に話をするのか，3年生の保護者，子どもに

は誰が連絡・話をするのかが詳しく問われた。

・不安になるような聞き方をされるが，自信を持って答えるべきだと
　思う。

▼小学校　面接官3人　30分(個人面接＋模擬授業＋場面指導)

【質問内容】

□模擬授業改善点，単元計画　等。

□志望理由。

□自分自身克服しようとしている課題。

□コンプライアンス，個別最適な学び・協働的な学びを詳しく教えて
　(自己申告書から)。

・模擬授業後，そのまま個人面接。質問内容は提出書類から。

【場面指導】

□児童Aが掃除の時間に掃除をしておらず，B教師からその内容を伝え
　られた。どうするか。

□児童A「児童Cも掃除していない」と言う。どうするか。

□掃除は何故しないといけないのかと聞かれたら，なんと答えるか。

▼小学校　面接官3人　30分(個人面接＋模擬授業＋場面指導)

【質問内容】

□中・高の免許を持っているにも関わらず，なぜ小学校なのか。

・自己申告書に書いたことをもとに質問される。

・答えたことに対する具体例も聞かれるので，いくつか具体例を準備
　しておくと良い。

【場面指導】面接官3人　約5分

□自分が担当しているクラスでA君がコロナにかかった。それを噂で
　聞いたB君が，みんなのいる前で大きい声で「A君ってコロナなの
　か」と聞いてきた。そのときの対応。

・コロナウイルス蔓延防止のため，マスクをつけてその上にフェイス
　シールドをつけた。

▼小学校　面接官3人　30分程度(個人面接＋模擬授業＋場面指導)

【質問内容】

□模擬授業について。

　　→どんな点を工夫したか。

　　→なぜ○○したか。

□自己申告書から詳しく聞かれる。

　　→自分の書いたことは全て話せるように。

・試験官が3人いて，左から順に質問される。(話してない2人はメモを
　とっている)

【場面指導】

□親(保護者)同士がトラブルを起こしたらどうするか。

　　→どう連絡を取っていくか。

□極度に算数ができない児童に対してどうするか。

　　→授業でどう工夫するか。

・追質問が何度もくる。

・友達と一緒に申し込むと順番が繋がる。一緒に行けたり，本番前に
　顔を合わせたりできるのでリラックスして臨めると思う。

▼小学校　面接官3人　約20分

【質問内容】

□模擬授業のお題とは反対のクラス状況ならどうするか。

□志望動機など，申告書から主に聞かれる。

　　→1つの質問に6回くらい追質問(少し圧迫)。

・模擬授業(構想含め4分)後に個人面接(約20分)。

【場面指導】

□保護者から電話で，うちの子が勉強苦手だから家に来て教えてくれ
　と頼まれた。どう対応するか。

・基本圧迫。

・練習しないと圧に負けて涙が出るので，注意。

・基本的に，マスクとフェイスシールド着用での受験だった。

・日によって圧迫ではない他の受験者もたくさんいた。

▼小学校　面接官3人　20分

【質問内容】

・事前に提出した自己申告書や整理表をもとに質問される。

【場面指導】

□AがBのことで相談してきたが，誰にも言わないでほしいとのこと。どうするか。

・自分の考えを述べるだけ。

・圧迫面接のように次々質問が来る。

・自分の芯を持って意見を変えないことがポイント。

▼小学校　面接官3人　20分

【質問内容】

□先程の模擬授業で難しかった事は何か。また，工夫した点は何か。

□一般企業の経験があるが，それをどのように教職に活かしていくか。

□一般企業を辞める時に悩みはなかったか。

□ストレスには強いか。

□ストレス解消法は何か。

□もし小学校で採用された場合，中学校に戻る意思はあるか。

□これまでの講師生活の中で，一番嬉しかった事は何か。

□これまでの経験を踏まえ，子供たちにどんなことを伝えていきたいか。

【場面指導】

□あなたが担任をするAくんの保護者から「家の子最近勉強で困っているんです。先生家まで来て教えてください。」と言う相談があった。あなたはどうするか。

　→他の方法とおっしゃいましたが，どんな方法があるか。

　→それでも保護者が同じことを言ってきたらどうするか。　など

□保護者から，「先生はうちの子のことを大事に思ってないんだね。」と言われた。どうするか。

・回答したことをとても深く聞いてくる。

・自分ができるアドバイスとして，一次試験は筆記テストなので，とにかくしっかり勉強すること。これまでの過去問を分析し，傾向を把握することや，できるだけ多くの問題を解く事がオススメである。

　二次試験はとにかく自信を持ってハキハキと行動したり，話をしたりすることが大切であると考える。実技や面接の前に，深呼吸をしてから行ったり，体勢をととのえて脳内のアドレナリンを増やすことを意識するなども効果的であった。

▼中学保体　面接官3人　25分(個人面接＋模擬授業＋場面指導)
【質問内容】
□事前に提出した自己申告書から，志望理由などを「具体的に話してください」と言われる。
【場面指導】
□文化祭に参加しないAさんにどう対応するか。
□親が文化祭は受験に関係ないと言ってきたらどうするか。
・「私なら〜します」と答える。

▼高校数学　面接官3人　10分
【質問内容】
□まず，模擬授業について，どうしてその式を選んだのかなど細かく聞かれた。
□教師を目指したきっかけ。
□どうして高校の数学にしたのか。
□課題解決能力と数学をどう結びつけるか。
□あなたが嫌い・苦手な人はどんな人か。
　→そんな人がいたら今後どうするか。
□授業中に他事をしている人がいたらどうするか。
□それでもやめなかったらどうするか。
　→3回程，追質問された。
□自己申告書からもっとたくさん聞かれた。例えば部活動でのことなど。

▼高校理科　面接官3人　20分

【質問内容】

・志望動機など事前に書いた面接シートについて質問される。

・志望動機についてが全体の3分の1あった。

【場面指導】

□クラスで休んでいる生徒がいる。別の生徒が休んだ理由はコロナか
　どうか聞いてきた。どのように話をするか。

▼特支保体　面接官3人　16分

【質問内容】

(1人目)

□授業の感想。

□過去の経歴について，かなり突っ込まれた。なぜ前の学校をやめた
　のか等。

□中学・高校と講師を経験してきてなぜ特別支援学校なのか。

(2人目)

□ICTを使って実際に授業など行っていることはあるか。

□志望動機についてもっと詳しく説明を。

□子供の自尊心を高める為に必要なこと。

(3人目)

□コンプライアンスについて。

□不祥事の原因は何か。

□不祥事をなくす為にどのような取組みや制度が必要か。

□教員間の連携を図る為に必要なこと。

□自分よりベテランの話しにくい先生とはどうコミュニケーションを
　とっていくか。

【場面指導】

□A君が最近休みがち，どう対応するか。

□原因はBの暴力だった。どう対応するか。

□Bに指導したら，今度はBが学校に来なくなり保護者からクレーム。

どう対応するか。

□BがAに暴力を振るうにはどんな理由が考えられるか。

2021年度

◆技能・実技試験(2次選考)

　＜配点＞100点(小学校英語教育推進者特別選考を除く小学校と特支小
　　学部は30点)

　＜評価の観点＞それぞれの校種等，教科・科目に応じて求められる指
　　導上の専門的知識，専門技能などを見ます。

　＜全校種共通持ち物＞受験票，筆記用具，上履き(会場備え付けの上履
　　き等は使用しない)，シューズバッグ(靴入れ)，マスク

▼小学校(小学校英語教育推進者特別選考を除く)・特支小学部

【英語課題】20分

□リスニングテスト

　ただ今から英語のリスニングテストを行います。メモをとってもか
まいません。解答番号①～⑩に対応するマークシートの解答欄に，B
又はHBの鉛筆で答えをマークしなさい。1つの解答欄にマークできる
のは1カ所のみです。

問題1　これから英文を読みます。各英文に対する応答として最も適
　　切なものを①～⑤の中からそれぞれ1つ選びなさい。英文は2回繰り
　　返します。

[No.1]　I haven't seen you for a long time. How have you been?

　①　How are you?

　②　I've been good, thank you.

　③　And you?

　④　Many times.

　⑤　No, thank you.　　　　　　　　　　　　　　　　(解答②)

[No.2]　Excuse me. How often do the trains come?

① 　Three stops.

② 　It costs 300 yen.

③ 　It takes ten minutes.

④ 　At the station.

⑤ 　Every five minutes.　　　　　　　　　　　　　　　(解答⑤)

問題2　これから英文を読みます。各英文が説明しているものとして最も適切なものを①～⑤の中からそれぞれ1つ選びなさい。英文は2回繰り返します。

[No.3]　This is something that is used when we often study science. It can make very small things look larger. What is it?

① 　It's glue.

② 　It's a globe.

③ 　It's a magnet.

④ 　It's a microscope.

⑤ 　It's a scale.　　　　　　　　　　　　　　　　　(解答④)

[No.4]　This is something that can be forced together or pressed down, and will return to its original shape when let go. What is it?

① 　It's a watering can.

② 　It's a spring.

③ 　It's a sprinkler.

④ 　It's a screw.

⑤ 　It's a fork.　　　　　　　　　　　　　　　　　(解答②)

問題3　これから対話文を読みます。その後の質問に対する応答として最も適切なものを①～⑤の中からそれぞれ1つ選びなさい。対話文と質問は2回繰り返します。

[No.5]　Woman:　　　　　　　I've heard you started surfing, Hiroshi.

302

	Hiroshi (Man):	Yes. My brother told me how to do it. It's hard but fun.
	Woman:	Can I try with you?
	Hiroshi (Man):	Sure.
	Question:	Is it difficult for Hiroshi to surf?

① Yes, it is.

② Yes, it is easy for him.

③ No, it isn't.

④ No, he isn't.

⑤ He practices very hard.   (解答①)

[No.6] Man: Junko, I saw you at the station yesterday. Where were you going?

Junko (Woman): I was just there to pick up my sister. She came back from Osaka.

Man: Did she travel there on business?

Junko (Woman): No, she went there to enjoy a concert.

Question: Why was Junko at the station?

① To come back from Osaka.

② To buy a ticket.

③ To meet her sister.

④ To travel to Osaka.

⑤ To enjoy a concert in Osaka.   (解答③)

[No.7] Dad(Man):   What are you looking for, Erika?

Erika(Woman):   I'm looking for the book about space, Dad. I borrowed it from Jim yesterday.

Dad(Man):   I saw it in your brother's room. He was reading it last night.

Question: Who lent Erika the book about space?

① Erika's mother did.

② Erika's father did.

③ Jim did.

④ Erika's brother did.

⑤ We don't know.   (解答③)

[No.8]   Mom(woman):   Sam, I need your help.

Sam(man):   What can I do?

Mom(woman):   Please go to the convenience store and buy some
               orange juice for the party.

Sam(man):   OK. I'm doing my homework now. So I'll leave
               home in fifteen minutes.

Mom(woman):   Thank you. It's ten o'clock now. The party starts
               at 11:30, so please come home by 11:00.

Question: What time will Sam leave home?

① At 10:00.

② At 10:15.

③ At 10:45.

④ At 11:00.

⑤ At 11:30.   (解答②)

問題4　これから英文を読みます。その後の質問に対する応答として
　　　最も適切なものを①～⑤の中から1つ選びなさい。英文と質問は2回
　　　繰り返します。

[No.9]   (Speaker: Man)

Hello, everyone. Today I'm going to tell you about my favorite places.
They are Midori Park and Higashi Park. Midori Park is larger than Higashi
Park but it's a little far from my house. It takes 15 minutes to get to Midori
Park by bike. I enjoy playing soccer with my friends every weekend there.
Higashi Park is near my house. I can walk to the park in a few minutes, so I

usually walk my dog to Higashi Park after school. I really like those two parks.

Question:　Where does the speaker play soccer with his friends every weekend?

① At Midori Park.

② Near his house.

③ After school.

④ At school.

⑤ At Higashi Park.　　　　　　　　　　　　　　　　　　　　(解答①)

問題5　これから英文を読みます。その後の質問に対する応答として最も適切なものを①〜⑤の中から1つ選びなさい。英文と質問は2回繰り返します。

[No.10]　(Speaker: Man)

Today, I'm going to tell you about our English club. We have 18 members in the club now. On Mondays, we use the Internet to talk with some Australian students. We exchange opinions about various topics with them. Also, each of us is supposed to make a speech in English once a month. For the speech, any topics are OK. For example, I made a speech about environmental problems last time. One of the other members talked about fair trade. Now I'm busy preparing for my next speech. I'm going to make a speech about living with robots. Why don't you join us?

Question:　What is the speaker going to talk about in his speech next time?

① About his hometown.

② About fair trade.

③ About foreign students from Australia.

④ About environmental problems.

⑤ About living with robots.　　　　　　　　　　　　　　　　(解答⑤)

※評価の観点：英語の基礎的なリスニング能力

▼中高英語・小学校(小学校英語教育推進者特別選考のみ)

【課題】

□インタビューテスト

＜インタビューテスト実施上の注意事項＞

① インタビューテストは，6会場で実施します。それぞれの時間と会場を確認し，指示がありましたら荷物を持って入室してください。ノックは不要です。

② テスト時間は，一人15分を予定しています。

③ 課題となるトピックを入れた封筒を渡します。1枚の紙に課題は2種類記載してありますので，2つの中から自分で1つ選んでください。

　初めの4分間(電子音が鳴ります)で，自分が選んだトピックについて，自分の考えをまとめてください。

　次の3～4分間で，まとめた自分の考えを英語で述べてください。なお，自分の考えを述べる際には最初に自分が選んだトピックのタイトルを述べてからそれについて自分の考えを述べるようにしてください。3分及び4分に電子音が鳴ります。3分目の電子音ではスピーチを中断せず，話し続けてください。

④ テスト終了後，トピック，封筒，メモは持ち帰らず，机の上に置いて退室してください。

⑤ 退室後は，この部屋に戻らずに，帰路の表示にしたがってそのまま帰ってください。

⑥ 自分の番が来るまで，この部屋で待機してください。

⑦ 携帯電話はスイッチを切っておいてください。会場敷地外に出るまで，スイッチを入れてはいけません。

⑧ 会場敷地内は禁煙です。

＜英語トピック＞

1　How to make a good presentation in English

　　What I think of electronic payment /cashless society

2　My opinion about small-class sizes in education

　　The good points of traveling abroad

3　Advice for students who cannot be successful at both study and club activities

　　What I think about self-driving cars / autonomous vehicles

4　The importance of sharing my experience with students

　　Advantages and disadvantages of remote working

5　Advice for students who want to improve their English listening skills

　　How to get along with neighbors from foreign countries

6　My opinion about online teaching

　　Advantages and disadvantages of house sharing

7　Good ways of using newspapers in teaching English

　　The most exciting moment of my life

8　My opinion about school in Japan starting in September

　　What I have learned from my mistakes

9　Ideas for good English homework

　　How to stop smartphone addiction

10　What we can do to motivate students to study at home

　　My most treasured belonging

11　What English class will be like in ten years

　　Things I enjoy doing at home

12　Good ways of teaching English words

　　The roles of robots in our society

13　What teachers can do in English classes to make students confident in themselves

　　The importance of greetings

※評価の観点：英語を聴いたり話したりすることに関する意欲・態度，表現力，内容・構成力

▼中学音楽・特支中高音楽

【課題1】

□自由曲を暗譜で演奏する。(3～4分程度)

・当日，楽譜(ピアノ伴奏する場合は伴奏つきの楽譜)を提出すること。
　(2部)
・ピアノ，声楽以外で受験する場合は，各自楽器を持参すること。
・伴奏者が必要な場合は，各自で同伴すること。(A＝442hz)
【課題2】
□課題曲をピアノで「弾き歌い」する。
・次に示す曲を演奏する。
　「早春賦」吉丸 一昌 作詞，中田 章 作曲
※1〜2番まで
・演奏用の楽譜は，教科書に掲載されているものを各自で用意すること。また，伴奏楽譜も各自で用意すること。
・教科書に掲載されている調で歌うこと。
※評価の観点：①　自由曲…技能・表現力
　　　　　　　②　課題曲…歌唱及び伴奏の技能・表現力

▼中学美術
【課題1】
□素描…紙コップを含む自画像を鉛筆でデッサンする。
【課題2】
□デザイン…「応援」をテーマに平面構成する。
＜持参物＞
　鉛筆(H〜4Bを各2〜3本)，消しゴム等(ネリ消しゴムを含む)
　デザイン用具一式，ポスターカラーまたはアクリルガッシュ，デザイン用筆，定規，水入れ，消しゴム等
※評価の観点：①　素描…描写力，空間把握力，総合的な表現力
　　　　　　　②　デザイン…立案・発想力，構成力，表現力

▼中学技術
【試験1】
□「材料と加工に関する技術」

【課題1】 「木取り」 40分
　示された構想図をもとに与えられた板材(1枚)に鉛筆でけがきをしなさい。
　提出物：木取りした板材
【課題2】 製作　60分
　【課題1】の構想図どおりに木製品を製作しなさい。この製作で生徒に対して指導すべき点について，使用する工具の調整や扱い方を例に挙げながら自由に記述しなさい。
提出物：製作物・指導構想案(A4用紙)
　※指導構想案：この製作で，生徒に対して指導すべき点について，使用する工具の調整や扱い方を例に挙げながら記述しなさい。
＜条件＞
①　試験1の【課題1】【課題2】はそれぞれ制限時間内に仕上げる。
　【課題②】は11：50分までに終わる。
②　木取りは，1枚板全体を有効に使用し，仕上がり寸法線のみで記入する。また，部品番号も記入する。
③　製作は，示された構想図どおりに仕上げる。
④　製作では安全への配慮を十分に行う。
⑤　作業手順や時間配分を考え，材料や作業内容にあった工具を選び作業する。
⑥　接着剤は使用しない。また塗装はせず，素地磨きをして完成とする。
⑦　試験終了後は，使用したもの(受験者が持参したものを除く)をすべて机上に置いて退席する。
＜会場準備物＞
・板材(杉材)
・真鍮釘(N25)
・木工やすり(平・半丸)
・サンドペーパー(120番)
・作業机，作業イス

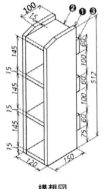

構想図

＜持参物＞

・筆記用具(HB，Bの鉛筆を含む)・直定規・三角定規・さしがね・両刃のこぎり・かんな・四つ目ぎり・げんのう・くぎぬき・ラジオペンチ・ニッパ・プラスドライバー・マイナスドライバー・カッターナイフ・はさみ・実技に適した服装等

※評価の観点：ものづくりの基礎的・基本的な技能及び指導に関する理解・知識

▼中高家庭

【調理課題】

□下記の指示に従い，調理しなさい。

1　調理時間 50分(後片付けを含む)

2　熱源2個

3　既定の食材は必ず使用し，既定の分量で調理する。

4　自由材料は適量を使用する。[　]内の自由材料は使用しなくてもよい。

5　調理したものは規定の皿に盛り付ける。

6　提出は，裏面の配置図のとおりとする。残った材料と生ゴミ以外のゴミは紙皿に入れて提出すること。

7　生ゴミはビニール袋に入れて提出すること。

調理名		材　料	分量	方　法
ごはん	規定	米	1合	・米を鍋で炊き，半分は
	自由	水	適量	茶碗に盛り付け，残り半
		塩	適量	分は塩おにぎりにする。
豚肉のしょうが焼き	規定	豚肉	50g	・豚肉をしょうが焼きに
	自由	しょうが汁	適量	する。
		しょう油	適量	・しょうがはすりおろし
		みりん	適量	て使用する。
		油	適量	
		[砂糖]	適量	
きゅうりとわかめの酢	規定	きゅうり	50g	・わかめはもどしてお
の物	自由	しょうが	適量	く。
		わかめ	適量	・きゅうりは板ずりし，
		酢	適量	厚さ0.2cm以下の小口切
		塩	適量	りにする。
		砂糖	適量	・針しょうがを天盛りに
		[しょう油]	適量	する。
すまし汁	規定	豆腐	40g	・かつおぶしでだし汁を
		みつば	3g	とる。
	自由	かつおぶし	適量	・豆腐は1cm角のさいの
		水	適量	目切りにする。
		塩	適量	・結びみつばを作る。
		しょう油	適量	

311

【被服課題】

□下記の指示に従い，はっぴの左身頃部分を作成しなさい。

1　図の通りに布を裁断しなさい。(縫い代寸法を加えること。)

　　但し，身頃と衿の後ろ中心は裁ち切りとする。

2　縫い方は次のとおりとする。

　(1)　脇

　　　・縫い代の始末は不要とするが，アイロンで割る。

　　　・裾に5cmのスリットを作る。

　(2)　袖

　　　・袖付け，袖下の縫い代の始末は不要とするが，アイロンで割る。

　　　・袖口は三つ折りにして，ミシンで縫う。

　(3)　裾

　　　・裾の縫い代は，三つ折りにする。後ろ身頃側はミシンで縫い，

　　　　前身頃側は，普通まつり縫い(手縫い糸を使用，針目の間隔は

　　　　0.8cm)とする。

　(4)　えり付け

　　　・えり幅は4cmとする。

　　　・えりを表に返し形をととのえたら，押さえミシンをかける。

　(5)　提出

　　　・受験番号札を，前身頃裾に安全ピンでとめる。

【裁断図】(　)内は縫い代寸法

＜持参物＞

・裁縫用具一式(縫針，待針，針山，指ぬき，糸きりバサミ，ヘラ，しつけ糸，裁ちバサミ，リッパー，チャコ〈チャコペン，チャコペンシル可〉，定規)

・調理用かっぽう着または白衣・三角きん・ふきん4枚・手拭きタオル・包丁

※評価の観点：① 被服製作及び調理の基礎的・基本的な技能

② 創意工夫する能力

▼中高保体・特支中高保体

【課題1】

□球技(1種目選択)

① バスケットボール

② バレーボール

③ サッカー

＜内容＞

① バスケットボール…ドリブルシュート，(ゴール下)ジャンプシュート

② バレーボール…レセプションおよびディグ，トス，スパイク，サーブ

③ サッカー…リフティング，ドリブルスラローム，コントロールからシュート

【課題2】

□陸上競技(1種目選択)

① 砲丸投

② 走幅跳

＜内容＞

① 砲丸投…記録測定2回(男子：4.0kg，女子2.72kg)

② 走幅跳…記録測定2回(全天候型スパイク使用可)

【課題3】

□武道(1種目選択)

① 柔道

② 剣道

＜内容＞

① 柔道…礼法，受身，一人打ち込み

② 剣道…礼法・基本動作，素振り，基本打ち，切り返し

【課題4】

□器械運動(マット運動)

＜男子＞

側方倒立回転2回連続→倒立前転→伸身ジャンプ$\frac{1}{2}$ひねり→伸膝後転→前方倒立回転跳び

＜女子＞

側方倒立回転2回連続→倒立前転→伸身ジャンプ$\frac{1}{2}$ひねり→伸膝後転→伸膝前転

※全員必須

【課題5】

□ダンス

課題曲(5曲)の中から1曲を選択し，作品のテーマを考えて，曲の始まりから1分程度の小作品を踊る。なお，次の3点に留意する。

① 全身を大きく使って踊れているか。

② 1つの作品としてまとまりのある構成となっているか。

③ テーマを表現するために動きや場の工夫があり，踊り込まれているか。

※技能・実技試験当日は，次の2点についてシートを提出してからダンスを踊る。

① 作品のテーマ，またはダンスのタイトル

② 表現したい内容

※全員必須

＜注意点＞

・申込の際に，球技，陸上競技，武道からそれぞれ1種目ずつ選択し，

申請すること。

・雨天等により屋外で実施できない場合，陸上競技の①走幅跳と②砲丸投を，体育館での反復横跳または立幅跳に変更することがある。

＜服装等＞

○球技，陸上競技，器械運動，ダンス

・実技に適した服装(縦15cm横20cmの白布に受験番号を記入したゼッケンを胸の前に縫いつけること)，シューズ(体育館用，屋外用の2足)

○武道

・服装等：柔道着，剣道着，防具，竹刀。ゼッケン(球技等と同様のもの)を背に縫いつけること。

※評価の観点：保健体育の授業を行うための，基礎的・基本的な技能の達成度合

▼養護教諭

【課題1】

中学1年生の生徒があくびをしながら「寝かせてほしい」と訴えて保健室に来室しました。生活チェック表をもとに，課題解決に向けた保健指導をしてください。

生活チェック表

1学年 **2**組　名前　**三重 雄一**

	質問	回答
1	何時に寝ましたか	**2**時 **00**分
2	何時に起きましたか	**7**時 **40**分
3	家を出る時間は何時ですか	**8**時 **00**分
4	朝食を食べていますか	はい・ (いいえ) (理由：時間がなかったから)
5	部活動に入っていますか	(はい)(サッカー部)・ いいえ
6	テレビ・ゲーム・スマートフォンなどのインターネットの使用時間を決めていますか	はい・ (いいえ)
7	お風呂に入る時間は何時ですか	**23**時 **30**分
8	1日に1回排便はありますか	(はい) いいえ

315

【課題2】

　次の場合，傷病者はどのような姿勢をとるとよいか。実際にその姿勢をとってください。姿勢がとれたら「はい」と言い，2秒静止し，次の問題に進んでください。

※いす及び毛布は必要に応じて使ってください。

①　喘息発作の時

②　脳貧血の時

③　意識はないが，正常な呼吸がある時

④　鼻出血の時

⑤　腹部に激しい痛みがある時

⑥　右アキレス腱断裂の時

※評価の観点：専門性に基づいた知識・技能，判断力，指導力

◆模擬授業(2次試験)

　＜配点＞面接(模擬授業・個人面接あわせて)150点

　＜評価の観点＞教育に対する情熱と使命感，課題解決能力，豊かな人間性等を中心とした資質などを見ます。

　▼小学校教諭

【課題】

□校種教科等：小学校　国語

学年・科目：第6学年

内容：書くこと

単元等：物語を書こう

本時：本単元2時間目

学習状況，条件等：前時の学習では，出来事を羅列するだけになってしまう児童が多かった。経験したことや想像したことをもとにして，楽しみながら物語を書くことをねらいとした授業を行いなさい。

□校種教科等：小学校　国語

学年・科目：第5学年

内容：聞くこと

単元等：物語文

本時：本単元2時間目

学習状況，条件等：自分の思いや考えを話すことが苦手な児童が多いクラスで，自分と他者の考えを比較しながら自分の考えをまとめることをねらいとした授業を行いなさい。

□校種教科等：小学校　国語

学年・科目：第3学年

内容：話すこと・聞くこと

単元等：短歌や俳句

本時：本単元3時間目

学習状況，条件等：自分の思ったことを口々に発言してしまう児童が多いクラスで，発表のルールを守って発言することをねらいとした授業を行いなさい。

□校種教科等：小学校　国語

学年・科目：第4学年

内容：読むこと

単元等：読書感想文

本時：本単元3時間目

学習状況，条件等：感想文を書く時に，「書き方が分からない。」と発言する児童が多いクラスで，感想文の構成を理解させることをねらいとした授業を行いなさい。

□校種教科等：小学校　社会

学年・科目：第5学年

内容：我が国の工業生産

単元等：日本の工業生産の特色

本時：本単元4時間目

学習状況，条件等：前時まで調べ学習をしたところ，意欲的に調べる児童が多かった。資料から気付いたことを話し合う活動をとおして，児童が学習内容をさらに理解することをねらいとした授業を行いなさ

い。

□校種教科等：小学校　社会

学年・科目：第3学年

内容：地域に見られる生産や販売の仕事

単元等：生産の仕事

本時：本単元3時間目

学習状況，条件等：校区内にある農業法人の畑や工場の見学を行った。見学から気付いたことを話し合う活動をとおして，児童が学習内容をさらに理解することをねらいとした授業を行いなさい。

□校種教科等：小学校　社会

学年・科目：第6学年

内容：我が国の歴史上の主な事象

単元等：文明開化

本時：単元4時間目

学習状況，条件等：歴史に興味をもっている児童が多いクラスで，文明開化がわたしたちの生活につながっていると感じさせることをねらいとした授業を行いなさい。

□校種教科等：小学校　社会

学年・科目：第4学年

内容：自然災害から人々を守る活動

単元等：自然災害から人々を守る活動

本時：本単元4時間目

学習状況，条件等：自然災害から人々を守る活動について学習しても，自分たちの地域には無関係の事柄として捉えている児童が多い。この課題を改善することをねらいとした授業を行いなさい。

□校種教科等：小学校　生活

学年・科目：第1学年

内容：動植物の飼育・栽培

単元等：たねをまこう

本時：本単元2時間目

学習状況，条件等：植物を育てることを楽しみにしている児童が多い学級で，植物を大切に育てていこうという関心意欲をさらにもたせることをねらいとした授業を行いなさい。

□校種教科等：小学校　算数

学年・科目：第4学年

内容：数と計算

単元等：整数の除法

本時：本単元4時間目

学習状況，条件等：整数の除法の学習において，基本問題はできるが応用問題ができていない児童が多かった。この課題を改善することをねらいとした授業を行いなさい。

□校種教科等：小学校　算数

学年・科目：第5学年

内容：変化と関係

単元等：百分率について

本時：本単元5時間目

学習状況，条件等：前時まで，意欲的に百分率の計算に取り組んでいる児童が多いクラスで，より発展的な学習につながることをねらいとした授業を行いなさい。

□校種教科等：小学校　理科

学年・科目：第6学年

内容：地球

単元等：月と太陽

本時：本単元4時間目

学習状況，条件等：何事にも前向きに取り組むことができるが，熱心に取り組むあまり時間を守れない児童が多いクラスで，この課題を改善することをねらいとした授業を行いなさい。

□校種教科等：小学校　理科

学年・科目：第5学年

内容：生命

単元等：動物の誕生

本時：5月

学習状況，条件等：集中して学習に取り組めない児童が多いクラスで，次時のメダカの観察に向けて，全員が前向きに取り組めることをねらいとした授業を行いなさい。

□校種教科等：小学校　理科

学年・科目：第3学年

内容：エネルギー

単元等：風やゴムの働き

本時：本単元1時間目

学習状況，条件等：積極的に実験を行うが，終わった後の切り替えができずに実験道具で遊んでしまう児童が多いクラスで，その課題に注意しながら，児童に学習内容を理解させることをねらいとした授業を行いなさい。

□校種教科等：小学校　理科

学年・科目：第5学年

内容：粒子

単元等：物の溶け方

本時：本単元3時間目

学習状況，条件等：実験・観察への興味・関心は高いが，結果をまとめ，発表することが苦手な児童が多いクラスで，予想や仮説を基に，解決を発想し，表現する力を養うことを目的にした授業を行いなさい。

□校種教科等：小学校　外国語

学年・科目：第6学年

内容：読むこと

単元等：パンフレットから自分が必要とする情報を得る活動

本時：本単元3時間目

学習状況，条件等：英語への興味関心が低い児童が多いクラスにおいて，一人ひとりが自分の課題に自発的に取り組むことをねらいとした授業を行いなさい。

□校種教科等：小学校　外国語

学年・科目：第5学年

内容：聞くこと

単元等：学校生活

本時：本単元2時間目

学習状況，条件等：英語への興味関心が低い児童が多いクラスにおいて，一人ひとりが自信をもって英語を話そうとすることをねらいとした授業を行いなさい。

□校種教科等：小学校　外国語

学年・科目：第6学年

内容：話すこと

単元等：自分の趣味

本時：本単元3時間目

学習状況，条件等：集中して学習に取り組むことが苦手な児童が多いクラスで，友だちと英語で意欲的に話すことをねらいとした授業を行いなさい。

▼中学国語

【課題】

□学年・科目：第3学年

内容：書くこと

単元等：批評文を書く

本時：本単元3時間目

学習状況，条件等：自分の考え・感想を書くことに自信がなく，作文が苦手だと発言している生徒が多数のクラスにおいて，自分の立場や考えを明確にして，相手に伝わるように文の構成を考えて批評文を書くことをねらいとした授業を行いなさい。

□学年・科目：第2学年

内容：話すこと・聞くこと

単元等：社会生活の中の話題について，司会や提案者などを立てて討

論を行う

本時：本単元3時間目

学習状況，条件等：国語の授業に消極的な生徒が多いクラスにおいて，単元内容をふまえて誰もが積極的に取り組める工夫をした授業を行いなさい。

□学年・科目：第1学年

内容：読むこと

単元等：本や文章などから必要な情報を集めるための方法を身に付け，目的に応じて必要な情報を読み取ること。

本時：本単元4時間目

学習状況，条件等：自分の思い込みだけで話をする生徒が多いクラスで，読んで感じたことを紹介し合い，自分の考えが広がることをねらいとする授業を行いなさい。

□学年・科目：第3学年

内容：話すこと・聞くこと

単元等：場の状況や相手の様子に応じて話すとともに，敬語を適切に使うこと。

本時：本単元3時間目

学習状況，条件等：人の話を落ち着いて聞けなかったり，思ったことを口々に発言してしまったりする生徒が多いクラスで，敬語を適切に使いながら，場の状況や相手に応じた話し方ができることをねらいとした授業を行いなさい。

▼中学社会

【課題】

□学年・科目：第2学年

内容：近代の日本と世界

単元等：開国とその影響

本時：単元最終授業

学習状況，条件等：歴史的事象に対する関心が高く，より深い学習内

容を期待しているクラスにおいて，歴史的事象を多面的・多角的に考察できるような工夫を取り入れた授業を行いなさい。

□学年・科目：第3学年

内容：公民

単元等：人権の保障と公共の福祉

本時：本単元4時間目

学習状況，条件等：無関心で，意欲的に取り組めない生徒が多いクラスにおいて，現代社会が抱える課題について学ぶ意義を感じさせる工夫を取り入れた授業を行いなさい。

□学年・科目：第1学年

内容：日本の様々な地域

単元等：地域間の結び付き

本時：本単元3時間目

学習状況，条件等：クラスの多くの生徒が地理に関するトピックに高い関心を示し，より深い学習内容を期待している。より深い学びにつながることをねらいとした授業を行いなさい。

□学年・科目：第2学年

内容：歴史的分野

単元等：歴史の流れをとらえよう

本時：本単元1時間目

学習状況，条件等：中学校において，歴史的分野を初めて学習していくにあたり，歴史学習の導入として「なぜ歴史を学ぶのか」を伝えることをねらいとした授業を行いなさい。

▼中学数学

【課題】

□学年・科目：第1学年

内容：数と式

単元等：正の数・負の数の加法，減法

本時：本単元5時間目

学習状況，条件等：計算の練習問題にはまじめに取り組むものの，生徒の計算スピードには大きな差があり，計算練習では時間をもてあましたり，最後までやりきれない生徒がいるクラスで，全員が授業時間を有効に活用できることをねらいとした計算練習の授業を行いなさい。

□学年・科目：第2学年

内容：関数

単元等：一次関数

本時：本単元4時間目

学習状況，条件等：自分の考えは発表できるが，友達の考えを聞き合うことができないクラスの現状がある。グループでの話し合い活動を通し，様々な立場による意見の違いに気づきながら自分の考えを深めていくことをねらいとした授業を行いなさい。

□学年・科目：第2学年

内容：図形

単元等：三角形

本時：本単元2時間目

学習状況，条件等：根拠を明らかにし，筋道を立てて説明するのが苦手な生徒が多いクラスで，全員が積極的に考えることができるように工夫した授業を行いなさい。

□学年・科目：第3学年

内容：資料の活用

単元等：標本調査

本時：本単元4時間目

学習状況，条件等：積極的に発言する生徒がほぼ固定化されているクラスで，標本調査の結果から予測したことを説明し，伝え合うことをねらいとした授業を行いなさい。

▼中学理科

【課題】

□学年・科目：第1学年

内容：第1分野

単元等：光による現象

本時：本単元2時間目

学習状況，条件等：全員が理科の授業に積極的に取り組んでいるクラスで，一人ひとりが主体的に光の現象を調べることをねらいとした授業を行いなさい。

□学年・科目：第3学年

内容：第2分野

単元等：惑星

本時：本単元1時間目

学習状況，条件等：授業中の私語が多く，落ち着きのない生徒が多いクラスで，この課題を踏まえながら，惑星の特徴を理解することをねらいとした授業を行いなさい。

□学年・科目：第1学年

内容：生命

単元等：花のつくりとはたらき

本時：本単元2時間目

学習状況，条件等：事前のアンケートにおいて，本単元に対する関心が低い生徒が多いクラスで，花の基本的なつくりを理解することを目的とした授業を行いなさい。

□学年・科目：第2学年

内容：エネルギー

単元等：電流の性質

本時：本単元6時間目

学習状況，条件等：授業に集中できない生徒が多いクラスで，回路を流れる電流を調べる授業を行いなさい。

▼中学音楽
【課題】
□学年・科目：第2学年
内容：鑑賞
単元等：交響曲第5番ハ短調から第1楽章
本時：本単元1時間目
学習状況，条件等：音楽に関心をもっている生徒が多いクラスで，鑑賞を通して音楽のよさを味あわせ，音楽に対する興味関心を高める工夫を取り入れた授業を行いなさい。
□学年・科目：第2学年
内容：表現
単元等：浜辺の歌
本時：本単元1時間目
学習状況，条件等：積極的に歌えない生徒が多いクラスで，豊かに感情を表現できることをねらいとした歌唱指導を行いなさい。
□学年・科目：第1学年
内容：表現・楽器
単元等：聖者の行進
本時：本単元4時間目
学習状況，条件等：周囲とコミュニケーションをとることが苦手な生徒が多いクラスにおいて，その課題を改善するための工夫をしたアルトリコーダーの授業を行いなさい。
□学年・科目：第3学年
内容：表現
単元等：歌唱の活動
本時：本単元4時間目
学習状況，条件等：校内合唱コンクールに向けて意欲的に取り組んでいるクラスで，創意工夫を生かし，全体の響きや各声部の声などを聴きながら他者と合わせて歌う技能を身に付けることを目的とした授業を行いなさい。

▼中学美術

【課題】

□学年・科目：第2学年

内容：鑑賞

単元等：浮世絵

本時：本単元3時間目

学習状況，条件等：全員が美術の授業に積極的に取り組んでいるクラスで，様々な考えに触れ，より深く作品のよさを味わえるようになることをねらいとした授業を行いなさい。

□学年・科目：第1学年

内容：表現

単元等：絵(スケッチ)

本時：4月最初の授業

学習状況，条件等：美術への学習意欲を高めることをねらいとした授業を行いなさい。

□学年・科目：第3学年

内容：鑑賞

単元等：美術作品などのよさや美しさを感じ取り味わう活動

本時：本単元1時間目

学習状況，条件等：美術の鑑賞では，「きれい」「素晴らしい」などの感想しか得られないクラスで，造形的なよさや美しさを感じ取らせることをねらいとした授業を行いなさい。

□学年・科目：第1学年

内容：表現

単元等：文字のデザイン

本時：本単元1時間目

学習状況，条件等：美術に対する関心が低い生徒が多いクラスで，日常生活にある文字のデザインに関心を持つことをねらいとした授業を行いなさい。

▼中学保体
【課題】
□学年・科目：第1学年
内容：体育分野　運動やスポーツの多様性
単元等：運動やスポーツの必要性と楽しさ
本時：本単元2時間目
学習状況，条件等：体を動かすことが非常に苦手な生徒が複数いるクラスにおいて，運動やスポーツの楽しさを知り，積極的に運動に取り組むことをねらいとした授業を行いなさい。
□学年・科目：第2学年
内容：体育分野　ダンス
単元等：現代的なリズムのダンス
本時：本単元1時間目
学習状況，条件等：ダンスの授業に興味を示し，意欲的に取り組む生徒が多くいるクラスで，ダンスにさらに取り組みたくなるように工夫した授業を行いなさい。
□学年・科目：第3学年
内容：保健分野　健康と環境
単元等：生活に伴う廃棄物の衛生的管理
本時：本単元1時間目
学習状況，条件等：人の話を落ち着いて聞けなかったり，思ったことを口々に発言してしまったりする生徒が多いクラスで，自分たちの生活を見直そうという関心を高めることをねらいとした授業を行いなさい。
□学年・科目：第2学年
内容：保健分野　けがの防止
単元等：自然災害への備えと避難
本時：本単元1時間目
学習状況，条件等：防災について関心が低く，避難訓練等真剣に取り組むことができない生徒が多いクラスで，自他の命を守る意識を高め

ることをねらいとした授業を行いなさい。

▼中学技術
【課題】
□学年・科目：第2学年
内容：生物育成に関する技術
単元等：生物を育てるための計画と管理
本時：本単元1時間目
学習状況，条件等：作物の栽培経験が乏しい生徒が多いクラスで，生徒一人ひとりが意欲的に生物の育成に取り組む工夫を取り入れた授業を行いなさい。
□学年・科目：第1学年
内容：材料と加工に関する技術
単元等：作業手順を考えて製作しよう
本時：本単元3時間目
学習状況，条件等：話合いが苦手な生徒が多いクラスで，班での役割分担を明確にしながら，プラスチックを使った作品を共同で製作することをねらいとした授業を行いなさい。
□学年・科目：第3学年
内容：情報に関する技術
単元等：ディジタル作品を設計・制作しよう
本時：本単元4時間目
学習状況，条件等：ディジタル機器等の扱いに慣れていない生徒が多いクラスで，受け手を意識したディジタル作品を制作することをねらいとした授業を行いなさい。
□学年・科目：第2学年
内容：エネルギーの変換と利用
単元等：機械の保守点検をしよう
本時：本単元2時間目
学習状況，条件等：普段から自転車通学をしており，点検等をしない

329

生徒が多いクラスで，適正な点検及び調整を行うことをねらいとした
授業を行いなさい。

▼中学家庭
【課題】
□学年・科目：第1学年
内容：食生活と自立
単元等：日常食の献立と食品の選び方
本時：本単元1時間目
学習状況，条件等：家庭科の学習に意欲的に取り組めるクラスで，食
品の栄養と中学生の1日に必要な食品の種類や量を知ることの重要さ
を理解させることをねらいとした授業を行いなさい。
□学年・科目：第2学年
内容：衣生活・住生活と自立
単元等：衣生活，住生活などの生活の工夫について
本時：本単元1時間目
学習状況，条件等：家庭の授業に興味を示さない生徒が多いクラスに
おいて，文化祭での作品展示が予定されている布を用いた作品の制作
のための準備となる授業を行いなさい。
□学年・科目：第3学年
内容：幼児の生活と家族
単元等：幼児の生活と遊びを知ろう
本時：本単元3時間目
学習状況，条件等：次時に保育実習が行われるクラスにおいて，幼児
とのより良い関わり方をするために，工夫した玩具を製作することを
ねらいとした授業を行いなさい。
□学年・科目：第3学年
内容：私たちの消費生活
単元等：消費者トラブルを解決する方法を考えよう
本時：本単元1時間目

学習状況，条件等：オンラインゲーム等を利用する生徒が多いクラスで，消費者トラブルに巻き込まれないように安心して利用できる方法を考えることをねらいとした授業を行いなさい。

▼中学英語
【課題】
□学年・科目：第3学年
内容：書くこと
単元等：関係代名詞
本時：本単元3時間目
学習状況，条件等：関係代名詞の文法については一定の理解をしているクラスにおいて，関係代名詞を用いて書くことができるようになることをねらいとした授業を行いなさい。
□学年・科目：第2学年
内容：話すこと
単元等：不定詞
本時：本単元3時間目
学習状況，条件等：自信がないため発音練習で声を出さない生徒が多いクラスで，どの生徒も英語で話すことに興味を持つことをねらいとした授業を行いなさい。
□学年・科目：第2学年
内容：聞くこと
単元等：Will you～？　依頼
本時：本単元2時間目
学習状況，条件等：英語を苦手にしている生徒が多いクラスにおいて，質問や依頼に対し，適切な英語で応じることをねらいとした授業を行いなさい。
□学年・科目：第3学年
内容：読むこと
単元等：手紙

本時：本単元2時間目

学習状況，条件等：英語の授業に興味を示さず，理解力が低い生徒が多いクラスで，英文の手紙を読んで概要を把握することをねらいとした授業を行いなさい。

▼高校国語

【課題】

□学年・科目：第2学年

内容：国語総合

単元等：話すこと・聞くこと

本時：本単元4時間目

学習状況，条件等：学習意欲の低いクラスにおいて，日本文化に関する情報をグループで収集，分析する活動を行った。分析したことが相手に伝わるよう発表させることをねらいとした授業を行いなさい。

□学年・科目：第3学年　国語表現

内容：書くこと

単元等：相手や目的に応じて，紹介，連絡，依頼などのための話をしたり文章を書いたりすること。

本時：本単元2時間目

学習状況，条件等：学習意欲の低い生徒が多いクラスで，実務的な手紙の書き方を理解させることをねらいとした授業を行いなさい。

□学年・科目：第1学年　国語総合

内容：読むこと

単元等：幅広く本や文章を読み，情報を得て用いたり，ものの見方，感じ方，考え方を豊かにしたりすること。

本時：夏休み前(6月頃)

学習状況，条件等：本を読むことが好きな生徒と嫌いな生徒が二極化したクラスで，読んで感じたことを紹介し合う活動を通して，進んで読書する習慣を養うことをねらいとした授業を行いなさい。

□学年・科目：第2学年　古典B

内容：－

単元等：古典に用いられている語句の意味，用法及び文の構造を理解すること。

本時：本単元3時間目

学習状況，条件等：消極的な姿勢の生徒が多いクラスで，漢文を読むために必要な訓読のきまりについて理解を深めることをねらいとした授業を行いなさい。

▼高校地歴(世界史)

【課題】

□学年・科目：第1学年　世界史A

内容：世界の一体化と日本

単元等：ユーラシアの諸文明

本時：学年始まり

学習状況，条件等：勉強にコンプレックスを持った生徒が多いクラスで，世界の歴史についての学習に意欲的に取り組む工夫を取り入れた授業を行いなさい。

□学年・科目：第2学年　世界史B

内容：産業社会と国民国家の形成

単元等：産業革命

本時：本単元2時間目

学習状況，条件等：就職を希望する生徒が多いクラスで，産業革命が社会や政治に及ぼした影響を踏まえ，世界史に対する興味関心を高めることをねらいとした授業を行いなさい。

▼高校地歴(日本史)

【課題】

□学年・科目：第2学年　日本史B

内容：中世の日本と東アジア

単元等：中世国家の形成

本時：本単元3時間目

学習状況，条件等：歴史を苦手とする生徒が多いクラスにおいて，中世国家の形成について深く学ぶことをねらいとした授業を行いなさい。

□学年・科目：第1学年　日本史A

内容：現代の日本と世界

単元等：経済の発展と国民生活の変化

本時：本単元3時間目

学習状況，条件等：授業に対する姿勢が消極的で，歴史に対して興味が持てない生徒が多いクラスで，戦後の日本経済の発展と国民生活の変化について，協力しながら考察させることをねらいとした授業を行いなさい。

▼高校地歴(地理)

【課題】

□学年・科目：第1学年　地理A

内容：現代世界の特色と諸課題の地理的考察

単元等：地球儀や地図からとらえる現代世界

本時：学年始まり

学習状況，条件等：地理を苦手とする生徒が多いクラスにおいて，全員が意欲的に取り組むことをねらいとした授業を行いなさい。

□学年・科目：第3学年　地理B

内容：現代世界の地誌的考察

単元等：現代世界の諸地域

本時：本単元2時間目

学習状況，条件等：大半の生徒がセンター試験を受験する理系のクラスで，アフリカ諸国について地誌的に考察し，気づきを得る授業を行いなさい。

▼高校公民

【課題】

□学年・科目：第2学年　倫理

内容：近代の科学革命

単元等：近代の科学革命と自然観

本時：本単元1時間目

学習状況，条件等：問題行動を繰り返す生徒が数名いるクラスにおいて，倫理や哲学が近代の科学革命にどうかかわってきたのか，具体例に触れながら授業を行いなさい。

□学年・科目：第3学年　政治・経済

内容：現代の政治

単元等：民主政治の基本原理と日本国憲法

本時：本単元4時間目

学習状況，条件等：政治や選挙への関心が低い生徒が多いクラスで，18歳選挙権を踏まえたうえで，議会制民主主義について授業を行いなさい。

▼高校数学

【課題】

□学年・科目：第1学年　数学Ⅰ

内容：データの分析

単元等：データの散らばり

本時：本単元1時間目

学習状況，条件等：学習意欲の低いクラスにおいて，データを整理・分析し，傾向を把握するために学習する内容について，単元の導入段階の授業を行いなさい。

□学年・科目：第1学年　数学Ⅰ

内容：図形と計量

単元等：三角比

本時：本単元1時間目

学習状況，条件等：大学への進学を希望する生徒が多いクラスにおい

て，生徒が三角比の意味について興味を持つことをねらいとした授業を行いなさい。

□学年・科目：第2学年　数学Ⅱ

内容：いろいろな式

単元等：複素数と二次方程式

本時：本単元1時間目

学習状況，条件等：文系大学へ進学を希望する生徒が多いクラスにおいて，数の範囲を実数から複素数へと拡張し，複素数について理解が深まる授業を行いなさい。

□学年・科目：第2学年　数学Ⅲ

内容：微分法

単元等：導関数

本時：本単元2時間目

学習状況，条件等：前時で微分係数について学習をしたが，理解が乏しい生徒が多かった。この課題を改善することをねらいとした授業を行いなさい。

▼高校理科(物理)

【課題】

□学年・科目：第2学年　物理基礎

内容：様々な物理現象とエネルギーの利用

単元等：熱

本時：本単元3時間目

学習状況，条件等：物理に対して興味・関心の低いクラスにおいて，熱運動を踏まえながら熱とは何かについて気づかせる授業を行いなさい。

□学年・科目：第2学年　物理

内容：電気と磁気

単元等：電流と磁界

本時：本単元2時間目

学習状況，条件等：大半の生徒が理系の大学へ進学を希望するクラスにおいて，具体例を踏まえながら電磁波とは何かについて考察を促す授業を行いなさい。

▼高校理科(化学)
【課題】
□学年・科目：第2学年　化学
内容：化学反応とエネルギー
単元等：電池
本時：本単元4時間目
学習状況，条件等：化学への関心が乏しい生徒が多いクラスで，燃料電池について興味関心を高めることをねらいとした授業を行いなさい。
□学年・科目：第2学年　化学
内容：物質の変化と平衡
単元等：化学反応と化学平衡
本時：本単元1時間目
学習状況，条件等：理系の大学へ進学を希望する生徒が多いクラスにおいて，平衡移動の原理とは何かについて気づかせる授業を行いなさい。

▼高校理科(生物)
【課題】
□学年・科目：第2学年　生物
内容：遺伝情報の発現
単元等：遺伝情報とその発現
本時：本単元1時間目
学習状況，条件等：理系大学への進学を希望する生徒が大半を占めるクラスで，生物学史上の登場人物を挙げながらDNAについて理解させるための授業を行いなさい。

□学年・科目：第1学年　生物基礎

内容：生物の多様性と生態系

単元等：植生の多様性と分布

本時：本単元3時間目

学習状況，条件等：就職を希望する生徒が多いクラスで，遷移について具体的な例を示し，気づきを促す授業を展開しなさい。

▼高校保体

【課題】

□学年・科目：第3学年　体育

内容：体つくり運動

単元等：体力を高める運動

本時：本単元2時間目

学習状況，条件等：何事にも無気力な生徒が多いクラスで，生涯を通じて，体力を高める運動の重要性を理解させる工夫を取り入れた授業を行いなさい。

□学年・科目：第2学年　体育

内容：陸上競技

単元等：跳躍(走り高跳び)

本時：本単元2時間目

学習状況，条件等：運動が苦手と感じている生徒が多いクラスで，必要な安全対策を確保しながら生徒の技能を高め，記録を伸ばすことをねらいとした授業を行いなさい。

□学年・科目：第2学年　保健

内容：現代社会と健康

単元等：精神の健康

本時：本単元3時間目

学習状況，条件等：ほとんどの生徒が就職を考えているクラスにおいて，グループワークを取り入れることで，自らの抱えるストレスへの対処法を見出すことをねらいとした授業を行いなさい。

□学年・科目：第2学年　保健

内容：現代社会と健康

単元等：－

本時：本単元3時間目

学習状況，条件等：大学への進学を希望する生徒が多いクラスにおいて，感染症を例示し，感染症を予防するための個人の取り組み及び社会的な対策を考えることをねらいとした授業を行いなさい。

▼高校家庭

【課題】

□学年・科目：第1学年　家庭基礎

内容：人の一生と家族・家庭及び福祉

単元等：青年期の自立と家族・家庭

本時：本単元2時間目

学習状況，条件等：大学への進学を希望する生徒が多いクラスにおいて，夫婦が相互の尊重と信頼関係のもとで夫婦関係を築き，共に協力して家庭をつくることの意義を理解させることをねらいとした授業を行いなさい。

□学年・科目：第1学年　家庭基礎

内容：人の一生と家族・家庭及び福祉

単元等：共生社会と福祉

本時：本単元2時間目

学習状況，条件等：専門学科において，福祉関連の職業に就くことを目指している生徒に対しての授業を行いなさい。

□学年・科目：第2学年　調理

内容：献立作成

単元等：献立作成の意義

本時：本単元3時間目

学習状況，条件等：高度な調理技術習得を目的とする生徒が多いクラスで，献立作成の意義や，性別，年齢，生活活動などに応じた適切な

献立の作成についての理解を深めさせることを狙いとした授業を行い
なさい。

□学年・科目：第3学年　生活デザイン

内容：食生活の設計と創造

単元等：家族の健康と食事

本時：本単元1時間目

学習状況，条件等：勉強を苦手とする生徒が多いクラスにおいて，生
涯を通して健康を維持するために，自分で献立を考え，自分で調理す
ることの重要性を理解させることをねらいとした授業を行いなさい。

▼高校工業(機械系)

【課題】

□学年・科目：第1学年　機械工作

内容：各種の工作法

単元等：主な工作法

本時：本単元1時間目

学習状況，条件等：工具や用具を丁寧に扱うことができない生徒が多
いクラスにおいて，生徒の意欲関心を高めることをねらいとした単元
導入の授業を行いなさい。

□学年・科目：第2学年　機械設計

内容：機械に働く力

単元等：機械に働く力と運動

本時：本単元1時間目

学習状況，条件等：勉強が苦手な生徒が多いクラスで，生徒の意欲関
心を高めることをねらいとした単元導入の授業を行いなさい。

▼高校工業(電気・電子系)

【課題】

□学年・科目：第2学年　電気機器

内容：交流機器

単元等：変圧器

本時：本単元1時間目

学習状況，条件等：新しい技術に興味を示すなど，学習意欲の高い生徒が多いクラスにおいて，変圧器に関する単元導入の授業を行いなさい。

□学年・科目：第3学年　電子情報技術

内容：コンピュータの利用と電子情報技術

単元等：ネットワークと情報処理形態

本時：本単元1時間目

学習状況，条件等：学習に粘り強く取り組むことが苦手な生徒が多いクラスで，生徒の意欲関心を高めることをねらいとした単元導入の授業を行いなさい。

▼高校工業(工業化学系)

【課題】

□学年・科目：第1学年　工業化学

内容：物質と化学

単元等：物質と元素

本時：本単元2時間目

学習状況，条件等：工業化学分野の授業を初めて受ける生徒が多いクラスにおいて，化合と分解について理解させることをねらいとした授業を行いなさい。

□学年・科目：第2学年　化学工学

内容：計測と制御

単元等：制御技術

本時：本単元1時間目

学習状況，条件等：勉強が苦手な生徒が多いクラスで，生徒の意欲関心を高めることをねらいとした単元導入の授業を行いなさい。

▼高校英語

【課題】

□学年・科目：第1学年　コミュニケーション英語Ⅰ

内容：言語活動

単元等：説明や物語などを読んで，情報や考えなどを理解したり，概要や要点をとらえたりする。また，聞き手に伝わるように音読する。

本時：本単元1時間目

学習状況，条件等：高等学校での英語学習が初めてで，授業に対する姿勢が消極的な生徒が多い現状がある。中学校英語の復習も織り交ぜ，生徒間のコミュニケーションを高めることをねらいとした授業を行いなさい。

□学年・科目：第1学年　英語表現Ⅰ

内容：－

単元等：与えられた話題について，即興で話す。また，聞き手や目的に応じて簡潔に話す。

本時：本単元3時間目

学習状況，条件等：英語の授業に対する姿勢が積極的な生徒が多いクラスで，情報を伝えるための表現，気持ちを伝えるための表現，相手の行動を促すための表現などを身に付けさせることをねらいとした授業を行いなさい。

□学年・科目：第3学年　コミュニケーション英語Ⅱ

内容：－

単元等：聞いたり読んだりしたこと，学んだことや経験したことに基づき，情報や考え方などについて，まとまりのある文章を書く。

本時：本単元1時間目

学習状況，条件等：英語が苦手な生徒が多いクラスで，文章を書く前に自分の考えや関連する情報などを概要としてまとめ，それを参考にしながら書くように習慣付けることをねらいとした授業を行いなさい。

□学年・科目：第3学年　英語会話

内容：－

単元等：ジェスチャーなどの非言語的なコミュニケーション手段の役割を理解し，場面や目的に応じて適切に用いること。

本時：本単元3時間目

学習状況，条件等：英語が得意な生徒が多いクラスで，言語的な表現と非言語的なコミュニケーション手段とを有機的に関連させ，適切にコミュニケーションを図ることができるようになることをねらいとした授業を行いなさい。

▼高校水産(機関)

【課題】

□学年・科目：第2学年　船用機関

内容：内燃機関

単元等：ディーゼル機関

本時：本単元3時間目

学習状況，条件等：ディーゼル機関の圧縮比，圧縮圧，圧縮温度などを理解させることをねらいとした授業を行いなさい。

▼高校水産(海洋)

【課題】

□学年・科目：第2学年　資源増殖

内容：水産育種とバイオテクノロジー

単元等：バイオテクノロジー

本時：本単元3時間目

学習状況，条件等：具体的に魚種を例に挙げ，水産育種に関するバイオテクノロジーの基礎的な知識について理解させることをねらいとした授業を行いなさい。

□学年・科目：第3学年　資源増殖

内容：資源増殖の概要

単元等：増養殖技術

本時：本単元1時間目

学習状況，条件等：主な増殖技術や養殖の方法，施設・設備，養殖環境の管理等の養殖技術など，増養殖技術の基礎的な内容について理解させることをねらいとした授業を行いなさい。

▼特支小学部

【課題】

□学年・科目：知的障がい　1年生

内容：生活・1段階

単元等：教師と一緒に身近な人に簡単なあいさつをする

本時：本単元1時間目

学習状況，条件等：入学後，最初の授業を展開しなさい。

□学年・科目：聴覚障がい　第4学年

内容：社会

単元等：防災

本時：本単元1時間目

学習状況，条件等：防災について興味をもたせることをねらいとした単元最初の授業を行いなさい。

□学年・科目：肢体不自由　第3学年

内容：話すこと・聞くこと

単元等：自分が関心あることを発表しよう

本時：本単元1時間目

学習状況，条件等：社会への関心は高いが，学習に苦手意識をもっている児童が多いクラスで，関心があることについて表現する態度を養う工夫を取り入れた授業を行いなさい。

□学年・科目：視覚障がい　第2学年

内容：音楽

単元等：表現・歌唱

本時：本単元2時間目

学習状況，条件等：人前で歌うことが苦手な児童が多いクラスで，音楽表現を楽しむために必要な歌唱の技能を身につけることをねらいと

した授業を行いなさい。

▼特支中高(音楽)
【課題】
□学年・科目：知的障がい　中学部
内容：いろいろな音楽を楽器の音色などに関心を持って聴く
単元等：－
本時：本単元2時間目
学習状況，条件等：他害傾向のある生徒1名を含む5名の生徒のクラス
で，主担当教員として，生徒の安全に配慮しつつ，楽器に親しむこと
をねらいとした授業を行いなさい。
□学年・科目：肢体不自由　高等部
内容：表現・歌唱
単元等：－
本時：本単元2時間目
学習状況，条件等：前時の授業で歌詞の内容や楽曲の背景とかかわら
せて感じ取り，イメージをもって歌う学習を行ったが，イメージをも
てない生徒が多かった。この課題を改善することをねらいとした授業
を行いなさい。

▼特支中高(保体)
【課題】
□学年・科目：肢体不自由　中学部
内容：体つくり運動
単元等：球技
本時：本単元1時間目
学習状況，条件等：いつも元気なクラスだが，本時は元気がない雰囲
気を感じとったところから授業を行いなさい。
□学年・科目：知的障がい　高等部
内容：第1段階

単元等：ダンス運動

本時：本単元1時間目

学習状況，条件等：運動会に向けた取組として，全校ダンスを練習する授業を行いなさい。

▼養護教諭

【課題】

□学年・科目：小学校　全教職員

内容：朝の健康観察について

単元等：－

本時：職員会議

学習状況，条件等：職員会議で，朝の健康観察の重要性を周知するための提案を行いなさい。

□学年・科目：小学校　高学年

内容：性について

単元等：－

本時：学年集会

学習状況，条件等：「体の発育・発達」について学習している学級で，第2次性徴期を前に，男女がお互いにそれぞれの成長の違いを認識して尊重しあえるように講話を行いなさい。

□学年・科目：中学校　全学年

内容：熱中症について

単元等：－

本時：委員会活動

学習状況，条件等：保健委員会の活動として，全校生徒に対して，部活動をはじめ，学校生活における熱中症対策について伝える活動をしたいと意見があった。その意見を受けて，どのような取組をしていくか話し合い活動を行いなさい。

□学年・科目：高等学校　1学年

内容：薬物乱用防止について

単元等：－
本時：夏季休業前の学年集会
学習状況，条件等：生徒間に，たばこや薬物について興味をもっている様子がみられる。そのような状況を踏まえ，夏季休業中における薬物乱用防止についての指導を行いなさい。

▼栄養教諭
【課題】
□学年・科目：保護者
内容：アレルギーについて
単元等：－
本時：保護者学習会
学習状況，条件等：食物アレルギーがある児童が多い学校において，全保護者を対象に希望者を募って学習会を行うこととした。食物アレルギーの基本的なことを周知することを目的とした講話を行いなさい。
□学年・科目：保護者
内容：食育について
単元等：－
本時：4月PTA総会
学習状況，条件等：PTA総会の中で，食育の意義や取り組みの理解と協力を得るため，保護者向けに10分程度の話をしなさい。
□学年・科目：小学校高学年
内容：給食委員会活動
単元等：－
本時：委員会活動1回目
学習状況，条件等：郷土料理給食の日にむけて，給食委員の児童から，郷土料理を全校児童に紹介したいと意見があった。その意見を受けて，どのような取組をしていくか話し合い活動を行いなさい。
□学年・科目：特別支援学校　全教職員

内容：食育について

単元等：－

本時：職員会議

学習状況，条件等：家庭における食事内容等に改善しないといけない現状がある学校において，年度初めの職員会議で，食育に取り組む意義について共有するための説明を行いなさい。

◆個人面接(2次選考)

※場面指導含む

＜配点＞面接(模擬授業・個人面接あわせて)150点

＜評価の観点＞教育に対する情熱と使命感，課題解決能力，豊かな人間性等を中心とした資質などを見ます。

▼小学校　面接官3人　25分

【質問内容】

□志望動機(なぜ小学校なのか)→追質問で深く聞かれる。

□自己申告書(1次合格者のみ提出)から，なぜそのように考えたのか，きっかけ等を聞かれる。

□短所の改善策を答えた時は，それでもダメだったら，と聞かれた。

□教師として大切にしたいこと3つを簡単に理由もつけて聞かれた。

※圧迫面接と聞いていたが，面接に入る前に試験官から緊張しているか，昨日は眠れたか等，緊張をほぐそうとしてくれたので，雰囲気は怖くなかった。しかし，答えに対してどんどん質問されるので，事前に自分の考えをしっかり持っておくことが大切。

【場面指導内容】

□A児が教室で泣いています。そこにはB児，C児がいます。あなたはどのような対応をしますか。

・A児は泣いていて何も話してくれません。

・B児はA児が悪口を言ったので注意したら泣いたと言っている。

・C児はB児が注意だけでなく，おなかを殴っていたと話している。

・状況を確認した後の行動はどうするのか(誰に報告するのか等)。

▼小学校　面接官3人　20分

【質問内容】

□模擬授業の工夫したところ。

□改善したいところ(模擬について)。

□特別支援教育で，1番大切にしたいこと。

□部活で印象に残っていること。

□経験で活かせること。

□どうしてもできないでいる人にどう働きかけるか。

□志望動機。

□人と成し遂げた経験から自分にどういう傾向があるか，どういう場
　面か。

□保護者からあなたの考えは十分知っているから校長に会わせてと言
　われたら，どうする。

□あなたが考える生き生きとした学びとは。

□意識が低い教員がいたらどうするか。

【場面指導内容】

□授業中，気が散って集中ができない子どもへの対応
　子どもに原因を聞いても「分からない」を繰り返す，どうするか。
　3年生の国語の漢字でそういう子がいたら，興味を引くためにどん
　な授業をするか。

▼小学校　面接官3人　10分

【質問内容】

□自己申告書と整理表についての質問がほとんど。

【場面指導内容】

□Aさんの家族が東京に旅行に行くらしいので学校側が止めてもらえ
　ないかとBさんの保護者から連絡があった。どう対応するか(コロナ
　禍)。

▼小学校　面接官3人　30分

【質問内容】

□志望動機と理想とする教師像。

□新しい時代を「生き抜いていく力」を育成するために。

□コンプライアンス意識を持って行動するために。

□「誰一人取り残さない教育」を進めるために。

□誰かとともに成し遂げた経験とそこから得たもの。

□現在の自分自身の課題。

□場面指導に関して，いじめについて質問される。

【場面指導内容】

□いじめについて。

▼小学校　面接官3人

【質問内容】

□6つのテーマについて書いた「自己申告書」の内容について。

□履歴書に書いた部活動ではどのようなことをしていたか。

□模擬授業のポイントや○○の場面はどうするか。

□先輩教員から厳しく指導されたり，意見が合わないと感じた場面は
　どのようにするか。

▼小学校　面接官3人　20分程度

【質問内容】

□模擬授業について，めあてはどのタイミングで出すつもりだったの
　か。

□今まであなたが話していた内容は申告書と矛盾しているではない
　か。

□誰一人取り残さない教育について，実際にクラスにこのような児童
　はいるか，いる場合どのような対応をしたか。

□それでもうまくいかない場合はどうするのか。

□そんな対応だったら子どもは嫌がるのではないか。

※現職教員だった為か，圧迫面接の印象あり。切り返し発問が多かっ
　た。

【場面指導内容】

□Aさん→コロナ禍で東京に家族で旅行に行く。

Bさん保護者　Aさんの家族に行かないよう説得してほしい。

　　→あなたならどのような対応をとるか。

▼小学校　面接官3人

【質問内容】

□模擬授業について問われる。

□自己申告書で答えた内容について，具体的にどうするか問われる。

　　→答えた内容について，より掘り下げて問われる。

※次々に質問されるため，沈黙にならないようにする。

【場面指導内容】

□給食当番や掃除をしない児童に注意をすると，他の子もしていないのになぜ自分だけが注意されるのかと問われた際どうするか。

▼小学校　面接官3人　15分

【質問内容】

□基本的には面接シートに書いてあるものを聞かれる。

□志望動機と理想とする教師像。

□どうして小学校教諭を志望するのか，どうして中学校(数学)ではないのか。

□志望動機と理想とする教師像について。

□これからをいきぬいていく力を育むために，具体的には。

□誰かと成し遂げた経験について，その誰かとは大学生か。

□これからの自分の課題について，どのように対処したか。他には。

□模擬授業・場面指導について。

【場面指導内容】

□放課後の教室に泣いているAさんがいる。Bさん・Cさんが近くにいる。その場に担任であるあなたが通りかかった。どう対応するか。

▼高校国語　面接官2人　27分

【質問内容】

□特別支援学校に①行きたい②行ってもよい③行きたくないのうちから1つ選べ。

□運動部で中心的な生徒が授業中に寝ていたら，どう対応するか。

▼高校地歴　面接官3人　25分

【質問内容】

□ほとんどが提出していた自己申告書などの書類から質問された。

□1つの質問に2〜5回追加質問がくる。

※自己申告書を提出前にコピーをとっておき，よく読んで質問を予想
　しておくこと。

【場面指導内容】

□ある生徒(A君)が，「前の顧問の先生の方がよかった」と言ってきた。
　部活には出ていない。どう対応するか。

▼高校数学　面接官3人　約30分

【質問内容】

□主に自己申告書から，志望動機，理想の教師像，コンプライアンス
　意識をもって行動するために現在の自分自身の課題，誰かとともに
　成し遂げた経験とそこから得たもの。

●書籍内容の訂正等について

　弊社では教員採用試験対策シリーズ（参考書，過去問，全国まるごと過去問題集），公務員試験対策シリーズ，公立幼稚園・保育士試験対策シリーズ，会社別就職試験対策シリーズについて，正誤表をホームページ（https://www.kyodo-s.jp）に掲載いたします。内容に訂正等，疑問点がございましたら，まずホームページをご確認ください。もし，正誤表に掲載されていない訂正等，疑問点がございましたら，下記項目をご記入の上，以下の送付先までお送りいただくようお願いいたします。

---

① **書籍名，都道府県（学校）名，年度**
　（例：教員採用試験過去問シリーズ　小学校教諭 過去問　2025年度版）
② **ページ数**（書籍に記載されているページ数をご記入ください。）
③ **訂正等，疑問点**（内容は具体的にご記入ください。）
　（例：問題文では"ア～オの中から選べ"とあるが，選択肢はエまでしかない）

〔ご注意〕
○ 電話での質問や相談等につきましては，受付けておりません。ご注意ください。
○ 正誤表の更新は適宜行います。
○ いただいた疑問点につきましては，当社編集制作部で検討の上，正誤表への反映を決定させていただきます（個別回答は，原則行いませんのであしからずご了承ください）。

●情報提供のお願い

　協同教育研究会では，これから教員採用試験を受験される方々に，より正確な問題を，より多くご提供できるよう情報の収集を行っております。つきましては，教員採用試験に関する次の項目の情報を，以下の送付先までお送りいただけますと幸いでございます。お送りいただきました方には謝礼を差し上げます。
（情報量があまりに少ない場合は，謝礼をご用意できかねる場合があります）。
◆あなたの受験された面接試験，論作文試験の実施方法や質問内容
◆教員採用試験の受験体験記

| 送付先 | ○電子メール：edit@kyodo-s.jp
○FAX：03-3233-1233（協同出版株式会社　編集制作部 行）
○郵送：〒101-0054　東京都千代田区神田錦町2-5
　　　　　　協同出版株式会社　編集制作部 行
○HP：https://kyodo-s.jp/provision（右記のQRコードからもアクセスできます） | |

※謝礼をお送りする関係から，いずれの方法でお送りいただく際にも，「お名前」「ご住所」は，必ず明記いただきますよう，よろしくお願い申し上げます。

教員採用試験「過去問」シリーズ

三重県の
論作文・面接 過去問

編　集　Ⓒ 協同教育研究会
発　行　令和6年1月10日
発行者　小貫　輝雄
発行所　協同出版株式会社

　　　　〒101-0054　東京都千代田区神田錦町2‐5
　　　　電話　03－3295－1341
　　　　振替　東京00190－4－94061
印刷所　協同出版・POD工場

落丁・乱丁はお取り替えいたします。